# MOVING MOMENTS CONNECTING FOR LIFE

**Deutsch-Israelischer Jugendaustausch**
in Forschung und Praxis

**Herausgegeben von**

**ConAct – Koordinierungszentrum Deutsch-Israelischer Jugendaustausch**
Altes Rathaus – Markt 26, 06886 Lutherstadt Wittenberg
Tel.: +49 (0)3491 – 4202-60     Fax: +49 (0)3491 – 4202-70
E-Mail: info@ConAct-org.de   www.ConAct-org.de

**in Kooperation mit Israel Youth Exchange Authority**

**Projektleitung:** Christine Mähler
**Redaktion:** Christine Mähler, Jonas M. Hahn, Elisabeth Schnurrer, Haya Kol-El Ajchenrand, Danna Bader
**Weitere Mitarbeit:** Katharina Schubert, Alon Spitzer, Manoël Johr
**Gestaltung:** Dorit Bialer
**Übersetzungen ins Hebräische:** Tali Konas
**Übersetzungen ins Deutsche:** Ulrike Harnisch, Nicolas Yantian
**Gesamtherstellung:** Kessler Druck + Medien, Augsburg
**Bildnachweis:** Aktion Sühnezeichen Friedensdienste e.V., ConAct – Koordinierungszentrum Deutsch-Israelischer Jugendaustausch, Deutsches Jugendherbergswerk, Karlheinz Dressel, Ev. Akademie Villigst, Stadt Georgsmarienhütte, Municipality of Jerusalem, ijgd Magdeburg, Landratsamt Würzburg Rebecca Görmann, Wolfgang Heitzer, Noga Livne, Anne Gajic, Hermann Sieben, Siegward Lönnendonker.

ISBN 978-3-87576-784-1

Unser herzlicher Dank gilt allen Autorinnen und Autoren, die Beiträge für dieses Buch geschrieben haben, sowie jenen Personen und Organisationen, die uns Bilder von Austauschprojekten zur Nutzung zur Verfügung stellten. Wir danken allen Beteiligten, die die Veröffentlichung des Buches durch ihre flexible Mitwirkung und vielgestaltige Detailarbeit unterstützt haben.

---

ConAct – Koordinierungszentrum Deutsch-Israelischer Jugendaustausch ist eine Einrichtung des Bundesministeriums für Familie, Senioren, Frauen und Jugend mit Unterstützung der Bundesländer Sachsen-Anhalt und Mecklenburg-Vorpommern – zur Förderung, Begleitung und Weiterentwicklung der deutsch-israelischen Jugendkontakte. ConAct arbeitet bundesweit und ist vor Ort in Trägerschaft der Evangelischen Akademie Sachsen-Anhalt tätig.

© 2015 ConAct, Lutherstadt Wittenberg und NDV GmbH & Co. KG, Rheinbreitbach

# MOVING MOMENTS CONNECTING FOR LIFE

## Deutsch-Israelischer Jugendaustausch in Forschung und Praxis

Eine Veröffentlichung anlässlich
des Jubiläums 50 Jahre
deutsch-israelische
diplomatische Beziehungen
und 60 Jahre Jugendaustausch

**Prof. Dr. Doron Kiesel**
Vorwort  7

**ConAct**
Einleitung  9

**Christine Mähler**
60 Jahre Deutsch-Israelischer Jugendaustausch –
Von Schwarz Weiß Bildern zur Vielperspektivität.  11
Vier Thesen zur Bedeutung des deutsch-israelischen
Jugendaustauschs

**Jonas M. Hahn**
Die Geschichte der deutsch-israelischen
Jugendbeziehungen  19
Entwicklungen, Meilensteine und Kontinuitäten

**Dr. Nili Keren**
Eine Brücke in die Zukunft:
Israelische und deutsche Jugendliche  28
Erwartungen – Visionen – Herausforderungen und
Hoffnungen

**Rudi-Karl Pahnke**
Israel und der Jugendaustausch nach 1989 mit den  35
ostdeutschen neuen Bundesländern

**Dr. Elke Gryglewski**
Deutsch-israelische Projekte zum Umgang mit
Nationalsozialismus und Shoah 70 Jahre nach  42
Kriegsende

**Bianca Ely**
Ost-West ein Thema in deutsch-israelischen
Jugendbegegnungen? Ein Plädoyer aus  48
diversitätsbewusster Perspektive

**Michal Maroz**
Die Erfahrungen junger Israelis und Deutscher
bei einem Jugendaustausch in Deutschland und    55
ihre Wahrnehmung des Landes vor und nach der
Begegnung

**Juliane Niklas**
Leben und Lernen im Austausch revisited -
Reflexion einer Studie des Bayerischen Jugendrings    65
zu bayerisch-israelischen Jugendbegegnungen

**Dr. Yoni Ayalon,**
**Prof. Izhak Schnell**
Bild und Realität –    73
Lernbegegnungen deutscher Jugendlicher in Israel

**Dr. Simone Evelyn Heil**
60 Jahre Deutsch-Israelischer Jugendaustausch:    82
Von einem elitären zu einem vielfältigen Austausch

**Alma Lessing**
Meeting the Other - Meeting the Self    89
The Structure of a German-Israeli Student Exchange

**Dr. Yochay Nadan**
Begegnung von Identitäten:
Der Jugendaustausch als Mittel zur Förderung des    97
politisch-gesellschaftlichen Bewusstseins in einer
multikulturellen Gesellschaft

**Moving Moments...**
Jugendaustausch in Bildern    105

# Vorwort

## Prof. Dr. Doron Kiesel

50 Jahre. Nicht mehr und auch nicht weniger. Eine Zahl, die sich leicht einprägt, eine Zahl, die sich leicht verdoppeln lässt. Aber eine Beziehung, die 50 Jahre währt, kann guten Gewissens als stabil, wenn nicht sogar als beneidenswert bezeichnet werden. Wir reden hier von Beziehungen zwischen zwei Staaten, die sich von gewöhnlichen zwischenstaatlichen Beziehungen drastisch unterscheiden. Es handelt sich hier vielmehr um eine in staatliche Institutionen gekleidete und unter staatlichem Schutz agierende wechselseitige Annäherung zwischen Menschen mit scheinbar geradezu konträren Erfahrungswelten. Während die Angehörigen der israelischen Gesellschaft sich nach dem Trauma der Shoah auf den Weg machten, Lebenssinn und Identität in einem jüdischen Staat zu finden, begannen die Angehörigen der bundesdeutschen Republik ihre äußeren und inneren Aufräumarbeiten zu verrichten. In einer solchen Situation ist nicht nur an Beziehung nicht zu denken, sondern bereits das Denken an den jeweils Anderen erweckt hier Panik und Trauer, dort Scham oder Schuldabwehr. Kurzum: daraus wird nichts mehr, war vor fünf Jahrzehnten gängige Meinung, wahrscheinlich sogar Überzeugung. Und dann kamen sie, die antizyklischen Visionäre, die sich dieser resignativen Lähmung entgegenstemmten und das Unmögliche wagten. Die einen sprachen von einem anderen Deutschland und meinten damit, dass sie etwas verstanden hätten und die anderen erklärten ihre Bereitschaft, allen ihren neuen Staat und seine Errungenschaften mit Stolz zeigen zu wollen. Europa schien weit weg und es gab viele gute Gründe den zionistischen Traum einer jüdischen und demokratischen Gesellschaft realisieren zu wollen. ‚Neuanfänge unter Extrembedingungen' könnte man das Unternehmen nennen. Es war die Rede von Tätern und Opfern, von Mitläufern und Überlebenden, von der Banalität des Bösen und der Hölle von Auschwitz. Eigentlich war alles getan und alles gesagt. Wozu sollte also eine unvorstellbare, quälende und staatlich verordnete Beziehungsarbeit dienen? Alles, was dann geschah, lief tatsächlich so ab, wie wir es von Beziehungen kennen. Nähe und Distanz, Verständnisse und Missverständnisse, Ressentiment und Neugier, Anziehung und dann doch das Gefühl des ‚lieber nicht' bzw. des ‚bis hierher und nicht weiter'. In einer solchen Situation richtet sich der Blick auf diejenigen, die sich der Vergangenheit nur noch über Erzählungen und Fotoalben nähern können: Jugendliche, die es schon richten werden. Die Jugend als Projektionsfläche für all das, was den Erwachsenen verwehrt schien. Und hier beginnt die unglaubliche Geschichte, die in diesem Buch dokumentiert wird. Jugendliche beider Gesellschaften

streiten und lieben sich, verstricken sich in biographische Narrative, die ein wie auch immer geartetes Zusammensein eigentlich verbietet. Und dann dieses ‚dennoch'! Dieses Buch thematisiert unterschiedliche Anläufe zu einem niemals explizit benannten Ziel, beschreibt die Bedingungen gelingender Beziehungen ebenso wie Grenzen des Miteinanders und eröffnet genau durch diese Reflexion neue Horizonte im israelisch-deutschen Beziehungsgeflecht.

**Prof. Dr. Doron Kiesel**
Fachhochschule Erfurt, Fakultät Angewandte Sozialwissenschaften
Direktor der Bildungsabteilung, Zentralrat der Juden in Deutschland

# Einleitung

## Moving Moments connecting for Life…

*„Ich glaube, dass wir gemeinsam etwas Wunderbares erlebt haben. Wir haben etwas geschaffen, von dem wir, obwohl wir uns aus den Augen verlieren werden, unser Leben lang zehren werden und das uns geistig verbindet."* (Teilnehmer eines Jugendaustauschprojekts aus Bayern, 1989/90)

Seit rund 60 Jahren bildet der deutsch-israelische Jugendaustausch einen Kontext, in dem junge Deutsche und junge Israelis zusammen kommen und Brücken über die Vergangenheit bauen: Mehr als sechs Millionen Juden wurden von deutschen Nationalsozialisten und ihren Helfern in Europa verfolgt und ermordet. Jüdisches Leben war zerstört - familiäres, religiöses und kulturelles jüdisches Leben kaum mehr existent. Wie würden Überlebende dieser Geschichte und ihre Nachkommen jemals wieder mit Deutschen und Deutschland in Kontakt kommen können?

Eine Antwort auf diese Frage ist: Die jungen Generationen zusammenbringen, Begegnung ermöglichen und aktiv fördern. Im Laufe der letzten 60 Jahre haben mehr als 600.000 junge Menschen aus Israel und Deutschland an organisierten Jugendaustauschprogrammen, Schülerbegegnungen und Freiwilligendiensten teilgenommen.

Sie trafen und treffen sich kürzer oder länger im Rahmen unterschiedlicher Begegnungsformate. Sie verbringen Zeit miteinander, zeigen einander ihr tägliches Lebensumfeld, lernen kulturelle Gepflogenheiten und religiöses Leben im jeweils anderen Land kennen, treiben Sport, gestalten künstlerische Projekte oder machen gemeinsam Musik. Sie diskutieren und setzen sich mit Geschichte und Gegenwart der deutschen und israelischen Gesellschaft auseinander. Sie repräsentieren eine bessere Zukunft, vertreten gewollt oder ungewollt ihr Heimatland oder das Land, in dem sie leben – und manchmal offensiv auch nur sich selbst.

Welche Erwartungen, Ziele und Konzepte haben die Arbeit im Deutsch-Israelischen Jugendaustausch im Laufe der vergangenen sechs Jahrzehnte gekennzeichnet? Welche historischen Meilensteine haben die partnerschaftliche Zusammenarbeit zwischen deutschen und israelischen Trägern von Austauschprogrammen geprägt, vorangebracht oder auch erschwert? Wie lassen sich Dynamiken beschreiben, die die Begegnungen junger Deutscher und Israelis im Kontext einer bis heute wirksamen Vergangenheit und herausfordernder Lebensbedingungen in der Gegenwart charakterisieren? Auf welche Weise werden neue gesellschaftliche Entwicklungen in beiden Ländern in der pädagogischen Arbeit berücksichtigt, um den immer vielfältigeren persönlichen und kulturellen Herkünften der Teilnehmenden gerecht zu werden? Welche Beiträge leisteten und leisten die jungen Deutschen und Israelis durch das vielfältige Engagement dieser Austauscharbeit für die gesellschaftlichen und sozialen Beziehungen zwischen beiden Ländern?

Verantwortliche und Forschende im Kontext deutsch-israelischer Begegnungsarbeit aus Israel und Deutschland antworten auf diese Fragen: In prägnanten Beiträgen reflektieren sie Erfahrungen der Austauscharbeit und stellen konkrete Forschungsergebnisse vor. Entstanden ist ein Fachbuch, das über die beschreibende Ebene hinaus Einblicke in die gemeinsam entstehenden Erfahrungshorizonte der Austauschverantwortlichen und Teilnehmenden gibt. Der hohe pädagogische Anspruch, der allseits an diese Austauscharbeit gestellt und bewusst umgesetzt wird, belegt einmal mehr den kaum zu ermessenden Wert deutsch-israelischer Jugendbegegnungsprogramme für gewachsene deutsch-israelische Verbindungen und bleibende Verbundenheit.

Allen Autorinnen und Autoren sei herzlich gedankt für ihre anregenden, offenen, kritischen, inspirierenden, wegweisenden und wertvollen Beiträge – sie alle bereichern die Gestaltung des deutsch-israelischen Jugendaustauschs in der Zukunft.

*Christine Mähler*

Leitung von ConAct – Koordinierungszentrum Deutsch-Israelischer Jugendaustausch

# 60 Jahre Deutsch-Israelischer Jugendaustausch – Von Schwarz-Weiß-Bildern zur Vielperspektivität. Vier Thesen zur Bedeutung des deutsch-israelischen Jugendaustauschs

## Christine Mähler

Seit Jahrzehnten bauen im Rahmen des deutsch-israelischen Jugendaustauschs viele Menschen und Organisationen – Jugendliche und junge Erwachsene, Jugendverbände und freie Träger der außerschulischen Bildungsarbeit – Brücken: Brücken für Verstehen und Verständigung, für Annäherung und intensives Miteinander. Der folgende Beitrag reflektiert Beobachtungen, Berichte und die praktische Arbeit mit jungen Menschen und Fachkräften aus Deutschland und Israel, um den Stellenwert deutsch-israelischer (Jugend-)Begegnungsarbeit herauszustellen und Perspektiven für die Zukunft aufzuzeigen.

### 1. Der deutsch-israelische Jugendaustausch ist ein herausragender Kontext historisch-politischer Bildungsarbeit

Der deutsch-israelische Jugendaustausch umschreibt und umfasst die Begegnung junger Menschen aus zwei demokratischen Staaten – der Bundesrepublik Deutschland und dem Staat Israel. Junge Menschen sowie Fachkräfte der Jugendarbeit aus beiden Ländern sind – ungeachtet ihrer nationalen, religiösen oder anderweitig kulturellen Bezüge und persönlichen Identitäten – mögliche Teilnehmende deutsch-israelischer Austauschprogramme, wie sie durch das Bundesministerium für Familie, Senioren, Frauen und Jugend seit den 1960er-Jahren gefördert und seit den 1970er-Jahren auf deutscher Seite fachlich begleitet werden.[1] Im Auftrag von deutschen und israelischen Regierungseinrichtungen tagt seit rund 40 Jahren jährlich der sog. ‚Gemischte Fachausschuss für den deutsch-israelischen Jugendaustausch', in dem sowohl staatliche Stellen als auch freie Träger der Jugend- und Verbandsarbeit vertreten sind. Dieser bilateral besetzte Ausschuss definierte bereits in den 1970er-Jahren die Ziele deutsch-israelischer Jugendaustauschprogramme und formulierte Vorgaben für die inhaltliche und pädagogische Arbeit. Die Gremiumsmitglieder waren sich über die thematischen Vorgaben einig, denen alle Austauschprogramme auf jeweils unterschiedliche Weise folgen sollen.[2]

Die Vorbereitung wie auch die Durchführung von Austauschprogrammen soll einerseits das historische Wissen erweitern: Dabei soll die Geschichte der Ausgrenzung, Verfolgung und Ermordung von Juden durch Deutsche in Europa zur Zeit des Nationalsozialismus behandelt werden; die Geschichte jüdischen Lebens in Deutschland soll ebenso vorkommen wie die Geschichte und Entstehung des Staates Israel; die Geschichte der Entwicklung beider deutscher Staaten nach 1945 und deren Wiedervereinigung ist aufzugreifen, wie auch die Geschichte des Nahostkonflikts.

Zum anderen geht es aber auch um das gegenwärtige politische, gesellschaftliche und kulturelle Leben in beiden Ländern: Bezüge zu demokratischen Strukturen in beiden Ländern, zu kultureller Vielfalt und jugendpolitischen Fragestellungen stehen auf der Agenda. Auch Themen wie die Gleichberechtigung der Geschlechter, Umweltfragen oder die Rechte junger Arbeitnehmer/innen werden je nach Träger und inhaltlicher Ausrichtung der Programme aufgegriffen.

Anträge und Programme geförderter deutsch-israelischer Austauschprogramme berücksichtigen die genannten Vorgaben und verknüpfen in vielfältiger Weise das Wissen um historische Entwicklungen mit Gegenwartsbezügen. Damit entspricht die deutsch-israelische Austauscharbeit genau einer gängigen Definition, nach der historisch-politische Bildungsarbeit die Menschen zu historisch informierten, politisch bewussten und aktiv handlungsfähigen Wesen machen will.[3] Die Auseinandersetzung mit der Geschichte der Shoah und mit ihrer Bedeutung für die Gegenwart verleiht dabei Phänomenen von Ausgrenzung, dem Umgang mit Minderheiten in Mehrheitsgesellschaften und der Offenheit gegenüber Andersgläubigen einen zentralen Stellenwert und prägt die Teilnehmende/n: *„Ich denke heute, man sollte Menschen nach ihrem Wesen, nicht nach ihrer Religion, Hautfarbe, Herkunft, Kultur oder Überzeugung beurteilen."*[4] Ein Satz wie dieser als Einsicht und Fazit nach der Teilnahme an einem deutsch-israelischen Begegnungsprogramm veranschaulicht ein zentrales Ziel historisch-politischer Bildungsarbeit – die Sicht und Anerkennung jedes Einzelnen als gleichwertigen und gleichberechtigten Menschen.

Früher wie heute bleiben dabei Diskurse über aktuelle politische Entwicklungen in beiden Ländern nicht außen vor – wie auch, bedeutet doch historisch-politische Bildung, gesellschaftliche und politische Entwicklungen in unmittelbaren Lebensumfeldern wahrzunehmen und auf ihre Bedeutsamkeit hin zu befragen. Immer wieder kommt unter Fachkräften des Jugendaustauschs dabei die Frage auf, inwiefern etwa aktuelle Entwicklungen in Nahost ein gemeinsam behandeltes Thema deutsch-israelischer Jugendaustauschprogramme sein sollten. Im Jahr 2013 kam eine Ausbildungsgruppe junger deutscher und israelischer Leitungskräfte im Jugendaustausch diesbezüglich zu dem Schluss, dass eine diskursive Behandlung des Themas als Teil des gruppendynamischen Prozesses nicht zwingend auf der gemeinsamen Agenda stehen müsse, obwohl die konkrete Erfahrung der Präsenz und Relevanz des Nahostkonflikts im israelischen Alltag gar nicht zu umgehen ist. Der faktische Besuch junger Deutscher vor Ort in Israel, die konkrete Wahrnehmung von Auswirkungen angespannter Stimmung oder plötzlicher (bedrohlicher) Vorfälle und vor allem die persönliche Begegnung mit den Austauschpartnern bieten einen umfänglichen Zugang, Informationen einzuholen und Befindlichkeiten wahrzunehmen. Genau hier ergänzt die Erfahrung eines Austauschprogramms inhaltlich theoretische Lernprozesse in kaum verzichtbarer Weise. Sie hilft dabei, verfestigte Bilder zu hinterfragen und eine Vielperspektivität im Themenkomplex Israel–Nahost zuzulassen und selbstverständlich sind die sich hieraus ergebenden Diskussionen aufzugreifen: *„Ich* *habe jetzt über 20 Tage mit der deutsch-israelischen Austauschgruppe verbracht und selbst nach stundenlangen Diskussionen ist es für mich unmöglich, entweder für die Israelis oder für die Palästinenser Partei zu ergreifen. [...] Je mehr ich erfahren habe, desto schwieriger und unlösbarer erscheint mir der Konflikt. Irgendwie fände ich es auch anmaßend, als Europäerin über den Konflikt zu urteilen."*[5]

## 2. Der deutsch-israelische Jugendaustausch wirkt gegen Antisemitismus und anti-israelische Ressentiments

Immer wieder lassen Diskussionen antisemitische und/oder antiisraelische Einstellungen von Menschen in Deutschland erkennen, offen oder verdeckt werden Stereotype von Juden und/oder Israelis gezeichnet, die in vereinfachender Weise Negativbilder festschreiben. Hierbei werden in variierender Form überkommene religiöse und kulturelle Vorbehalte mit aktueller Kritik an israelischer Regierungspolitik verknüpft und abwertenden Generalisierungen über 'die Israelis' festgeschrieben. Phänomene historisch kontinuierlich wahrnehmbarer antisemitischer Einstellungen in der Mitte der herkunftsdeutschen Gesellschaft werden dabei ebenso wirksam wie israelfeindliche Äußerungen im Kontext einer Migrationsgesellschaft, deren Mitglieder vielfach aus Ländern stammen, die mit Israel im Konflikt stehen.[6]

Der Abbau oder zumindest die Veränderung von 'Vor-Urteilen' ist eine der zentralen pädagogischen und politischen Begründungen internationaler Begegnungsarbeit.[7] Die persönliche Begegnung kann und soll dazu führen, bereits bestehende Bilder des (vermeintlich) 'Anderen' in Frage zu stellen und die durch sozialpsychologische Prozesse initiierten und in Gesellschaft und Öffentlichkeit kommunizierten, negativ konnotierten Merkmale im unmittelbaren Miteinander zu revidieren.

Bezogen auf die Veränderung antisemitischer Einstellungen durch die persönliche Begegnung von Nicht-Juden/Jüdinnen mit Juden/Jüdinnen in Deutschland wird immer wieder darauf hingewiesen, dass ein wohl überlegter Kontext und eine gute Vorbereitung solcher Begegnungsprojekte ausschlaggebend für den Erfolg seien – ja, für Begegnungen in Deutschland wird der Erfolg aufgrund eines vielfach künstlich geschaffenen Begegnungskontextes bisweilen gar in Frage gestellt, hier sei Bildungs- und Aufklärungsarbeit gegen verbreitete Zerrbilder wichtiger und erfolgversprechender.[8]

Anders beim binationalen Austausch: Deutsch-israelische Begegnungen sind eingebettet in den bekannten Rahmen internationaler Begegnungen. Hier treffen sich Menschen aus zwei Staaten, in denen unterschiedliche Sprachen gesprochen werden, variierende Lebensbedingungen unterschiedliche Alltagsroutinen begründen und verschiedene Bildungs- und Gesellschaftsstrukturen sichtbar und erfahrbar werden. Der gegebene historische Kontext deutsch-israelischer Beziehungen trägt dazu bei, dass bei diesen Begegnungen zunächst vor allem die unterschiedliche Nationalität im Vordergrund steht – Deutsche und Israelis. Gute Begegnungsarbeit trägt jedoch dazu bei, innerhalb beider multikulturellen Gesellschaften bald deutlich werden zu lassen, dass diese nationale Einteilung in beiden Ländern mit vielfältigen und variierenden persönlichen, familiären, kulturellen und religiösen Identifikationsprozessen junger Menschen verbunden ist. Die Begegnung und das Kennenlernen macht auch die individuell unterschiedlichen Konstruktionen nationaler Identität deutlich und lässt darüber hinaus weitere, womöglich gar wichtigere Merkmale des ‚Anderen' erkennbar und erfahrbar werden. Das mögliche Merkmal der religiösen und kulturellen Zugehörigkeit zum Judentum wird dabei in Israel als ‚selbstverständlich' erfahren. Die Selbstverständlichkeit jüdischen Lebens in Israel, als Mehrheitsgesellschaft mit einer Vielfalt jüdischen Lebens und innerjüdischer Diskurse, bedeutet vielfach die Auflösung vereinfachender Bilder von ‚den Juden'. Das Kennenlernen von jüdischen Israelis mit unterschiedlichsten familiären Hintergründen und Einwanderungsgeschichten aus Europa, Russland, den arabischen Ländern und Afrika, mit vielerlei persönlichen Interessen und täglichen Gepflogenheiten wandelt das schlichte Bild von ‚dem Israeli' zu einem vielfältigen. Noch differenzierter und bunter wird dieses Bild im Prozess der Begegnung mit arabischen oder drusischen Teilnehmenden, die in viele Austauschprogramme eingebunden sind.

Von deutscher Seite versuchen immer mehr Austauschgruppen ebenfalls gezielt, die kulturelle und religiöse Vielfalt junger Menschen in Deutschland über die Teilnehmenden abzubilden. So unterschiedlich wie deren persönliche Bezüge zur deutschen Geschichte sind ihre Identifikationsprozesse mit einer möglichen ‚deutschen Nationalität', was wiederum vielfältige Zugänge zur Bedeutung deutsch-israelischer Beziehungen und Interessen daran bedingt. Ein Ziel ist dabei auch, gerade solche jungen Menschen in den Austausch einzubeziehen, die aufgrund persönlicher Erfahrungen oder familiärer Anbindung an Länder, die mit Israel seit vielen Jahren im Konflikt stehen, Vorbehalte oder Negativbilder von Israel und Israelis haben.

Die Erfahrung zeigt, dass es auch hier zum einen darum gehen muss, die Bandbreite existierender Narrative über Geschichte(n) und Gegenwart im Nahen Osten durch Wissensvermittlung zu erweitern. Gleichzeitig aber bietet gerade in diesem Zusammenhang die persönliche Begegnung den Schlüssel, um Unerwartetes zu erfahren und den eigenen gedanklichen Horizont zu erweitern: Junge muslimische Teilnehmende etwa treffen bei ihrem Besuch in Israel erstmals mit Holocaust-Überlebenden zusammen, was nachhaltigen Eindruck hinterlässt; mit großem Interesse hören sie jungen Israelis arabisch-palästinensischer Herkunft über ihr Leben und Wirken inmitten einer israelischen Jugendbewegung zu und lernen über bisher nicht für möglich gehaltene Wege des Zusammenlebens.[9] Solche Programme sind mit hoher Sensibilität vorzubereiten und zu begleiten. Sie können erheblich dazu beitragen, anti-israelischen Zerrbildern aktiv entgegenzuwirken und gleichzeitig inmitten der Vielfalt neue Verbindungen wirksam werden zu lassen: *„Als Deutsche mit marokkanischen Wurzeln konnte ich mich mit ihnen sehr gut identifizieren. Das ist auch ein Grund, warum der deutsch-israelische Austausch nicht nur für die deutsch-israelische Freundschaft von großer Bedeutung ist, sondern auch für die arabisch-israelische Freundschaft."*[10]

**Christine Mähler**

Geb. 1967 in Düsseldorf, Dipl.-Psychologin und Mediatorin. Forschung zur psychosozialen Wirkungsgeschichte des Holocaust in Deutschland und Israel. Seit 30 Jahren aktiv im deutsch-israelischen Austausch. Langjährige Vorsitzende des Deutsch-Israelischen Jugendforums und Mitglied im Präsidium der Deutsch-israelischen Gesellschaft. Berufliche Tätigkeiten bei Aktion Sühnezeichen Friedensdienste und Initiativkreis Internationale Jugendbegegnungsstätte Sachsenhausen. Seit 2001 Aufbau und Leitung des Koordinierungszentrums Deutsch-Israelischer Jugendaustausch – ConAct.

## 3. Der deutsch-israelische Jugendaustausch begründet dauerhafte Freundschaften durch die gemeinsame Auseinandersetzung mit der Geschichte und Gegenwartsbedeutung der Shoah

Der deutsch-israelische Austausch ist geprägt von der Gegenwärtigkeit der Vergangenheit. Die Nachwirkungen der Geschichte sind allzeit präsent – in Familiengeschichten, Identitäten, Begegnungsdynamiken und Auseinandersetzungen mit unserem Leben in der Gegenwart.

Die Austauscharbeit wird dabei durch bestimmte Vorgaben begleitet: Zum einen geben die verabredeten ‚Gemeinsame Bestimmungen' das Thema ‚Shoah' als wichtigen Baustein in Vorbereitung und Durchführung der Austauschprogramme in Deutschland und Israel vor. Zum anderen zeigt die Erfahrung, dass die Begegnung mit der deutschen Geschichte und ihren Auswirkungen auf das Leben heute beim Zusammentreffen junger Menschen in Deutschland oder Israel ohnehin früher oder später passiert: Ein Hakenkreuz an einer Hauswand in Deutschland oder eine deutschsprachige Unterhaltung zweier alter Menschen in Israel – es gibt zahlreiche Gelegenheiten, auf die Gegenwärtigkeit der Vergangenheit aufmerksam zu werden.

In der Begegnungsdynamik ist dies häufig der Moment, wo die nationalen Zugehörigkeiten – womöglich nach vielen Tagen intensiver Begegnung und entstandener Freundschaften – plötzlich wieder übermäßig große Bedeutung bekommen. Verknüpft mit der Vergangenheit, stehen dann vielfach Unterscheidungen und gegenseitige Zuschreibungen in die ‚Nachfahren der Opfer' und die ‚Nachfahren der Täter' im Vordergrund.[11] Nun bedarf es intensiver pädagogischer Arbeit, um dringliche Fragen zu stellen, Befürchtungen zu formulieren, Projektionen offenzulegen und vorschnelle Urteile über ‚den Anderen' bezogen auf seine Geschichte zu hinterfragen. Erneut führt die unmittelbare und persönliche Begegnung dazu, Schwarz-Weiß-Bilder aufzulösen, indem der verbale Austausch für die zentralen Fragen ermöglicht wird: Wer bist Du bezogen auf diese spezifische Geschichte? Wo und wie hat Deine Familie zu dieser Zeit gelebt? Was denkst Du heute darüber?

Die Selbstbefragung und die Befragung des jeweils anderen ist Herausforderung und Chance zugleich, die individuelle und kollektive (nationale) Identität vor dem Hintergrund dieser Geschichte zu reflektieren und dabei gegenseitig voneinander und übereinander zu lernen: *„Das komische Angstgefühl, das von den Begriffen ‚Schuld' und ‚Opfer' geprägt war, schuf eine Spannung, die bis zum ersten Gespräch über die Shoah anhielt. Wir saßen im Fernsehzimmer in unserem Haus und ich fragte meinen deutschen Partner, ob es in Ordnung sei, wenn ich das Thema zur Sprache bringe. Es war sehr schwer, das Gespräch zu beginnen. Wir waren beide sehr gehemmt und hatten Angst, den anderen zu verletzen. Dies führte dazu, dass wir jedes Wort genau abwogen. Doch im Laufe des Gesprächs öffneten wir unsere Herzen und erzählten uns die persönlichen Geschichten, die mit dem Grauen verbunden waren und begannen zu verstehen, dass unsere Geschichten ähnlich waren."*[12] Es scheint, dass Nationalsozialismus und Holocaust auch 70 Jahre nach den Geschehnissen sowohl in Deutschland als auch in Israel wirksame Faktoren persönlicher wie auch kollektiver Identitätskonstruktionen sind. Dabei werden auch bei jungen Menschen der gegenwärtig dritten und vierten Generation nach den Geschehnissen eigene Gefühle mit Begriffen wie ‚Scham', ‚Schuld' und ‚Verantwortung' verknüpft. Gleichzeitig wird deutlich, dass insbesondere eine gute pädagogische Begleitung, die einen wirklich gemeinsamen Prozess der Auseinandersetzung mit der Gegenwartsbedeutung der Geschichte anregt, eine echte Annäherung durch das gemeinsame Erinnern ermöglicht. Die Erfahrungen und Berichte deutsch-israelischer (Jugend-)Begegnungsprojekte offenbaren, wie viel unschätzbare Arbeit alle Beteiligten damit über Jahrzehnte für erste Annäherungen, gewachsenes Vertrauen und bleibende Freundschaften im deutsch-israelischen Kontext geleistet haben. Dabei verkörperte schon in frühen Jahren die Begegnung junger Menschen aus beiden Ländern die fast unmöglich anmutende Annäherung, sie waren und sind zugleich Projektionsfläche der Vergangenheit und Erwartungsträger für die Zukunft.[13] Ihre Begegnung ist authentisch, im unmittelbaren Miteinander entstehen nachhaltig wirksame Gefühle und bleibende Einsichten. *„Trotz allem ist uns der Schmerz gemeinsam und der Verlust echt. Nur durch Erleben ist es möglich, sich zu identifizieren und nur durch diese Identifizierung kann man wachsen. […] Für mich besteht das gemeinsame Interesse darin, mich zu erinnern und die Erinnerung wachzurufen, ohne dass die Deutschen sich selbst und die Juden die Deutschen beschuldigen."*[14] Die große Anzahl solcher und ähnlicher Einsichten junger Menschen aus beiden Ländern und die persönliche Weitergabe dieser Erfahrungen in den jeweiligen Lebensumfeldern bedeuten einen umfänglichen Beitrag geleisteter Arbeit zu Annäherung und Freundschaft über die schwere Geschichte hinweg.

## 4. Die Zukunft des deutsch-israelischen Jugendaustauschs liegt im Aushalten von Gleichzeitigkeiten.

Die Herausforderung einer intensiven Zusammenarbeit zwischen Deutschland und Israel liegt für alle aktiv und innerlich beteiligten Menschen im Aushalten von Gleichzeitigkeiten. In Israel ist man etwa mit einem Lebenskontext konfrontiert, der sich laufend im Spannungsfeld zwischen friedlichem Alltag einerseits und bedrohlichen Kriegen andererseits bewegt. Junge Menschen aus Deutschland gelangen zu der Einsicht, dass das Leben junger Israelis ihrem eigenen in vielen Aspekten der globalen Lebensweise und internationalen Kultur gleicht und sich doch durch mehrere Jahre Militärdienst und hiernach ausgerichteten persönlichen Lebenswegen erheblich unterscheidet. Womöglich mündet das darin, dass in Diskussionen über eine friedliche Welt Wünsche nach einer gemeinsamen Zukunft in offenen, demokratischen Gesellschaften vorbehaltlos geteilt werden. Gleichzeitig gilt es jedoch auszuhalten, dass junge Menschen in Israel angesichts potenziell ständiger Bedrohung von außen andere Vorstellungen davon haben, wie ein solches Ziel erreicht werden könnte, als Gleichaltrige aus Deutschland in einem überwiegend friedlichen Europa. Gerade für junge Menschen bedeutet das Aushalten bedeutender Widersprüchlichkeiten in ihrem Lebensumfeld eine große Herausforderung. Der Wunsch nach klar formulierten Aussagen, Meinungen und Wahrheiten ist groß – die Kapazität, Widersprüche auszuhalten, ist eher gering. Der deutsch-israelische Jugendaustausch bietet somit einen Erfahrungsraum, in dem das Kennenlernen und Aushalten konträrer und gleichzeitig doch berechtigter und einleuchtender Perspektiven sich allen Beteiligten in besonderer Weise aufdrängt.

Der deutsch-israelische Jugendaustausch war und ist Teil der besonderen, spezifischen deutsch-israelischen Beziehungen. Die künftig größte Herausforderung besteht für ihn darin, mit dem gleichermaßen hohen Stellenwert sowohl nationaler und als auch vielfältig kultureller Identitäten der jungen Menschen aus beiden Ländern umzugehen. Die Besonderheit der deutsch-israelischen Beziehungen liegt im bewussten und offensiven Umgang mit der Geschichte begründet. Im Zuge zunehmend vielfältiger persönlicher, religiöser und kultureller Identitäten junger Menschen aus beiden Ländern verändert sich womöglich dieser spezifische Charakter des Austauschkontextes. Um die Spezifität der Austauschprogramme im deutsch-israelischen Kontext fortzuschreiben, gilt es, die gleichzeitige Wirksamkeit (kollektiver) nationaler Identitäten einerseits und (individueller) vielfältiger Identitäten andererseits in die pädagogische Arbeit einzubeziehen. Nur wenn wir sich wandelnde Zugänge zu den spezifischen deutsch-israelischen Beziehungen anbieten, wird es uns gelingen, die Vielfalt junger Menschen aus beiden Ländern zu interessieren und gleichzeitig die Besonderheit der Beziehungen bedeutungsvoll für die Zukunft fortzuschreiben.

---

[1] Vgl. Informationen zur Geschichte des deutsch-israelischen Jugendaustauschs auf www.exchange-visions.de.

[2] Gemeinsame Bestimmungen für die Durchführung und Förderung des Deutsch-Israelischen Jugendaustauschs. Aktuell gültige Fassung 2011. www.ConAct-org.de

[3] Ohliger, Rainer: Integration und Partizipation durch historisch-politische Bildung. Fonds Erinnerung und Zukunft, Berlin 2006.

[4] Bayerischer Jugendring: Leben und Lernen im Austausch. Der Jugend- und Schüleraustausch Bayern – Israel. Ergebnisse einer wissenschaftlichen Evaluation. München 2012.

[5] Anne S., Teilnehmerin der deutsch-israelischen Schreibwerkstatt ‚Israel in Worte fassen', ConAct – Koordinierungszentrum Deutsch-Israelischer Jugendaustausch 2009

6 Messerschmidt, Astrid: „Bildungsarbeit in der Auseinandersetzung mit gegenwärtigem Antisemitismus", in: Antisemitismus. Aus Politik und Zeitgeschichte 28-30 (2014), S. 38 – 44 .

7 Thimmel, Andreas: Pädagogik in der Internationalen Jugendarbeit – Geschichte, Praxis und Konzepte Interkulturellen Lernens, München 2001.

8 Vgl. Verein für Demokratische Kultur in Berlin e.V. (VDK) und amira – Antisemitismus im Kontext von Migration und Rassismus: Unsere Jugendlichen müssten mal Juden kennen lernen. Begegnungen mit Juden und Jüdinnen als pädagogischer Ansatz zum Abbau von Antisemitismus, Berlin 2010.

9 Vgl. Kreuzberger Initiative gegen Antisemitismus (KIgA) e.V.: Israel, Palästina und der Nahostkonflikt. Ein Bildungs- und Begegnungsprojekt mit muslimischen Jugendlichen im Spannungsfeld von Anerkennung und Konfrontation, Film, Berlin 2011.

10 Vorstellung des Jugendaustauschprojekts Kreisjugendwerk der Arbeiterwohlfahrt Niederrhein – HaNoar HaOved WeHalomed (Arbeitende und Lernende Jugend) im Schloss Bellevue, 2011. Filmausschnitt in: ‚10 Jahre ConAct', www.ConAct-org.de .

11 Vgl. Lessing, Alma: Remembering the Past, Enacting the Present – Creating the future? An Analysis of an Israeli-German Student Exchange, MA Thesis, Jerusalem 2004, bzw. Nadan, Yochay: German-Israeli youth exchange as a tool for longterm Peacebuilding. MA Thesis Alice Salomon University of Applied Sciences, Berlin 2006.

12 Mor G., Teilnehmende der deutsch-israelischen Schreibwerkstatt ‚Israel in Worte fassen', ConAct – Koordinierungszentrum Deutsch-Israelischer Jugendaustausch 2009.

13 Vgl. Mähler, Christine: „Vergangenheit – Gegenwart – Zukunft. Zum deutsch-israelischen Jugendaustausch", in: Tribüne 173 (2005), S. 122 – 136.

14 Israelischer Teilnehmer der deutsch-israelischen Schreibwerkstatt ‚Israel in Worte fassen', ConAct – Koordinierungszentrum Deutsch-Israelischer Jugendaustausch 2009.

## Literaturhinweise

- Bayerischer Jugendring: Leben und Lernen im Austausch. Der Jugend- und Schüleraustausch Bayern – Israel. Ergebnisse einer wissenschaftlichen Evaluation, München 2012.

- ConAct – Koordinierungszentrum Deutsch-Israelischer Jugendaustausch: Deutsch-Israelische Schreibwerkstatt ‚Israel in Worte fassen' – Textsammlung, Lutherstadt Wittenberg 2009.

- Exchange Visions – 60 Years German-Israeli Youth Exchange. Baustelle – Schaustelle Jugendaustausch. www.Exchange-Visions.de

- Heil, Simone: Young Ambassadors. Youth Exchange and the Special Relationship between Germany and the State of Israel, München 2011.

- Kreuzberger Initiative gegen Antisemitismus (KIgA) e.V.: Israel, Palästina und der Nahostkonflikt. Ein Bildungs- und Begegnungsprojekt mit muslimischen Jugendlichen im Spannungsfeld von Anerkennung und Konfrontation, Film, Berlin 2011.

- Lessing, Alma: Remembering the Past, Enacting the Present – Creating the future? An Analysis of an Israeli-German Student Exchange, MA Thesis, Jerusalem 2004.

- Mähler, Christine: „Vergangenheit – Gegenwart – Zukunft. Zum deutsch-israelischen Jugendaustausch", in: Tribüne 173 (2005), S. 122 – 136.

- Messerschmidt, Astrid: „Bildungsarbeit in der Auseinandersetzung mit gegenwärtigem Antisemitismus", in: Antisemitismus. Aus Politik und Zeitgeschichte 28-30 (2014), S. 38 – 44 .

- Ohliger, Rainer: Integration und Partizipation durch historisch-politische Bildung, Fonds Erinnerung und Zukunft, Berlin 2006.

- Thimmel, Andreas: Pädagogik in der Internationalen Jugendarbeit – Geschichte, Praxis und Konzepte Interkulturellen Lernens, München 2001.

- Verein für Demokratische Kultur in Berlin e.V. (VDK) und amira – Antisemitismus im Kontext von Migration und Rassismus: Unsere Jugendlichen müssten mal Juden kennen lernen. Begegnungen mit Juden und Jüdinnen als pädagogischer Ansatz zum Abbau von Antisemitismus, Berlin 2010.

- ConAct – Koordinierungszentrum Deutsch-Israelischer Jugendaustausch: 10 Jahre ConAct, Kurzfilm. Vorstellung des Jugendaustauschprojekts Kreisjugendwerk der Arbeiterwohlfahrt Niederrhein – HaNoar HaOved WeHalomed (Arbeitende und lernende Jugend) im Schloss Bellevue, Berlin 2011. www.ConAct-org.de .

- Nadan, Yochay: German-Israeli youth exchange as a tool for longterm Peacebuilding. MA Thesis Alice Salomon University of Applied Sciences, Berlin 2006.

# Die Geschichte der deutsch-israelischen Jugendbeziehungen
## Entwicklungen, Meilensteine und Kontinuitäten

– Jonas M. Hahn

Im Jahr 2015, anlässlich des 50. Jubiläums der Aufnahme diplomatischer Beziehungen zwischen Deutschland und Israel, erfuhr die Internetseite *Exchange-Visions.de* einen grundlegenden Relaunch. Sie war 2005 als Gemeinschaftsprojekt von ConAct und der Israel Youth Exchange Authority entstanden, seit Kurzem erstrahlt sie in neuem Glanz. Die neue Seite lädt Besucherinnen und Besucher ein, die Vielfalt der 60-jährigen Geschichte deutsch-israelischer Jugendbeziehungen online zu entdecken und eigene Erfahrungen, Anekdoten, Bilder und Berichte mit anderen zu teilen.

Die komplett zweisprachig gestaltete Seite dokumentiert einerseits die historischen Entwicklungen und Errungenschaften von Jugendbeziehungen der vergangenen 60 Jahre. Gleichzeitig soll die Seite aber auch den generationsübergreifenden Dialog und Perspektivwechsel verschiedener im Austausch engagierter Persönlichkeiten und Gruppen ermöglichen und fördern. Die eingestellten Dokumente und Informationen sollen so weiter wirken und künftige Austauschprojekte anregen. Im Folgenden werden zentrale Entwicklungen, Meilensteine und Kontinuitäten der deutsch-israelischen Jugendbeziehungen während der vergangenen 60 Jahre so nachgezeichnet, wie sie auch auf der Plattform Exchange-Visions.de dargestellt sind.

### 1950er-Jahre – Die Anfänge

Der Beginn der deutsch-israelischen Jugendkontakte wird vielfach auf Mitte der 1950er-Jahre datiert. Von einem Austausch im wirklichen Sinne konnte zu diesem Zeitpunkt jedoch noch nicht die Rede sein: Junge Deutsche, die den Zweiten Weltkrieg zumeist als Kinder oder Jugendliche erlebt hatten, geprägt von den Jahren des Krieges, reisten nach Israel, um das Aufbauwerk des noch jungen Staates zu erkunden und sich gleichzeitig für eine vorsichtige Annäherung zwischen Deutschen und Israelis einzusetzen.

Zu den ersten deutschen Gruppen, die Kontakte zu israelischen Jugendlichen suchten, gehörte der Sozialistische Deutsche Studentenbund (SDS), der im Jahr 1953 an deutschen Hochschulen Spenden für notleidende Studierende in Israel sammelte.[1] Ab Mitte der 1950er-Jahre mehren sich Berichte über Einzelreisen,[2] später auch Gruppenreisen, deutscher Jugendlicher nach Israel. Auf Einladung des israelischen Studentenverbands reiste 1957 eine vierköpfige Delegation des bereits genannten SDS mehrere Wochen durch Israel.[3] Eine kleinere Gruppe von Mitgliedern der Deutsch-Israelischen Studiengruppe (DIS), die kurz zuvor an der Freien Universität Berlin gegründet worden war, reiste im Herbst desselben Jahres ebenfalls nach Israel. Im März 1959 unternahm eine Berliner Gruppe der Evangelischen Studentengemeinde (ESG) eine einmonatige Studienreise nach Israel.[4] Etwa zur gleichen Zeit nahmen laut dem Historiker Shlomo Shafir deutsche Jungsozialisten an einem Jugendleiterseminar in Israel teil.[5]

Die ersten deutsch-israelischen Jugendkontakte der 1950er-Jahre waren in direkter Weise von den Nachwirkungen nationalsozialistischer Verbrechen geprägt. Gegenüber den Teilnehmenden der erwähnten ESG-Reise wurde deshalb 1959 auch folgende Mahnung ausgesprochen: „Das schwerste Reisegepäck, das wir mitführen […], ist die Schuld der Deutschen an den Juden."[6] Rudolf Weckerling, einer der Initiatoren dieser Reise, erwähnte in einem nachfolgenden Reisebericht auch, dass der Besuch junger Deutscher in Israel „für sehr viele Israelis eine große Zumutung" darstellte.[7] Aus Scham, aber auch weil es in der allgemeinen israelischen Stimmungslage während der 1950er-Jahre nicht angebracht schien, versuchten einige der frühen Israelreisenden, ihre deutsche Herkunft zu verschleiern. Sie gaben vor, aus Frankreich, der Schweiz oder den Niederlanden zu stammen. Betrachtet man den Gesamtzeitraum der 1950er-Jahre, so blieb die Zahl junger deutscher Besucherinnen und Besucher in Israel überschaubar. Im gesamten Jahr 1958 sollen 219 deutsche Jugendliche in israelischen Jugendherbergen übernachtet haben.[8]

Junge Israelis besuchten Deutschland während der 1950er-Jahre nur sehr vereinzelt.[9] Im Jahr 1959 waren jedoch insgesamt 125 Studierende mit israelischem Pass an deutschen Universitäten eingeschrieben.[10] Bei diesen Jugendlichen handelte es sich zumeist um die Nachkommen deutschstämmiger Emigrantinnen und Emigranten, die sich auf besondere Ausbildungsfächer und -berufe in Deutschland spezialisierten.[11]

## 1960er-Jahre – Steigendes Interesse

Während der ersten Hälfte der 1960er-Jahre nahm die Zahl deutscher Jugendgruppen, die Israel besuchten, stetig zu. Im Jahr 1960 wurden 40 Jugendgruppen gezählt, 1961 bereits 60 Gruppen, 1963 dann mehr als 200 Gruppen.[12] Eine erste elfköpfige Gruppe der Aktion Sühnezeichen erreichte im Oktober 1961 Israel, um für ein halbes Jahr im Kibbuz Urim zu arbeiten.[13]

Forderungen nach einer Formalisierung des Verhältnisses zu Israel und der Aufnahme diplomatischer Beziehungen zwischen beiden Ländern kamen auf. Sie wurden auf deutscher Seite Anfang der 1960er-Jahre insbesondere von der jüngeren Generation unterstützt. Unter dem Motto: „Worauf warten wir? Diplomatische Beziehungen zu Israel" riefen im August 1962 in Berlin der Liberale Studentenbund Deutschlands (LSD), die Deutsch-Israelischen Studiengruppen, die Sozialistische Jugend „Die Falken", die Internationale Liga für Menschenrechte sowie die Aktion Sühnezeichen zu einer Kundgebung auf.[14] Laut einer Allensbach-Umfrage vom Juli 1963 wären zu diesem Zeitpunkt 38 % der Deutschen für die Aufnahme diplomatischer Beziehungen[15] mit Israel gewesen (26 % dagegen, 36 % unentschlossen). Von den 16- bis 29-Jährigen stimmten insgesamt 46 % zu, dieser überdurchschnittlich hohe Zustimmungswert sticht besonders heraus. Der Historiker Michael Wolffsohn kommentiert die Umfrage deshalb folgendermaßen: „Je jünger, desto eher für Beziehungen." Als im Mai 1965 diplomatische Beziehungen zwischen Deutschland und Israel aufgenommen wurden, hatten laut dem Journalisten Rolf Vogel bereits mehr als 40.000

Jugendliche aus Deutschland einen Aufenthalt in Israel verbracht.[16]

Das zunehmende Interesse deutscher Jugendlicher an Israel rief in größeren Teilen der israelischen Gesellschaft Skepsis, in gewissen politischen Kreisen auch offene Ablehnung hervor.[17] Als der deutsche Probst Heinrich Grüber 1961 vorschlug, einen Ausschuss zur Förderung der Jugendbeziehungen beider Länder einzusetzen, wurde dieser Vorschlag vom israelischen Außenministerium im August des gleichen Jahres umgehend mit dem Verweis auf die allgemeine Stimmung im Land zurückgewiesen.[18] Eine aktive Förderung der Jugendbeziehungen wurde ausgeschlossen, Besuche junger Deutscher sollten jedoch ermöglicht werden. Ende des Jahres 1961 gab ein interministeriales Komitee zur Ausarbeitung von Richtlinien für den kulturellen Kontakt mit Deutschland folgende Bestimmung heraus: „Besuche von deutschen Staatsbürgern, hauptsächlich von Jugendlichen, Schülern, Studenten, jungen Arbeitern […] sollen genehmigt werden, um ihnen zu ermöglichen, dem Aufbau des Landes näher zu kommen."[19]

Im Jahr 1961 reiste erstmals eine israelische Jugendgruppe der linksgerichteten israelischen Arbeiterpartei MAPAI (Akronym für: Partei der Arbeiter im Land Israel) nach Deutschland. Die Reise wurde vom israelischen Außenministerium nur unter der Voraussetzung genehmigt, dass an ihr keine Jugendlichen im Schulalter teilnehmen würden.[20] Zwei Jahre später, 1963, begleiteten der Journalist und Religionswissenschaftler Schalom Ben-Chorin und seine Frau Avital eine weitere Gruppe israelischer Jugendlicher nach Deutschland.[21] Diese Gruppe besuchte in Deutschland unter anderem die Führungsakademie der Bundeswehr in Hamburg, wobei ein deutscher General Schalom Ben-Chorin eröffnete, er sei auch schon einmal in „seiner Gegend" gewesen. Auf die Rückfrage „Sie waren schon einmal in Israel?" entgegnete der General: „Nein, das war ich nicht. Ich war mit Rommel! Damals kam ich bis Ägypten.", worauf ihm Ben-Chorin antwortete: „Ach, da bin ich aber froh, dass wir uns erst jetzt begegnen."

Vor Aufnahme der diplomatischen Beziehungen blieben Reisen israelischer Jugendlicher nach Deutschland die Ausnahme. Während der zweiten Hälfte der 1960er-Jahre verstetigten sich die Besuche jedoch allmählich. Bereits im Jahr 1965 wurden 2.666 Übernachtungen junger Israelis in deutschen Jugendherbergen gezählt.[22]

## 1970er-Jahre – Die Institutionalisierung

Mit der Aufnahme diplomatischer Beziehungen zwischen Deutschland und Israel schwanden auf politischer Ebene die Vorbehalte gegenüber einer Institutionalisierung des deutsch-israelischen Jugendaustauschs. Auch auf gesellschaftlicher Ebene zeigte sich Anfang der 1970er-Jahre, dass sich das ‚Deutschlandbild' junger Israelis von dem Bild der Elterngeneration unterschied und sie gegenüber Deutschland milder eingestellt waren. So resümiert Michael Wolffsohn bezüglich statistischer Erhebungen Anfang der 1970er-Jahre „Je jünger, desto wohlwollender' gilt in Bezug auf sämtliche Grundsatzfragen."[23]

Ende der 1960er-Jahre fanden erste gemeinsame Sitzungen des israelischen Kommunalverbands und des Bundesministeriums für Jugend, Familie und Gesundheit (BMJFG) statt, in denen sich die Beteiligten auch zu deutsch-israelischen Jugendbeziehungen austauschten. Anfang der 1970er-Jahre beauftragte das BMJFG den IJAB – Internationaler Jugendaustausch- und Besucherdienst der Bundesrepublik Deutschland (heute: IJAB – Fachstelle für Internationale Jugendarbeit der Bundesrepublik Deutschland e.V.) damit, Fachkräfteprogramme zur Jugendhilfe mit deutschen und israelischen Fachkräften durchzuführen sowie die Austauschzusammenarbeit zwischen deutschen und israelischen Trägern zu intensivieren. Auf israelischer Seite wurde im Jahr 1972 der „Öffentliche Rat für den Austausch von Jugendlichen und jungen Erwachsenen" eingesetzt, der fortan in Fragen des Jugendaustauschs als Ansprechpartner des BMJFG fungierte. Mit der Einsetzung des „Gemischten Fachausschusses für den deutsch-israelischen Jugendaustausch" wurde im Jahr 1973 ein deutsch-israelisches Gremium geschaffen, das fortan gemeinsam Fragen der Förderung, Programmgestaltung sowie Auswahl, Struktur und Vorbereitung der Teilnehmenden an deutsch-israelischen Jugendbegegnungen erörterte.[24] Als eine der ersten Handlungen legte dieses Fachgremium im November 1974 mit den „Gemeinsamen Bestimmungen für den Deutsch-Israelischen Jugendaustausch" bilateral gültige Richtlinien für den Austausch fest, die in mehrmaliger Überarbeitung bis heute Gültigkeit besitzen.

Parallel zur Institutionalisierung des Austauschs unterstützte die deutsche Seite ab Ende der 1960er-Jahre deutsch-israelische Begegnungsprogramme auch mit einer eigenen Sonderförderung aus Mitteln des Bundesjugendplans (seit 1993: Kinder- und Jugendplan des Bundes). Nach dem Attentat palästinensischer Terroristen auf die israelische Olympiamannschaft in München im September 1972 wurden diese Sondermittel deutlich aufgestockt, was in den folgenden Jahren allen im Jugendaustausch tätigen Institutionen ermöglichte, die Programmzahlen und -vielfalt zu erweitern.[25]

Durch die Sonderförderung wurde der deutsch-israelische Jugendaustausch ab Ende der 1960er-Jahre in der Fläche für viele Träger bundesweit zugänglich. Bereits Anfang der 1970er-Jahre nahmen jedes Jahr etwa 5.000 Jugendliche aus Deutschland und Israel an einer Jugendbegegnung im jeweils anderen Land teil. Bis zum Ende des Jahrzehnts stieg die Zahl auf etwa 6.000 – 7.000 Teilnehmende pro Jahr an. In einem Protokoll des BMJFG wurde im November 1971 erwähnt, dass sich insbesondere die Zahl israelischer Teilnehmerinnen und Teilnehmer positiv entwickelt hätte und in den Jahren 1969 – 1971 eine Zunahme israelischer Teilnehmender an Begegnungsprogrammen in Deutschland um 50 % zu verzeichnen gewesen sei.[26]

**1980er-Jahre – Statistische Höhepunkte**

Vor dem Hintergrund der Begin-Schmidt-Kontroverse 1981 kühlten die deutsch-israelischen Beziehungen Anfang der 1980er-Jahre merklich ab. Diese politischen Entwicklungen hatten jedoch auf die Zahl der Teilnehmenden an deutsch-israelischen Jugendaustauschprogrammen keine Auswirkung. Die Zahl deutscher Teilnehmerinnen und Teilnehmer an Begegnungsprogrammen in Israel stieg während der 1980er-Jahre konstant an bzw. blieb auf einem hohen Niveau.

Auf israelischer Seite hatte Anfang der 1980er-Jahre insbesondere die angespannte wirtschaftliche Lage Auswirkungen auf die Zahl der Teilnehmenden an Programmen in Deutschland. Nach einem Bankencrash im Jahr 1983 hatte die israelische Wirtschaft mit einer massiven Entwertung des Shekels und Inflationshöchstraten von annähernd 450 % im Jahr 1984 zu kämpfen. Um dieser Krise entgegenzuwirken, führte die israelische Regierung im Mai 1985 eine erhöhte Ausreisesteuer von 300 US-Dollar sowie eine 20-prozentige Steuer auf Flugtickets ein. Um weitere Devisen zu sparen, wurde im Sommer 1985 sogar ein kurzzeitiger genereller Ausreisestopp für israelische Jugendgruppen verhängt.[27]

Die statistischen Auswirkungen der Krise waren massiv. Hatten im Jahr 1983 noch etwa 2.000 junge Israelis an einem aus dem Bundesjugendplan geförderten Programm in Deutschland teilgenommen, so brachen die Zahlen 1984 um etwa 25 %, im Jahr darauf um etwa 50 % ein. Doch nachdem die erhöhte Ausreisesteuer im September/Oktober 1985[28] wieder reduziert worden war und sich die wirtschaftliche Lage in Israel verbesserte, erholte sich die Zahl der Teilnehmerinnen und Teilnehmer relativ schnell wieder. Bereits im Jahr 1987 erreichte die Zahl israelischer Teilnehmender an Programmen in Deutschland wieder den Vorkrisenstand.

Im Dezember 1987 brach die Erste Intifada aus. Trotzdem erreichte die Zahl der Teilnehmenden an deutsch-israelischen Jugendbegegnungen Ende der 1980er-Jahre ihre statistische Höchstmarke. Aus Mitteln des Bundesjugendplans wurden 1989 etwa 350 Begegnungsprogramme mit knapp 8.000 deutschen und israelischen Teilnehmenden gefördert – die höchste je aus Bundesmitteln geförderte Beteiligung in diesem Bereich. Erst Anfang der 2010er-Jahre sollte sich die Zahl der Teilnehmenden langsam wieder dieser Marke nähern.

### 1990er-Jahre – Kontinuität und Aufbruch

Mit dem beginnenden Prozess der deutschen Wiedervereinigung machten sich ab 1989 auch in Deutschland und Israel die Verantwortlichen Gedanken über die künftige Rolle des deutsch-israelischen Jugendaustauschs. Mitte Dezember 1989 trat in Lübeck der „Gemischte Fachausschuss für den deutsch-israelischen Jugendaustausch" zu seiner jährlichen Sitzung zusammen. In einem vorbereitenden Sitzungsprotokoll wurde die Frage gestellt, ob „nicht von diesen neuen Möglichkeiten [dem Fall der Berliner Mauer im November 1989] auch eine neue Inspiration für die deutsch-israelischen Programme ausgehen" könne.[29]

Für den deutsch-israelischen Jugendaustausch bestand nach der deutschen Wiedervereinigung die größte Herausforderung darin, auch in den neuen Bundesländern Strukturen für den Austausch zu schaffen und sie in den Austausch mit Israel zu integrieren. In der DDR hatte offen propagierter Antizionismus über viele Jahre die offizielle Politik des Landes bestimmt. Zur Aufnahme diplomatischer Beziehungen zwischen DDR und Israel war es nie gekommen. Eine im Jahr 1992 vom Bundesministerium für Frauen und Jugend veröffentlichte Evaluierungsstudie zum deutsch-israelischen Jugendaustausch erwähnt jedoch, dass insbesondere „in den Neuen Bundesländern […] die Nachfrage nach deutsch-israelischen Austauschprogrammen sehr hoch" sei.[30]

Um dem „Nachholbedarf" gerecht zu werden, nahm der Gemischte Fachausschuss in den Nachwendejahren deshalb auch Anträge aus den neuen Bundesländern für Austauschprogramme mit Israel bevorzugt zur Förderung auf.[31] Mit dem Institut Neue Impulse in Berlin war außerdem im Jahr 2000 eine Einrichtung geschaffen worden, die es sich insbesondere zur Aufgabe machte, Fachkräfte aus den neuen Bundesländern für den Austausch mit Israel zu qualifizieren, um so weitere Träger in den Austausch zu integrieren.

### 2000er-Jahre – Ausbau der Strukturen

Als erster deutscher Bundespräsident hielt Johannes Rau im Februar 2000 eine Rede vor dem israelischen Parlament, der Knesset. In seinen abschließenden Worten hob Präsident Rau darin die besondere Verantwortung der Jugend für die zukünftige Entwicklung der deutsch-israelischen Beziehungen hervor: „Ich hoffe auf die Jugend unserer Völker. Ich bin überzeugt davon: Wenn wir der Jugend die Erinnerung weitergeben und sie zu Begegnungen ermutigen, dann brauchen wir uns um die Zukunft der Beziehungen zwischen Israel und Deutschland nicht zu sorgen."[32] Auf Initiative des deutschen Bundespräsidenten wurde während dieses Israelbesuchs die Gründung von Koordinierungsbüros für den deutsch-israelischen Jugendaustausch beschlossen.[33] In Deutschland eröffnete daraufhin im Oktober 2001 in Lutherstadt Wittenberg das Koordinierungszentrum „ConAct" (Gemeinsam Handeln). Der Sitz des Büros in einem ostdeutschen Bundesland und die Kooperation mit dem Land Sachsen-Anhalt waren mit Bedacht gewählt und sollten die Einbindung ostdeutscher Träger und Jugendverbände in den Austausch mit Israel weiter stärken. Israelischer Kooperationspartner von ConAct ist die Israel Youth Exchange Authority (bis 2013: Israel Youth Exchange Council) mit Sitz in Tel Aviv.

Anfang der 2000er-Jahre beeinflussten die Auseinandersetzungen zwischen Israelis und Palästinensern den deutsch-israelischen Jugendaustausch maßgeblich. Der Ausbruch der Zweiten Intifada im September 2000 führte zum deutlichsten Einbruch der Teilnehmer/innen- und Programmzahlen seit Erhebung verlässlicher Daten Ende der 1960er-Jahre. Aus dem Kinder- und Jugendplan des Bundes (KJP) geförderte deutsch-israelische Begegnungen verzeichneten im Jahr 2001 im Vergleich zum Vorjahr etwa 50 % weniger Teilnehmende – dies vor allem bezogen auf die Begegnungsprogramme, die in Israel stattfinden sollten. Es dauerte bis Mitte der 2000er-Jahre, bevor sich die deutsch-israelischen Jugendbegegnungen von dieser Zäsur erholten. Ende des Jahrzehnts wurden jährlich wieder etwa 7.000 Teilnehmende gezählt.

Während der 2000er-Jahre wandelte sich das Bild, das israelische Jugendliche von Deutschland hatten. Laut einer Studie der Friedrich-Ebert-Stiftung (FES) aus dem Jahr 2010 entwickelte sich das ‚Deutschlandbild' im neuen Jahrtausend deutlich zum Positiven. In Bezug auf Vergleichswerte aus dem Jahr 1998 kam die Jugendstudie zu folgendem Ergebnis: „A significant improvement in the image or profile of modern Germany took place between 1998 and 2010. […] The view that Germany today is one of the friendliest countries to Israel rose from 41.5 % (1998) to 60 % (2010); that Germany today is among the civilized countries of the world, from 61 % to 76 %; […] Fewer and fewer respondents felt that Germany today resembles Nazi Germany (from 43 % to 32 %)."[34]

### 2010er-Jahre – Wachsende Vielfalt

Seit den frühen 1960er-Jahren stellte der

Bereich der Freiwilligendienste eine zentrale Säule der deutsch-israelischen Jugendbeziehungen dar. Anfang der 2010er-Jahre kamen jährlich bis zu 900 zumeist junge Deutsche nach Israel, um für einen längeren Zeitraum in Kibbuzim, in sozialen Einrichtungen, Museen, Archiven oder Gedenkstätten ehrenamtlich tätig zu werden. Die Ausrichtung der Freiwilligenprogramme war jedoch einseitig. Nur sehr vereinzelt leisteten junge Israelis einen Freiwilligendienst in Deutschland. Mit der Gründung des Deutsch-Israelischen Freiwilligenprogramms für junge Israelis in Deutschland – „Kom-Mit-Nadev" im Jahr 2010 wurde auch im Bereich der Freiwilligendienste eine Gegenseitigkeit geschaffen. Die ersten elf israelischen Freiwilligen traten im Herbst 2010 einen zwölfmonatigen Freiwilligendienst in verschiedenen zivilgesellschaftlichen Projekten in Deutschland an.[35]

Während der vergangenen Jahre hielt sich die Zahl der Teilnehmenden an deutsch-israelischen Jugendbegegnungen kontinuierlich auf sehr hohem Niveau. Etwa 280 Programme mit 7.000 Teilnehmerinnen und Teilnehmer werden derzeit jährlich aus Mitteln des KJP gefördert. Trotz der schwierigen politischen Rahmenbedingungen im Nahen Osten, der Angst vor einem erstarkenden israelbezogenen Antisemitismus in Deutschland und Europa sowie Diskussionen über divergierende Lebensrealitäten junger Menschen in Deutschland und Israel ist das gegenseitige Interesse an Jugendbegegnungen ungebrochen hoch und die zur Verfügung stehenden Mittel reichen nicht aus, um Träger entsprechend der Regelsätze zu fördern.

Betrachtet man die Gesamtentwicklung der Jugendbeziehungen zwischen Deutschland und Israel in den vergangenen 60 Jahren, so sind die Leistungen beachtlich. Mindestens 600.000 Jugendliche haben während dieses Zeitraums an organisierten deutsch-israelischen Begegnungsprogrammen teilgenommen.[36] Strukturell und finanziell ist der deutsch-israelische Austausch heute besser ausgestattet als je zuvor. Im Vergleich zu den vereinzelten vorsichtigen Annäherungsversuchen der 1950er- und 1960er-Jahre haben Jugendliche aus Deutschland und Israel heute vielfältige Möglichkeiten, sich im Rahmen einer Jugendbegegung, eines Freiwilligendienstes, eines Schüleraustauschs oder eines Austauschs im Bereich der beruflichen Bildung zu begegnen und kennenzulernen.

### Jonas M. Hahn

Geb. 1985. Freiwilliger der Aktion Sühnezeichen Friedensdienste e.V. in Israel (2005-2006). Studium der Jüdischen Studien und Islamwissenschaft in Heidelberg. Längere Auslandsaufenthalte an der Jordan University in Amman (2010-2011) und der Ben-Gurion University of the Negev in Be'er Sheva (2011-2012). Seit 2014 Pädagogischer Mitarbeiter bei ConAct – Koordinierungszentrum Deutsch-Israelischer Jugendaustausch.

1 Albrecht, Willy: Der Sozialistische Deutsche Studentenbund (SDS). Vom parteikonformen Studentenverband zum Repräsentant der Neuen Linken, Bonn 1994, S. 296.

2 Vgl. Deutschkron, Inge: Israel und die Deutschen. Das besondere Verhältnis, Köln 1983, S. 142, bzw. Krupp, Michael: „Dreißig Jahre diplomatische Beziehungen zu Israel. Fast ein Stück Selbstbiografie", in: Normal ist das Besondere. Streiflichter aus 30 Jahren deutsch-israelische Beziehungen, Schwalbach 1996, S. 11 – 15.

3 Albrecht, Willy: Der Sozialistische Deutsche Studentenbund, S. 296.

4 Gronauer, Gerhard: Der Staat Israel im westdeutschen Protestantismus. Wahrnehmung in Kirche und Publizistik von 1948 bis 1972, Göttingen 2013, S. 130.

5 Shafir, Shlomo: יד מושטת: הסוציאל-דמוקרטים הגרמנים ויחסם ליהודים ולישראל בשנים 1945-1967 (dt.: Die ausgestreckte Hand. Die deutschen Sozialdemokraten und ihre Beziehungen zu den Juden und Israel in den Jahren 1945–1967), Tel Aviv 1986, S. 130.

6 Weckerling, Rudolf: „Salem und Schalom", in: Rudolf Weckerling: Durchkreuzter Hass, Berlin 1961, S. 97 – 102, hier S. 102.

7 Ebd. S. 99.

8 Katz, Walter: Brief vom Vorsitzenden des Israelischen Jugendherbergswerkes Walter Katz an Bundesinnenminister Ernst Benda, 25.9.1968 (Archiv ConAct).

9 Im Oktober 1955 nahm Chason Goldberg als Vertreter des Verbands Israelischer Studentenschaften an einer Delegiertenkonferenz des SDS in Deutschland teil. (Vgl. Albrecht, Willy: Der Sozialistische Deutsche Studentenbund, S. 296).

10 Hansen, Niels: Aus dem Schatten der Katastrophe. Die deutsch-israelischen Beziehungen in der Ära Konrad Adenauer und David Ben Gurion, Düsseldorf 2004, S. 515.

11 Jelinek, Yeshayahu A.: Deutschland und Israel 1945 – 1965, München 2004, S. 395.

12 Vogel, Rolf: Deutschlands Weg nach Israel, Stuttgart 1967, S. 117.

13 Böhme, Jörn: „Die Arbeit der Aktion Sühnezeichen/Friedensdienst in Israel", in: Karlheinz Schneider (Hg.), 20 Jahre Deutsch Israelische Beziehungen, Berlin 1985, S. 137 – 150, hier S. 108.

14 Hansen, Niels: Aus dem Schatten der Katastrophe, S. 586.

15 Wolffsohn, Michael: Deutsch-Israelische Beziehungen. Umfragen und Interpretationen 1952 – 1983, München 1986, S. 54.

16 Vogel, Rolf: Deutschlands Weg nach Israel, S. 117.

17 Im Jahr 1964 erklärten sich beispielsweise nur 12 von 230 Kibbuzim bereit, deutsche Jugendliche aufzunehmen (Vgl. Deutschkron, Inge: Israel und die Deutschen, S. 145). Die allermeisten Kibbuzim, die deutsche Jugendliche aufnahmen, gehörten dem Ihud HaKvutzot VeHaKibbutzim an, einer Vereinigung, die der MAPAI bzw. später der Arbeiterpartei nahestand (Vgl. Shafir, Shlomo: Die ausgestreckte Hand, S. 129).

18 Jelinek, Yeshayahu A.: Deutschland und Israel 1945 – 1965, S. 398.

19 Jelinek, Yeshayahu A.: Zwischen Moral und Realpolitik. Eine Dokumentensammlung, Tel Aviv 1997, Dokument 212, S. 592.

20 Jelinek, Yeshayahu A.: Deutschland und Israel 1945 – 1965, S. 398.

21 Nelskamp, Martin: Sprache als Heimat (Magisterarbeit an der Universität Leipzig), Leipzig 2005, S. 100. http://www.cultiv.net/cultranet/1163280965SpracheAlsHeimat-Anhang.pdf

22 Vogel, Rolf: Deutschlands Weg nach Israel, S. 117.

23 Wolffsohn, Michael: Deutsch-Israelische Beziehungen. Umfragen und Interpretationen 1952 – 1983, S. 81.

24 Mähler, Christine: „Vergangenheit – Gegenwart – Zukunft. Zum deutsch-israelischen Jugendaustausch", in:. Tribüne 173 (2005), S. 122 – 136, hier S. 124.

25 Vgl. http://web.conact-org.de/materialien/jugendaustausch/eckdaten.html

26 Haase, Irma: „Deutsch-israelischer Jugendaustausch", in: 20 Jahre Deutsch-Israelische Beziehungen, Berlin 1985, S. 85 – 135, hier S. 108.

27 Protokollant (Unbekannt): Protokoll über die Sitzung des Arbeitskreises „Internationale Jugendarbeit" mit den westfälisch-lippischen Trägern deutsch-israelischer Jugendbegegnungen, Münster 4.9.1985 (Archiv ConAct).

28 Amorai, Adi'el: Antwort des stellvertretenden Finanzministers Adi'el Amorai auf eine Anfrage des Knessetabgeordneten Zeidan Atashi, 4.6.1985. http://knesset.gov.il/tql/knesset_new/knesset11/HTML_27_03_2012_05-59-19-

29 Belen-Vine, Barbara: Vermerk für das BMJFFG zur Vorbereitung der Sitzung des Gemischten deutsch-israelischen Fachausschusses vom 10. – 15.12.1989 in Lübeck, Bonn 5.12.1989 (Archiv ConAct).

30 Lachenmair-Tüllmann, Bärbel: Die kurz- und langzeitigen Wirkungen deutsch-israelischer Begegnungen bei deutschen Jugendlichen im Jugendaustausch, München 1992, S. 7.

31 Regierung der Bundesrepublik Deutschland: Antwort der Bundesregierung auf eine kleine Anfrage zum „Deutsch-Israelischen Jugendaustausch" (Drucksache 12/2055), 11.2.1992, S. 6. http://dipbt.bundestag.de/doc/btd/12/020/1202055.pdf

32 Rede des Deutschen Bundespräsidenten Johannes Rau vor der Knesset, Jerusalem 16.2.2000. http://www.bundespraesident.de/SharedDocs/Reden/DE/Johannes-Rau/Reden/2000/02/20000216_Rede.html

33 Bundesministerin für Familie, Senioren, Frauen und Jugend der Bundesrepublik Deutschland und des Ministers für Erziehungswesen, Israel: Absichtserklärung über die Errichtung von Koordinierungsbüros für den deutsch-israelischen Jugendaustausch, Jerusalem 17.2.2000. http://www.conact-org.de/downloads/Absichtserklaerung.pdf

34 Hexel, Ralf/Nathanson, Roby (Hg.): All of the Above: Paradoxes of Young People in Israel. The 3rd Youth Study of the Friedrich-Ebert-Stiftung. Changes in National, Societal and Personal Attitudes, Herzliya 2010, S. 124.

35 http://kom-mit-nadev.org/index.php/de/das-programm/kooperationen/freiwilligenzyklus-20102011

36 ConAct – Koordinierungszentrum Deutsch-Israelische Jugendaustausch: Deutsch-Israelischer Jugendaustausch in Geschichte und Gegenwart – Kurzinformationen 2014, Wittenberg 2014.

## Literaturhinweise

- Albrecht, Willy: Der Sozialistische Deutsche Studentenbund (SDS). Vom parteikonformen Studentenverband zum Repräsentant der Neuen Linken, Bonn 1994.

- Böhme, Jörn: „Die Arbeit der Aktion Sühnezeichen/Friedensdienst in Israel", in: Karlheinz Schneider (Hg.): 20 Jahre Deutsch-Israelische Beziehungen, Berlin 1985, S. 137 – 150.

- Deutschkron, Inge: Israel und die Deutschen. Das besondere Verhältnis, Köln 1983.

- Gronauer, Gerhard: Der Staat Israel im westdeutschen Protestantismus. Wahrnehmung in Kirche und Publizistik von 1948 bis 1972, Göttingen 2013.

- Haase, Irma: „Deutsch-israelischer Jugendaustausch", in: 20 Jahre Deutsch-Israelische Beziehungen, Berlin 1985.

- Hansen, Niels: Aus dem Schatten der Katastrophe. Die deutsch-israelischen Beziehungen in der Ära Konrad Adenauer und David Ben Gurion, Düsseldorf 2004.

- Hexel, Ralf/Nathanson, Roby (Hg.): All of the Above: Paradoxes of Young People in Israel. The 3rd Youth Study of the Friedrich-Ebert-Stiftung. Changes in National, Societal and Personal Attitudes, Herzliya 2010.

- Jelinek, Yeshayahu A.: Deutschland und Israel 1945 – 1965, München 2004.

- Krupp, Michael: „Dreißig Jahre diplomatische Beziehungen zu Israel. Fast ein Stück Selbstbiografie", in: Normal ist das Besondere. Streiflichter aus 30 Jahren deutsch-israelische Beziehungen, Schwalbach 1996, S. 11 – 15.

- Lachenmair-Tüllmann, Bärbel: Die kurz- und langzeitigen Wirkungen deutsch-israelischer Begegnungen bei deutschen Jugendlichen im Jugendaustausch, München 1992.

- Mähler, Christine: „Vergangenheit – Gegenwart – Zukunft. Zum deutsch-israelischen Jugendaustausch", in: Tribüne 173 (2005), S. 122 – 136.

- Nelskamp, Martin: Sprache als Heimat (Magisterarbeit an der Universität Leipzig), Leipzig 2005.

- Shafir, Shlomo: יד מושטת: הסוציאל-דמוקרטים הגרמנים ויחסם ליהודים ולישראל בשנים -1945 1967 (dt.: Die ausgestreckte Hand. Die deutschen Sozialdemokraten und ihre Beziehungen zu den Juden und Israel in den Jahren 1945 – 1967), Tel Aviv 1986.

- Sieben, Hermann J.: „Jugend als Zukunft – Versuche neu anzufangen", in: Tribüne 186 (2008), S. 209 – 220.

- Vogel, Rolf: Deutschlands Weg nach Israel, Stuttgart 1967.

- Weckerling, Rudolf: „Salem und Schalom", in: Rudolf Weckerling: Durchkreuzter Hass, Berlin 1961, S. 97 – 102.

- Wolffsohn, Michael: Deutsch-Israelische Beziehungen. Umfragen und Interpretationen 1952 – 1983, München 1986.

# Eine Brücke in die Zukunft:
## Israelische und deutsche Jugendliche. Erwartungen – Visionen – Herausforderungen und Hoffnungen

### Dr. Nili Keren

Während die folgenden Zeilen geschrieben werden, leben 30.000 junge Israelis, Angehörige der dritten und vierten Generation nach der Shoah, in Berlin – Hauptstadt der Bundesrepublik Deutschland und eine Stadt, in der ein Mann palästinensischer Herkunft für das Amt des Regierenden Bürgermeisters kandidiert. Berlin, die frühere Hauptstadt des nationalsozialistischen Staates, erlaubt es sich auch in unserer Zeit nicht, ihre Vergangenheit und deren Opfer zu vergessen. Berlin ist die Stadt, die mehr als alle anderen Versöhnung, Offenheit, Liberalismus und Hoffnung symbolisiert.

Wie ist es dazu gekommen, dass sich binnen fünfzig Jahren die komplexen deutsch-israelischen Beziehungen derart radikal veränderten? Wurde über dem Abgrund, der sich zwischen den beiden Gesellschaften aufgetan hatte, tatsächlich eine stabile, tragfähige Brücke errichtet, wie es heute scheint?

Eine der ersten und unmittelbaren Erklärungen für diese Realität ist der deutsch-israelische Jugendaustausch, der zehn Jahre vor Aufnahme der offiziellen Beziehungen zwischen Israel und Westdeutschland begann. Die Herausforderung bestand darin, den stillen, aber offensichtlichen Boykott zu durchbrechen, den die israelische Gesellschaft über Westdeutschland verhängt hatte, den Staat, der in ihren Augen für die Generation der Nazi-Mörder stand. Die Überlebenden hatten als Erste die Shoah in Israel geschildert, ihre Berichte prägten die Bilder vom „Arier" und vom „Juden", was auch ins Bewusstsein der zweiten, zum Großteil auch der dritten Generation und sogar der *Sabre*, der im Lande Geborenen, die die Shoah nicht erlebt hatten, drang. Ausdrücke wie „Nazi-Bestie" führten dazu, dass sich im Bewusstsein der Israelis dämonische Vorstellungsbilder von den Deutschen festsetzten.

Der stärkste Ausdruck für die Identifikation mit den Opfern war Abscheu vor allem, was deutsch war. Die heftigen Ressentiments gegen die Deutschen zeigten sich in jeder Form des Dialogs mit Deutschland: In den 1950er-Jahren in der öffentlichen Reaktion auf das sogenannte Wiedergutmachungsabkommen, auf den Vertrag über die deutschen Waffenlieferungen an Israel und in einer späteren Phase auf die Entscheidung, diplomatische Beziehungen zwischen Israel und Westdeutschland aufzunehmen. Zahlreiche Israelis schworen sich, niemals deutsche Produkte zu erwerben, andere, nie einen Fuß auf deutschen Boden zu setzen. Einrichtungen für das Gedenken an die Shoah wie das Haus der Ghettokämpfer, Yad Mordechai und Moreschet weigerten sich strikt, deutsche Besucher/innen zu empfangen, auch keine der zweiten Generation.

In den 1960er-Jahren kamen Gruppen junger nichtjüdischer Freiwilliger aus verschiedenen Ländern zur Unterstützung der Kibbuzim nach Israel. Damals verweigerten nicht wenige dieser Kibbuzim die Aufnahme von deutschen Freiwilligen, obgleich diese zur zweiten Generation gehörten, junge Menschen, die nach dem Krieg geboren waren. Auch junge Deutsche, die die Organisation „Aktion Sühnezeichen Friedensdienste" gründeten und durch freiwillige Arbeit in Israel die nationalsozialistischen Verbrechen sühnen wollten, blieben isoliert und wurden, milde ausgedrückt, nicht gerade mit übermäßiger Liebe empfangen.

In der Welt, die aus den Ruinen des Zweiten Weltkrieges hervorgegangen war, wuchsen die Deutschen der zweiten Generation mit einem Stigma auf. Die Bürde der Schuld war zu schwer, die Generation der Eltern und Großeltern konnte sie nicht allein tragen. Gezwungenermaßen mussten die Nachkommen die moralische Verantwortung für die Verbrechen ihrer Väter und Großväter übernehmen. „Die Väter haben saure Trauben gegessen und den Kindern sind die Zähne stumpf geworden", heißt es bei den Propheten Jeremias und Ezechiel, und die Zähne der Angehörigen der zweiten Generation Deutschlands wurden in der Tat ziemlich stumpf.

Daher war die Begegnung zwischen der zweiten Generation von Israelis und Deutschen emotional belastet, aber auch eine notwendige Etappe im Prozess, ein individuelles und kollektives Gedenken der Jugendlichen zu gestalten. Es kam darauf an, gemeinsame universale humane Werte herauszuarbeiten, während das Gedenken an die Vergangenheit respektiert wurde. Es war wichtig, den gemeinsamen humanen Nenner der schweren Last zu finden, die wider ihren Willen auf die Schultern der israelischen Jugendlichen geladen worden war, und der Bürde der Schuld, die aufgrund der Verbrechen der vorangegangenen Generationen auf den Schultern der jungen Deutschen lastete. Den Deutschen lag daran, diesen Dialog zu fördern. Sie initiierten enge und freundschaftliche Beziehungen zwischen deutschen und israelischen Städten und den Bildungseinrichtungen beider Länder, leisteten umfassende finanzielle Unterstützung und empfingen Israelis in Deutschland als ihre Gäste.

Aufgrund der Schwierigkeiten, Gastgeber/innen in Israel zu finden, fanden diese Begegnungen in der ersten Zeit ausschließlich in Deutschland statt. Mithilfe der jungen Israelis wollten die Deutschen präsentieren, was damals als „das andere Deutschland" bezeichnet wurde – ein Nachkriegsdeutschland, das alles in seiner Macht Stehende unternahm, um die Verbrechen der nationalsozialistischen Vergangenheit zu sühnen.

Seit den 1950er-Jahren kam in den Beziehungen zwischen den jungen Generationen beider Staaten Schritt für Schritt ein spannender Prozess in Gang. Der Jugendaustausch gewann an Dynamik, wurde ausgebaut und band immer mehr Bildungseinrichtungen, Jugendorganisationen und junge Leute ein. Aus Israel schlossen sich auch junge Araber – christliche und muslimische – den Gruppen an.

Bei den israelischen Jugendlichen bildete sich zunehmend ein Bewusstsein für die Shoah heraus. Das lag zum einen daran, dass die Thematik im Lehrplan des schulischen Geschichtsunterrichts als Pflichtstoff verankert wurde, zum anderen auch an den zahlreichen Schuldelegationen, die aus Israel nach Polen aufbrachen. Diese Exkursionen gaben den emotionalen Aspekten Raum, die bei der Auseinandersetzung mit der Shoah auftraten. Diese beiden Prozesse trugen auf israelischer Seite, auf deutscher Seite die deutsche Wiedervereinigung, enorm dazu bei, dass es im deutsch-israelischen Jugendaustausch zu einer Wende kam. Interessant und möglicherweise überraschend ist die Tatsache, dass mit zunehmendem Bewusstsein für die Shoah auch Gemeinschaftsprojekte für die deutsch-israelische Jugend ausgebaut wurden. Durch Bildungsarbeit auf internationaler Ebene und unter Einbeziehung universaler Werte verbanden die Projekte Jugendorchester, Tanzgruppen und verschiedene Ausbildungs- oder Weiterbildungsprogramme in Berufsschulen und anderen Schulen miteinander. Die daran beteiligten Jugendlichen schlossen dadurch enge persönliche Beziehungen. Der Anlass und das ursprüngliche Hauptinteresse der Begegnungen wurden an den Rand der gemeinsamen Unternehmungen gedrängt, um die gute Atmosphäre zwischen den jungen Teilnehmern/innen nicht zu „verderben".

In diesem Prozess stellte die deutsche Wiedervereinigung einen wichtigen Wendepunkt dar. Im Zuge der Wiedervereinigung veränderte sich landesweit das äußere Erscheinungsbild der ehemaligen Konzentrationslager, die Stätten wurden allmählich zu Museen und Bildungseinrichtungen umgestaltet. Das geschah in erster Linie für die deutschen, hauptsächlich ostdeutschen Jugendlichen, die sich in der Zeit des kommunistischen Regimes nicht mit der Shoah und den universalen Aspekten der nationalsozialistischen Verbrechen auseinandergesetzt hatten. Eine weitere Entwicklung liegt in der dritten Generation Israels begründet, die heutzutage überwiegend die junge Gemeinschaft bildet und sich am Austausch beteiligt. Sie hat die Fähigkeit, im gemeinsam Erlebten eine wichtige Komponente im Gedenken an die Vergangenheit zu sehen, ohne die junge deutsche Generation für schuldig zu befinden. Weltweit ereigneten sich nach der Shoah Völkermorde, generell nimmt die Tendenz zu Ausländerhass zu und in Europa wächst ein Rassismus neuer Art. Solche Geschehnisse boten allen Beteiligten, sowohl den Nachfahren der Opfer als auch der Täter, über die Jahre einen breiten und aktuellen Rahmen, sich mit der Shoah auf neue Weise auseinanderzusetzen und tiefgehend zu debattieren. Die moralischen Fragen verschwinden nicht von der Tagesordnung und sind relevant für die Gegenwart.

Lange Jahre arbeiteten deutsche und israelische Pädagoginnen und Pädagogen zusammen, um die Qualität der Jugendaustauschprogramme zu steigern und ihnen tiefere Bedeutung zu verleihen. In dieser Zeit haben beide Gesellschaften deutliche soziale und kulturelle Veränderungen durchlaufen. Deutschland und Israel sind als multikulturelle Gesellschaften bekannt, die aus ethnisch, religiös und kulturell unterschiedlichen Gruppen bestehen. Die Teilnehmer/innen der Austauschprogramme verstehen die sozialpädagogischen Herausforderungen, die Multikulturalität mit sich bringt. Jede einzelne Gruppe ist mit Prozessen konfrontiert, die die Jugendlichen beider Länder während des Austauschs durchleben. Eines der hochsensiblen Themen ist, welchen Stellenwert die Auseinandersetzung mit der nationalsozialistischen Vergangenheit und der Shoah im Rahmen des gemeinsamen

### Dr. Nili Keren

Geb. in Israel. Forscht und lehrt zur Geschichte und Erinnerung an den Holocaust. Dissertation zur Entwicklung der Holocaust-Education in Israel. Professorin am Kibbuzim College für Erziehungswissenschaften Tel Aviv und Leitung des dortigen Zentrums für Holocaust-Education. Ehemals Mitglied des Forschungszentrums in Yad Vashem. Mitwirkung in internationalen Projekten, wissenschaftliche Beratung für das deutsch-israelische Handbuch ‚Gemeinsam Erinnern – Brücken Bauen'. Gastprofessur am Lehrstuhl für Holocaust und Genozid-Studien, Richard-Stockton College, New Jersey, USA.

sozialpädagogischen Programms einnehmen soll. Seit Kriegsende sind bereits siebzig Jahre vergangen, doch zumindest unter den israelischen Teilnehmerinnen und Teilnehmern nimmt das Bewusstsein für die Shoah und die Verpflichtung zu, die Erinnerung an die Ermordeten zu bewahren. Wie gesagt besteht heute, anders als früher, kein Widerspruch mehr zwischen dem Entstehen neuer Beziehungen und Begegnungen, die im Zeichen der Vergangenheit stattfinden. Im Gegenteil: Die für die Bundesrepublik Deutschland bei der Auseinandersetzung mit ihrer Vergangenheit charakteristische Sensibilität und Verantwortung ist überall in Deutschland spürbar.

Im Bildungssystem sowie in kulturellen und sozialen Aktivitäten spiegeln sich die Auseinandersetzungen zu den Verbrechen der Vergangenheit wider, ebenso das beständige Bemühen, jeder Form von Rassismus den Kampf anzusagen, und die Auseinandersetzung mit Neonazismus und Ausländerhass. Deutschland hat ein hohes Bewusstsein dafür, Zufluchtsort und Wahlheimat für die Angehörigen vieler Nationen zu sein. Diese Menschen wandern ein oder fliehen nach Deutschland und verbinden sich mit seiner Kultur. Ihrer Vergangenheit haftet kein nationalsozialistisches Erbe an, wie es die deutschen Familien seit mehreren Generationen mit sich herumtragen. Aber auch, wenn die Ereignisse der Shoah und die Zeit des Nationalsozialismus nicht Teil ihrer Identität als ethnische Gruppe sind, können sie der Auseinandersetzung mit dieser Vergangenheit nicht ausweichen, da sie Teil der kollektiven, von ihnen angestrebten Identität ist.

Israel ist in ethnischer Hinsicht kein multinationaler Staat, dennoch vereint die Einwanderer aus allen Himmelsrichtungen der gemeinsame nationale Nenner, Juden zu sein. Das eint sie sowohl hinsichtlich der jüdischen Vergangenheit als auch der Zukunft zu Schicksalsgenossen. Parallel dazu nimmt die israelische Gesellschaft auch nichtjüdische Minderheiten auf: muslimische Araber, Christen, Drusen, Tscherkessen und andere. Die Angehörigen dieser Gruppen sind Teil der israelischen Gesellschaft und nehmen demzufolge auch am Jugendaustausch teil. Diese Tatsache führte früher oft zu Fragen, gar zu Spannungen, wenn es um Besuche von Gruppen an Shoah-Gedenkstätten und um die Teilnahme an vorbereitenden Aktionen zum gemeinsamen Gedenken ging. Die nichtjüdischen israelischen Teilnehmer/innen setzen sich mit solch sensiblen Fragen auch in Israel auseinander, da dort die Verhaltensweisen hinsichtlich des Shoah-Gedenkens, insbesondere am Tag des Gedenkens an Shoah und Heldentum, gesetzlich für alle Einwohner verbindlich geregelt sind.

Aber solche Schwierigkeiten müssen bewältigt werden. Daher verankerten die Verantwortlichen für den Jugendaustausch beider Staaten im Bereich Bildung bestimmte Prozesse und Aktivitäten zum Gedenken. Das unterstützt die wichtige Aufgabe, universale moralische und humanistische Standpunkte zu festigen, die sich aus dem Gedenken an die Vergangenheit ergeben und die auch in unserer Zeit aktuell sind, vor allem wenn es um Juden und Deutsche, um Israel und Deutschland geht. Der Jugendaustausch bietet im sozialen Bereich und im Bildungsbereich beständig die Möglichkeit, miteinander humanistische Werte in den Bevölkerungsgruppen zu festigen, aus denen die Jugendlichen kommen. Immer mehr Absolvent/innen dieser Programme stehen später im Zentrum gesellschaftlicher Aktivitäten, arbeiten in Organisationen, die sich gegen Rassismus und Ausländerhass richten, und sind freiwillig in sozial schwächeren Gemeinden ihrer Länder aktiv.

In den letzten Jahren finden auf den Straßen europäischer Städte wieder anti-israelische Demonstrationen statt, die von einem neuartigen Antisemitismus und Rassismus gegenüber Juden und vor allem gegenüber Israel zeugen. Neu ist, dass radikale islamische Gruppen dazu aufrufen. Hintergrund dafür ist, dass sich eine Generation sozial und kulturell in Staaten benachteiligt fühlt, in denen ihre Eltern Zuflucht gefunden haben und heute als gleichberechtigte Bürger/innen leben. Ausgerechnet in Deutschland stellen diese Phänomene aus politischen, kulturellen und Gründen, die mit dem Bildungssystem zusammenhängen, Randerscheinungen dar, falls sie überhaupt auftreten. Auch wenn europäische Bürger/innen und ihre Staaten die Politik Israels teilweise nicht akzeptieren, muss betont werden, dass sich die Investitionen in den Beziehungsaufbau zwischen jungen Israelis und Deutschen gelohnt haben. Das zeigt auch das Verhalten gegenüber Israel und Israelis. Die jungen Deutschen haben Israel aus unterschiedlichen und komplexeren Blickwinkeln kennengelernt und die Israelis ihrerseits interpretieren nicht jede Kritik an der Politik Israels im Nahen Osten zwingend als Ausdruck von Antisemitismus oder Hass.

Wie zu Beginn des Artikels erwähnt, leben heute etwa 30.000 junge Israelis in Berlin. Vermutlich haben viele von ihnen bereits früher Berlin oder andere Orte in Deutschland besucht. Es kann sogar davon ausgegangen werden, dass Tausende von ihnen an den Programmen des deutsch-israelischen Jugendaustauschs teilgenommen haben. Viele gehören der dritten Generation der Shoah-Überlebenden an, sie haben Großeltern, die vor dem Zweiten Weltkrieg Bürger europäischer Länder waren. Demnach haben sie Anspruch auf den Pass eines dieser Staaten, sodass „das Rückkehrrecht" von der Generation der Überlebenden gewissermaßen an ihre Enkelkinder weitergegeben wird. So oder so – Tatsache ist, dass Deutschland im Allgemeinen und Berlin im Besonderen Anziehungspunkte darstellen und hier ein gutes, für Israelis passendes und hoffnungsvolles Leben möglich scheint.[1]

Eine beträchtliche Zahl der Großeltern und ihrer Kinder hatten sich geschworen, jede deutsche Sache zu boykottieren. Daher wäre es zu erwarten gewesen, dass auch die Angehörigen der dritten Generation der Shoah-Überlebenden Deutschland entsprechend einstufen würden: Welchen Grund könnte ein Jude haben, hierher zurückzukehren, sich niederzulassen, sich hier gar wohl und sicher zu fühlen? Allerdings scheint die Entscheidung für Deutschland in den Augen dieser jungen Leute ganz natürlich zu sein. Für sie ist es ein normaler Ort, den sie sogar angesichts der Tatsache favorisieren, dass sie hier auch für ihre Kinder eine wirtschaftliche und kulturelle Grundlage schaffen können. Einerseits schwebt der Schatten der Vergangenheit stets am deutschen Himmel, vor allem in Berlin. Doch andererseits empfinden diese jungen Leute keinen Widerspruch zwischen dem Gedenken an die Vergangenheit, ihrer Bewahrung und der Gestaltung einer Zukunft und Existenz für sich und ihre Kinder. Selbst die Familien in Israel akzeptieren die Ortswahl mit immer weniger Einwänden, gemäß der Devise: mögen sie fröhlich, glücklich und wirtschaftlich abgesichert leben – wo auch immer. Viele Eltern versöhnen sich, verzichten auf jene Prinzipien, die sie irgendwann in der Vergangenheit auf ihre Fahne geschrieben haben und erklären sich einverstanden, ihre Kinder und Enkel in einem Land zu besuchen, das sie bis dahin geächtet hatten.

## Schlussbemerkungen

Als Israelin bin ich aus vielen Gründen besorgt, wenn junge Leute das Land verlassen. Wie jeder Staatsbürger würde ich es nur zu gern sehen, dass mein Land attraktiv und anziehend für alle jungen Leute ist, die sich ein Leben und eine Zukunft aufbauen. Die jungen Israelis haben ein Recht darauf, in ihrem Land ein ruhiges und sicheres Leben zu führen. Viele von ihnen dienen in der Armee und sind gezwungen, an Kriegen teilzunehmen, in denen sie immer wieder physische und psychische Verletzungen davontragen. Selbstverständlich schmerzt es, dass sie davonziehen. Trotzdem lässt sich darin vielleicht auch ein Grund zur Zuversicht und zu der Annahme finden, dass in der Tat eine Brücke in die Zukunft gebaut worden ist, zumindest zwischen Israelis und Deutschen. Eine Brücke als Grundlage für weitere Brücken – in Deutschland und in Israel, zwischen vielfältigen ethnischen und kulturellen Gruppen. Sie kann sogar als Beispiel für solche Prozesse zwischen jungen Menschen anderer Völker dienen – mit Gewissheit in Europa, aber auch im Nahen Osten.

Es hat sich allmählich, im Laufe von sechzig Jahren, die Fähigkeit entwickelt, über die schweren Erfahrungen der Vergangenheit hinwegzukommen, wenngleich dieser Weg mit Höhen, Tiefen und reichlich Schmerz verbunden war. Betrachtet man jedoch objektiv, was dieser Sozialisierungsprozesses zwischen deutschen und israelischen Jugendlichen gebracht hat, zeigt sich, dass der Weg die Mühe wert war. Vor allem, weil das wichtigste, für das Entstehen von zwischenmenschlichen Beziehungen notwendige Ziel ohne Zweifel erreicht wurde: die Fähigkeit dieser jungen Leute zur Akzeptanz, sich ohne Wenn und Aber gegenseitig zu respektieren, mit allen Schwierigkeiten und dem damit einhergehenden großen Schmerz. Dadurch kam ein echter Dialog zustande, befreit von der Vergangenheit und ihr gleichzeitig verpflichtet.

Die Fähigkeit zur Akzeptanz des Anderen hat während der Austauschprogramme zugenommen. Das war möglich, weil sich Verständnis entwickelte für den historisch-soziokulturellen Hintergrund der Teilnehmer/innen, was eine der wichtigsten Errungenschaften des Jugendaustauschs ist. Die Ergebnisse sprechen für sich und geben Anlass zur Hoffnung, dass diese vielfältigen Programme Anklang in ganz Europa finden und auch in Deutschland weiter ausgebaut werden – und auf diese Weise eine bessere Gesellschaft hervorbringen, verpflichtet dem Humanismus und der Moral.

[1] Dieser Artikel maßt sich nicht an, die Gründe zu untersuchen, aus denen Israelis Israel verlassen. Außerdem soll angemerkt werden, dass junge Israelis auch in vielen anderen Ländern leben, die meisten in den USA. Allerdings ist die Wahl Deutschlands als Ort für die persönliche und berufliche Entwicklung, für das Aufziehen und Erziehen der Kinder keine Selbstverständlichkeit, darum ist diese Entscheidung grundsätzlich eine völlig andere als die für jedes andere Land.

### Literaturhinweise

- Margalit, Gilad/Weiss, Yfaat (Hg.): זיכרון ושכחה – גרמניה והשואה – (dt.: Gedenken und Vergessen – Deutschland und die Shoah), Tel Aviv 2005.
- Oz-Salzberger, Fania: Israelis in Berlin, Frankfurt am Main 2001.

# Israel und der Jugendaustausch nach 1989 mit den ostdeutschen neuen Bundesländern

## Rudi-Karl Pahnke

### 1. Als die Mauer fiel

Die Mehrzahl der DDR-Bürgerinnen und -Bürger waren überaus froh, als am 9.11.1989 die Mauer zwischen den beiden deutschen Staaten fiel. Die zweite deutsche Diktatur im 20. Jahrhundert war endlich vorbei, eine neue Zeit begann. Aber nicht alle sahen und verstanden die Ereignisse damals so – manche trauern der DDR bis heute nach und malen sie sich und anderen als den besseren deutschen Staat schön.

Aber für die meisten Menschen aus der DDR war damals Vieles beglückend. Man konnte zum Beispiel reisen – endlich auch dahin, wohin man schon immer einmal wollte und bis dato nicht durfte. Das tat man nun intensiv. Es war wie ein tiefes Aufatmen und sehr viele Menschen empfanden einen großen Nachholbedarf. Auch Israel wurde ein Reiseziel. Reisebüros und -organisationen boten den Neubundesbürger/innen an, Israel, das heilige Land, das Land der Bibel, kennenzulernen.

Die Volkskammer der DDR hatte 1990, sehr bald nach der Wende, eine Erklärung zur „Verantwortung der Deutschen in der DDR für ihre Geschichte und ihre Zukunft" verabschiedet, in der sie sich bei Israel für die Politik der DDR gegenüber Israel entschuldigte und sich verpflichtete, in den Beziehungen zu Israel nun ein neues Kapitel aufzuschlagen. In dieser Erklärung heißt es unter anderem: „Wir bitten die Juden in aller Welt um Verzeihung. Wir bitten das Volk in Israel um Verzeihung für Heuchelei und Feindseligkeit der offiziellen DDR-Politik gegenüber dem Staat Israel und für die Verfolgung und Entwürdigung jüdischer Mitbürger auch nach 1945 in unserem Land [...]. Wir erklären, uns um die Herstellung diplomatischer Beziehungen und um vielfältige Kontakte zum Staat Israel bemühen zu wollen."[1] Die Erklärung wurde einstimmig angenommen. Aber die DDR hörte sechs Monate später auf zu existieren.

Nach der friedlichen Revolution war die erste große internationale Aktivität der Evangelischen Jugend der neuen Bundesländer, mit einer Delegation von ca. 20 Personen – Pfarrer/innen und Sozialarbeiter/innen – nach Israel zu reisen. Damals waren manche westdeutsche Kolleginnen und Kollegen verwundert und rieten von dieser Reise ab. Sie fragten: Warum gerade Israel? Warum jetzt? Wäre nicht erst Wichtigeres zu tun? Andere halfen, den Plan in die Wirklichkeit umzusetzen, sehr engagiert zum Beispiel Alfred Debus, der damalige Referent für internationale Jugendarbeit der Arbeitsgemeinschaft der Evangelischen Jugend (AEJ).

Trotz der Einwände fiel die Entscheidung, bereits im Juni 1990 nach Israel zu reisen – noch mit dem DDR-Pass. Diese Reise von ostdeutschen Mitgliedern der evangelischen Jugendarbeit war überaus erfolgreich und folgenreich, weil sofort Beziehungen aufgebaut und Verbindungen auf verschiedenen Ebenen geknüpft wurden.

Israel Szabo, der Leiter des Rutenberghauses in Haifa, hatte die Neubundesbürger/innen auf- und sich ihrer angenommen. Er war sehr interessiert und wollte erfahren, wie das Leben in der DDR gewesen war – und was nun werden würde, auch hinsichtlich des Aufbaus von Beziehungen im deutsch-israelischen Jugendaustausch. Er erwies sich als wahrer Freund – und diese Freundschaft blieb für manche der Beteiligten bis zum Lebensende bestehen.

Auch in Ostdeutschland war allen klar, dass zwischen der Alt-Bundesrepublik und Israel bereits über lange Zeit ein wahres Geflecht wechselseitiger Beziehungen gewachsen war, durch das Engagement von Aktion Sühnezeichen, durch binationale Verträge, durch rund einhundert Städtepartnerschaften, Kooperationen zwischen Gewerkschaften in Deutschland und der Histadrut in Israel, durch Partnerschaften von Sport- und Jugendverbänden, Schulen, Hochschulen sowie durch wirtschaftliche Beziehungen. Kamen da die interessierten und engagierten Ostdeutschen nicht zu spät?

Doch sowohl die Altbundesdeutschen als auch die Israelis waren offen für die Neubundesbürger/innen, zeigten Wege auf und ermöglichten Entwicklungen. Sofort verstanden Vertreter/innen der Fachgremien in der BRD und Israel, dass die Neubundesbürger/innen integriert werden sollten – und dass jetzt wohl manche Frage neu zu diskutieren wäre. Zu nennen sind hier insbesondere die Vertreter/innen des Öffentlichen Rats für den Jugendaustausch – Public Council, der Ministerien (etwa Alwin Prost, Dieter Schinnen, Katharina Schöllgen oder Dr. Reinhard Joachim Wabnitz), der IJAB – Fachstelle für Internationale Jugendarbeit der Bundesrepublik Deutschland (etwa Hermann Sieben oder Barbara Belen-Vine) und die Deutsch-Israelische Gesellschaft (DIG, namentlich Hildegard Radhauer).

So öffneten beispielsweise Seminare und Partnerbörsen in Deutschland und Israel den Neubundesbürger/innen Türen, die Dazugekommenen waren sogar trotz der völlig ungleichen Ausgangspositionen gleichberechtigt an der Neufassung der Richtlinien für den Jugendaustausch beteiligt. Dabei gab es auch in der Altbundesrepublik unterschiedliche Positionen und Ansätze zur Jugendaustauscharbeit, von manchen Seiten wurde auch scharfe Kritik an Israel und seiner Poltik geäußert.

**2. Grundlagen und Hintergründe im Osten**

Im November 1991 folgte der Gemischte Fachausschuss zwischen Deutschland und Israel einer Einladung nach Nahariya/Israel. Der teilnehmende Vertreter der evangelischen Jugendarbeit des Bunds der Evangelischen Kirchen in der DDR informierte dabei über Probleme und Fragen der ostdeutschen Jugendlichen sowie über die Möglichkeiten und Schwierigkeiten beim Einbeziehen ostdeutscher Jugendlicher in den deutsch-israelischen Jugendaustausch.

Viele Israelis wollten grundsätzlich verstehen, was in der DDR und in Gesamtdeutschland geschehen und wie es zu bewerten war. Zu denen, die sofort das Gespräch suchten, gehörten beispielsweise Elischa Birnbaum vom Erziehungsministerium Israels, Israel Szabo, Leiter des Rutenberghauses in Haifa, und Uri Dagul vom Israelischen Jugendherbergsverband (Israel Youth Hostel Association). Die Situation der Jugendlichen in den neuen Bundesländern war ein wichtiges Gesprächsthema. Beunruhigt war man

### Rudi-Karl Pahnke

Geb. 1943 in Berlin, Mitglied und später Leiter der illegalen autonomen christlichen Jugendschaftsgruppe „Hans Scholl" ab 1956 in Berlin-Friedrichshain, Theologiestudium und 1970 Diplom an der Humboldt-Universität Berlin, 1972-1981 Pfarrer/Jugendpfarrer Prenzlauer Berg, Dozent für kirchliche Sozialarbeit, Mitarbeit in der DDR-Opposition, 1988-1992 Verantwortlich für evangelische Jugendarbeit in der DDR, 1992-2000 Studienleiter der Evangelischen Akademie von Berlin-Brandenburg, 1997/1998 Arbeit und Qualifizierung in Israel, 2000-2015 Leiter des Instituts Neue Impulse, seit 2005 Lehrbeauftragter an der Fachhochschule Potsdam für interkulturelle und internationale Pädagogik. Vater von 3 Kindern und 9 Patchwork-Enkelkindern.

von Nachrichten über Neonazismus und Gewalttaten gegen Ausländer.[2] Laut wurde die Befürchtung geäußert, dass es überaus riskant und ganz und gar nicht empfehlenswert sei, mit jungen Israelis zu Jugendaustauschmaßnahmen in die neuen Bundesländer zu reisen.

Die antiisraelische Ausrichtung des Osten Deutschlands war in Israel bekannt. Früher hatten die Regierenden der DDR, den nunmehrigen neuen Bundesländern, mit arabisch/palästinensischen Terrororganisationen kooperiert – und nun wuchs hier offensichtlich das beängstigende Phänomen des Neonazismus. Viele fanden, man müsse Deutschland jetzt sehr genau beobachten.

Die ostdeutschen Anwesenden bemühten sich, solche Befürchtungen ernst zu nehmen, nicht zu verharmlosen – aber doch insofern zu relativieren, als dass etwa auf die sehr große Zahl von Jugendlichen der neuen Bundesländer hingewiesen wurde, die die friedliche Revolution 1989 mitgetragen hatten. Oder auch auf die entschiedenen Strömungen für Demokratie und gegen das Anwachsen der Neonazibewegung, gerade auch in der konfessionellen Jugend. Dennoch schien allen die Einbeziehung der ostdeutschen Jugendlichen eine große Herausforderung für die Jugendaustauscharbeit Israels und Deutschlands zu werden.

Auch in der Praxis machten Begegnungen und die unterschiedliche Wahrnehmung der israelischen Realität vielfach deutlich, dass unbedingt etwas getan werden musste für die Bildung und Befähigung, sowohl der Fachkräfte der Jugendarbeit als auch für die Qualifizierung von Multiplikator/innen und Begegnungsleiter/innen. Wissenschaftler/innen und Praktiker/innen der Jugendarbeit mussten in Gesprächen und bei Begegnungen in den neuen Bundesländern immer wieder erfahren, dass der Same der Antipathie der offiziellen DDR-Politik gegen Israel bei sehr vielen Menschen aufgegangen war. Demgegenüber stand aber auch eine beachtliche Neugier und viele Menschen waren willens, in dieser nun möglichen Beziehung etwas neu zu beginnen.

Manche Menschen der neuen Bundesländer fragen nach wie vor kritisch: „Warum Israel?" und „was man da wolle" und erklären, dass die israelische Politik absolut problematisch und völlig abzulehnen sei. Auch Beschäftigten der Jugendarbeit und der Kirchen war oft nicht klar, dass die DDR zum Beispiel auch Terrororganisationen gegen Israel unterstützt hatte. In der täglichen politischen Propaganda der DDR galt Israel als Brückenkopf des amerikanischen Imperialismus. Dabei war im politischen Bewusstsein nicht mehr präsent, dass in der Frühzeit der DDR (bis ca. 1952) überaus positiv über Israel berichtet worden war.[3] Israel galt in jener Zeit als fortschrittliches Land in einem feudalistischen Umfeld, d.h. die Kibbuzbewegung und die sozialistischen Gruppierungen im Land wurden im Sinne des Sozialismus als vorbildlich verstanden. 1952/1953 änderte sich diese Einschätzung im Zusammenhang mit der antisemitischen Wende Stalins und der Sowjetunion radikal. Der neuen Linie folgte die DDR dann bedingungslos bis zu ihrem Ende. Aus Dokumenten der Staatsicherheit ist erkennbar, dass man einerseits um antisemitische Vorfälle in der DDR wusste und dass die Staatssicherheit andererseits solche Vorfälle bagatellisierte.

Mir selbst wird der grundlegende Unterschied und die tiefe Kluft zwischen Ost und West auch in diesem Bereich immer mehr bewusst.[4] In den 1960er-Jahren wurde in der BRD nach dem Eichmannprozess in Jerusalem gegen manche Widerstände letztlich doch öffentlich über die Prozesse gegen Naziverbrecher und NS-Ärzte berichtet. Das führte allmählich zu einer öffentlichen Thematisierung und zu einem Prozess der kritischen Aufarbeitung der Vergangenheit – bis zu den Studentenunruhen der 1960er-Jahre. Demgegenüber war man in der DDR diesbezüglich mit sich selbst zufrieden. „Die Nazis waren im Westen hinter der Mauer – und die Prozesse dort waren gut für das eigene Selbstverständnis, die Selbstinszenierung, die Propaganda, die ideologische Abgrenzung und Indoktrination."[5] Bis in die Spätzeit der DDR war das offizielle Selbstverständnis: Wir sind der antifaschistische deutsche Staat, die Nazis sind drüben in der BRD – und die Mauer ist der antifaschistische Schutzwall. Die Nazibarbarei ist in der DDR überwunden. Dass Nazizeit und Nazidiktatur ein gemeinsames Erbe von West und Ost waren, wurde überdeckt durch Propaganda und Nutzlügen. D.h. die Menschen, Familien, Väter, Professoren, Funktionäre, Arbeiter und Angestellten waren keine Nazis gewesen. Das alles „war eben durch den Antifaschismus der DDR überwunden" – also bestand auch kein Grund zu fragen, was jemand wusste, getan hatte, verschwieg. Die Beteiligung von DDR-Bürgerinnen und -Bürgern am Zweiten Weltkrieg und den Kriegsverbrechen der Nazis waren ein Tabu.

Eine Schriftstellerin und ein Schriftsteller der DDR haben dieses Tabu gebrochen und intensive Diskussionen ausgelöst. Christa Wolf beschreibt in ihrem Buch „Kindheitsmuster", wie ein Mädchen von der manipulativen und suggestiven Wirklichkeit und der Ideologie der Nazis gefangen war – bis hin zu einem „Übereinstimmungsglück", wenn man den „Führer" erwartete. Franz Fühmann offenbarte sich in seinem Tagebuch einer Ungarnreise „22 Tage oder die Hälfte meines Lebens" sehr radikal, reflektiert und direkt. In Gesprächen stellte er sich immer wieder auch kritischen Fragen und gab offen Auskunft über die Irrwege seines Lebens. Wie er als relativ unbedarfter Jugendlicher Nazi geworden war, SA-Mann, Antisemit, Rassist – und dass er erst im Kriegsgefangenenlager begonnen hatte, sein bisheriges Leben und dessen Ausrichtung völlig neu zu bewerten und Schritte in ein anderes Leben zu gehen.

Ein solcher Prozess fehlte bei den meisten Bürgerinnen und Bürgern der DDR. Man befragte nicht Eltern, Lehrer, Familien, Funktionäre, Pfarrer, Professoren, Wissenschaftler oder Nachbarn, suchte sie nicht auf in den Häusern oder an den Werkbänken. Das war nicht nötig. Denn es galt ja: „Wir sind Antifaschisten." Und nun kam mit der friedlichen Revolution diese Herausforderung zum Umdenken und Neudenken: Israel, israelisch-deutscher Jugendaustausch und als unabweisbares Thema: Israel und die Palästinenser. Wir wussten nicht genug und es begann ein umfassender Lernprozess. Es konnte geschehen, dass in einem Gespräch im Rutenberghaus in Haifa ein sehr offener und engagierter junger Mann aus Ostdeutschland bekannte, dass er vor 1989 nicht wusste, dass Israel etwas mit Juden zu tun hat – und mit dem Holocaust. Das war total verblüffend und bildete einen scharfen Kontrast zu denjenigen, die sich seit vielen Jahren mit diesen Themen beschäftigten – aus eigenem Interesse oder u. a. auch durch den Einfluss der kirchlichen Jugendarbeit.

Schließlich trug die Begegnung mit Zeitzeugen in Israel dazu bei, dass sich die Sicht der Neubundesbürger/innen auf Deutschland und die DDR stark veränderte.[6] Der nunmehr einsetzende Prozess war gekennzeichnet von neuen kritischen Erkenntnissen und von vielen Fragen: zur Entstehung Israels, zu seiner umkämpften und bedrohten Existenz, zum israelisch-palästinensischen Konflikt, zu Jugendlichen in Israel und Palästina, Leben mit der Shoah, Rolle der Religionen, den Widersprüchen in der Gesellschaft, jewish diversity, Möglichkeiten des Friedensprozesses, Militär und militärischer Konfrontation, Erziehung, Jugendbewegungen und Jugendarbeit, zu Ängsten und Aggressionen und zum normalen Leben der jungen Generation. Tagtäglich entstanden neue Einsichten und bewirkten oft radikale Korrekturen der eigenen Wahrnehmungen.

### 3. Konsequenzen und das Bemühen um Konzeptionen für den künftigen Jugendaustausch

Die zahlreichen Herausforderungen und Einsichten führten zu der Entscheidung, einen Qualifizierungskurs zu entwickeln, in dem die Teilnehmenden grundlegende Kenntnisse für die Jugendaustauscharbeit erwerben können. Viele Aspekte sollten bearbeitet werden – von Geschichte über Religion und Kultur bis zu politischen Problemen, besonders in Bezug auf die junge Generation. Auch der Einfluss der Shoah auf das Leben der Älteren wie der Jüngeren und die permanente Bedrohungssituation in Israel sollten thematisiert werden. Besonderes Augenmerk lag auf Vermittlung der notwendigen Fähigkeiten in pädagogischer, gruppendynamischer und administrativer Hinsicht.[7]

Im Jahre 2000 wurde in Berlin das Institut Neue Impulse gegründet und hier ein Kurssystem entwickelt, das die genannten Aufgaben zusammen mit Expertinnen und Experten bearbeitete. Das Bundesministerium für Familie, Senioren, Frauen und Jugend sowie der Verband der Evangelischen Akademien in Deutschland unterstützten das Konzept und beförderten die Gründung des Instituts. Der Ansatz bewährte sich, wurde verändert und auf neue Situationen übertragen. Mehr als 75 Multiplikator/innen wurden seit der Gründung qualifiziert. Die meisten Teilnehmenden kamen aus den neuen Bundesländern, aber auch aus den alten Bundersländern waren Interessent/innen vertreten. Die in den Kursen gewonnenen Erfahrungen und Erkenntnisse wurden in unterschiedlicher Weise umgesetzt – im Jugendaustausch, in interkultureller Arbeit vor Ort, im Schüleraustausch, in weiterführender Multiplikatorentätigkeit. Durch die Qualifizierungskurse entstand ein Schneeballeffekt. Die Impulse waren angekommen, wurden angenommen und wirkten weiter.

Auch die israelische Seite kooperierte in kreativer Weise. Entscheidende Partner waren David Krausz, Naphtali Dery, Ariella Gill und Yaron Abramow. Christine Mähler von ConAct war von Anfang an im Beirat des Instituts dabei und unterstützte die Arbeit. Als das Modellprojekt der ersten Kurse beendet war, wurden die Impulse modifiziert, als Modell aufgenommen und werden nun u.a. von ConAct in anderer Gestalt und mit teils veränderten Schwerpunkten weitergeführt.

Die Arbeit an der Qualifikation von Multiplikator/innen ist natürlich nicht beendet und der deutsch-israelische Jugendaustausch wird trotz oder gerade wegen mancher Bedrohungsszenarien im Nahen Osten weiterentwickelt. Er ist eine Basis der deutsch-israelischen Freundschaft und eine Säule der internationalen Jugend- und Friedensarbeit Deutschlands.

[1] Voigt, Sebastian: „DDR – Israel", in: Newsletter der Bundeszentrale für politische Bildung, 28.3.2008.

[2] U.a. Deutschkron, Inge: Israel und die Deutschen, Köln 2000, S. 455ff. bzw. 464ff.

[3] Diehl, Michael: „Zwischen Sympathie und Distanz. Das Israelbild der Freien Deutschen Jugend zwischen 1948 und 1953", in: Helga Gottschlich (Hg.): Links und links und Schritt gehalten, Berlin 1994, S. 114ff.

[4] Behnke, Klaus/Fuchs, Jürgen (Hg.): Zersetzung der Seele, Rotbuch 1995, S. 178ff.

[5] Pahnke, Rudi-Karl: Nicht nur in Stasiakten steht es geschrieben, epd-Dokumentation 1993.

[6] Gremliza, Hermann L.: Hat Israel noch eine Chance, Hamburg 2001.

[7] Pahnke, Rudi-Karl: Vertraue (nur) denen, die nach der Wahrheit suchen, e-publi 2013, bzw. Ebd.: Über Abgründen gemeinsam in die Zukunft, Karuna-Zeitdruck-Verlag 1999.

Literaturhinweise

- Behnke, Klaus/Fuchs, Jürgen(Hg.): Zersetzung der Seele, Rotbuch 1995.
- Benz, Wolfgang: Handbuch des Antisemitismus, Berlin 2008.
- Deutschkron, Inge: Israel und die Deutschen, Köln 2000.
- Diehl, Michael: „Zwischen Sympathie und Distanz. Das Israelbild der Freien Deutschen Jugend zwischen 1948 und 1953", in: Helga Gottschlich (Hg.): Links und links und Schritt gehalten, Berlin 1994.
- Bar-On, Dan: Verarbeitung der Shoah in Israel und Deutschland. Ein Gespräch mit Dan Bar-On, In: Identität und Erinnerung, Hanau 1990.
- Bar-On, Dan: Die Last des Schweigens, Frankfurt/Main 1993.
- Gremliza, Hermann L.: Hat Israel noch eine Chance, Hamburg 2001.
- Leo, Anette: Mythos Antifaschismus, Berlin 1999.
- Pahnke, Rudi-Karl: Nicht nur in Stasiakten steht es geschrieben, epd-Dokumentation 1993.
- Pahnke, Rudi-Karl: Über Abgründen gemeinsam in die Zukunft, Karuna-Zeitdruck-Verlag 1999.
- Pahnke, Rudi-Karl: Arabisch/palästinensische

Israelis im Jugendaustausch Deutschland – Israel, Institut Neue Impulse 2005.

- Pahnke, Rudi-Karl: Vertraue (nur) denen, die nach der Wahrheit suchen, e-publi 2013.
- Staffa, Christian (Hg.): Vom Protestantischen Antijudaismus und seinen Lügen, Magdeburg 1997.
- Fühmann, Franz: 22 Tage oder die Hälfte meines Lebens, Rostock 1999.
- Voigt, Sebastian: „DDR – Israel", in: Newsletter der Bundeszentrale für politische Bildung, 28.3. 2008.
- Wolf, Christa: Kindheitsmuster, Berlin 2007.

# Deutsch-israelische Projekte zum Umgang mit Nationalsozialismus und Shoah 70 Jahre nach Kriegsende

## Dr. Elke Gryglewski

Auch 70 Jahre nach der Befreiung von Auschwitz und dem Ende des Zweiten Weltkriegs ist es wichtig, dass deutsch-israelische Begegnungsprojekte von Jugendlichen und Erwachsenen sich auf unterschiedliche Weise mit den Folgen des Nationalsozialismus (NS) und der Shoah auseinandersetzen. Die im NS begangenen Verbrechen zeigen nach wie vor Folgen und haben Einfluss auf aktuelle politische Ereignisse. So stellen Parteien in Deutschland und Israel im politischen Diskurs Bezüge zur Vergangenheit her, Vergleiche werden gezogen und Analogien gebildet, um eigene Argumentationsmuster zu belegen oder zu stärken.

Im Rahmen der politischen deutsch-israelischen Beziehungen werden diese Folgen vielfach sichtbar. Beispielsweise betonen deutsche Politiker und Politikerinnen regelmäßig, dass die Sicherheit des Staates Israel zur historischen Verantwortung der Bundesrepublik Deutschland gehöre. Oder man denke an die immer wiederkehrende Kontroverse um die Frage, ob und in welcher Form Deutsche sich aufgrund der Vergangenheit zur israelischen Politik oder dem Nahost-Konflikt äußern sollten oder dürften.

Im Lauf der Zeit gab es auch Veränderungen, die das gemeinsame Erinnern bei deutsch-israelischen Begegnungen beeinflussten. Im Folgenden sollen zwei zentrale Aspekte näher in Augenschein genommen werden, die sowohl die Folgen des NS und der Shoah in beiden Gesellschaften betreffen, als auch Überlegungen zu deutsch-israelischen Erinnerungsprojekten in den Blick nehmen.

### Die heterogenen Gesellschaften in Israel und Deutschland

Von großer Bedeutung sind zunächst die ganz konkreten, „spürbaren" Folgen für Überlebende und deren Nachkommen, auch für die Nachkommen der Täter, die bis in die vierte Generation reichen können. Vertreter und Vertreterinnen der zweiten oder dritten Generation haben sich literarisch und künstlerisch damit auseinandergesetzt, was es bedeutete, als Kind oder Enkel und Enkelin von Überlebenden der Shoah aufzuwachsen bzw. wie die Eltern und Großeltern nach 1945 mit ihrer Schuld umgingen.[1] Bei Besuchen der Bundesrepublik Deutschland oder der Begegnung mit „Deutschen" können sich bei israelischen Jugendlichen diese Folgen, die im Alltag oft kaum eine Rolle spielen, äußern bzw. im Rahmen von deutsch-israelischen Begegnungen an Bedeutung gewinnen.

Starke emotionale Reaktionen von Jugendlichen auf einen Besuch in Deutschland zeigen sich mehrheitlich bei Besuchen von NS-Gedenkstätten. Oft liegt ihr Ursprung in der Familiengeschichte begründet. Aber auch ohne direkten familiären Bezug führen vielfach die schulische Auseinandersetzung,

## Dr. phil. Elke Gryglewski

Geb. 1965, Politologin. Promotion in Erziehungswissenschaften zu Zugängen Berliner Jugendlicher türkischer und arabisch-palästinensischer Herkunft zum NS und Holocaust, seit 1995 wissenschaftlich-pädagogische Mitarbeiterin in der Gedenk- und Bildungsstätte Haus der Wannsee-Konferenz. Planung und Durchführung von Seminaren zu unterschiedlichen Themen im Kontext der Geschichte der Verfolgung und Ermordung der europäischen Juden und dem Umgang mit den nationalsozialistischen Verbrechen nach 1945. Regelmäßige Durchführung deutsch-israelischer Kooperationsprojekte im Bereich Erinnerung in der vielfältigen Gesellschaft mit Jugendlichen und Erwachsenen.

wenn der pädagogische Kontext sich verändert, was für andere Teilnehmende eine große Irritation bedeuten kann.

Deutsche Jugendliche, die einen familiären Bezug zur Tätergesellschaft haben, können ebenfalls erheblich mit eigenen Emotionen konfrontiert sein. In der alltäglichen Auseinandersetzung mit dem NS und der Shoah gibt es bei vielen Jugendlichen unabhängig ihrer Herkunft das Phänomen des „Hitlerismus"[3], also die Zuschreibung aller Verantwortung für die Verbrechen auf die Person Adolf Hitler. Bei Jugendlichen deutscher Herkunft kommt aus unterschiedlichen Gründen oft das Moment der Mythenbildung hinzu, was die Widerstandsbereitschaft der eigenen Angehörigen betrifft.[4] In der gängigen Auseinandersetzung geht es also mehrheitlich um einen distanzierenden Ansatz. Im allgemeinen Diskurs wird darüber hinaus sehr schnell postuliert, dass es bei der Beschäftigung mit der Vergangenheit nicht um Schuld, sondern um Verantwortung gehe. Das ist prinzipiell nicht falsch, in der Konsequenz führt es jedoch dazu, dass den Jugendlichen kaum der Raum gegeben wird, über möglicherweise bei der Auseinandersetzung mit Geschichte entstehende Schuld- und Schamgefühle nachzudenken und zu sprechen.[5]

Im Kontext der psychischen Folgen der Shoah spielt die Frage der veränderten Gesellschaften in Deutschland und Israel eine zentrale und herausfordernde Rolle. Beide Gesellschaften zeichnen sich heute durch Heterogenität aus – unabhängig von der Tatsache, dass diese in Israel zum grundsätzlichen Selbstverständnis gehört, während sie in Deutschland zwar im politischen Diskurs als Realität dargestellt wird, im gesellschaftlichen Alltag jedoch oft nicht

nationale Narrative und kulturelle Darstellungen der Geschichte – wie zum Beispiel Spielfilme – dazu, dass Jugendliche emotional auf historische Orte reagieren und sogar in historisch unbelastete Orte spezifische Bilder hineinprojizieren und auch hier starke Emotionen zeigen.[2] Diese können aber auch sehr schnell wieder „abgeschaltet" werden, wahrgenommen und gelebt wird. Demgegenüber ist in Bezug auf den Umgang mit der Vergangenheit im gesellschaftlichen Diskurs – wenn es um Deutschland und Israel geht – nach wie vor oft homogen von der „Tätergesellschaft" die Rede, die bei den Begegnungen auf die „Opfergesellschaft" trifft. Die grobe Schwarz-Weiß-Dichotomie ist an sich schon 1945 und auch zu keinem Zeitpunkt danach korrekt gewesen. Es wäre vielmehr immer schon richtig gewesen, bei historischen Projekten multiperspektivische Ansätze zu wählen. Man denke hier zum Beispiel an die seit den 1950er-Jahren stattfindende Arbeitsmigration nach Deutschland aus Ländern, die unter deutscher Besatzung zu leiden hatten. Durch sie wurden immer mehr Menschen Teil der Gesellschaft, die – neben den zu benennenden deutschen Tätern und Täterinnen, Zuschauern und Zuschauerinnen aber auch der kleinen Gruppe von Helfern und Helferinnen – im Nationalsozialismus zu den Opfern oder Widerständigen gehört hatten.

Im Zusammenhang mit deutsch-israelischen Begegnungen kann das Festhalten an den alten Gegensätzen darüber hinaus zu einem Ausschlusskriterium werden, im Sinne von ‚ausschließend für Teilnehmende, die keinen unmittelbaren familiären Bezug zur Shoah haben'.

### Zeitliche Distanz und neue Narrative

Als weiteres entscheidendes Moment ist die zeitliche Distanz zu den Ereignissen mit der dazugehörigen Veränderung der Narrative zu nennen.

Es wird zunehmend schwieriger, im Rahmen von deutsch-israelischen Projekten zur Auseinandersetzung mit der Geschichte Überlebende treffen zu können. Selbst die „child survivors" werden immer gebrechlicher und müssen vereinbarte Gespräche wegen ihres gesundheitlichen Zustands absagen. Jugendliche aus Deutschland und Israel legen den Schwerpunkt auf unterschiedliche Perspektiven, wenn sie Gelegenheit zu Gesprächen mit direkten Angehörigen, Nachbarn oder Bekannten haben. Für deutsche Jugendliche dominiert die Perspektive derjenigen „Zeitzeugen", die als Kinder das Kriegsende erlebt haben. Wenn diese gebeten werden, von ihren persönlichen Erfahrungen im Nationalsozialismus zu sprechen, thematisieren sie zwangsläufig ausschließlich das eigene Leid – Bombenangriffe, Flucht, Hunger. Für die Jugendlichen aus Israel ist, wenn es um eigenes Erleben von „Zeitzeugen" geht, oft die Perspektive derjenigen entscheidend, die in der unmittelbaren Nachkriegszeit geboren wurden. Diese erlebten vielfach die Traumata der Eltern und Großeltern mit, ohne den genauen Kontext zu kennen. Das ist die „Second Generation", die mit den Alpträumen und dem teilweise „seltsamen" Verhalten ihrer Eltern aufwuchs und häufig ohne Erklärung auskommen musste, worin diese begründet seien.[6]

In beiden Gesellschaften spielen darüber hinaus aufgrund der zeitlichen Distanz die schulische Sozialisation oder politische Diskurse bedeutende Rollen bei der Entwicklung einer Haltung zur Vergangenheit.

In Deutschland waren das u. a. die Diskussion und Entscheidungen zum Umgang mit den Themen Flucht und Vertreibung, die schließlich im Jahr 2000 zur Gründung eines Zentrums gegen Vertreibungen führten. Von zentraler Bedeutung jedoch waren und sind alle Diskussionen, die sich um die SED-Diktatur, neue Menschenrechtsverletzungen nach 1945 und auf europäischer Ebene mit den stalinistischen Verbrechen befassen. Narrative von „der zweiten deutschen Diktatur"[7] oder der Einführung des 23. August als europäischen Gedenktag, können bei Jugendlichen zu einem schiefen Geschichtsbild führen, das nicht mehr Ursache und Wirkung im Blick hat und in dessen Licht die Dimensionen der nationalsozialistischen Verfolgungspolitik nicht mehr eingeschätzt werden können. Kritik an diesem Diskurs zielt nicht darauf, moralisierend und „schuldzuweisend" immer nur auf den Nationalsozialismus und die Shoah hinweisen zu wollen. Es geht aber darum, Jugendlichen durch eine begrifflich eindeutige und inhaltlich zunächst trennende Methodik ein differenziertes und qualifiziertes Bild zu ermöglichen. Wenn inhaltliche Kompetenzen vorhanden sind, können Vergleiche sinnvoll als Ergänzung herangezogen werden, um die Spezifik eines jeden Systems zu begreifen. Schließlich wird im deutschen Diskurs scheinbar häufig vergessen, dass jede neue Generation sich aufs Neue mit dieser Geschichte befasst und die Phasen durchlaufen muss, die vor ihr schon viele andere Generationen durchlaufen haben (Erkenntnis, u. U. Trauer, Systematisierung, Lehren). Aus diesem Vergessen heraus suchen viele Pädagoginnen und Pädagogen regelmäßig nach vermeintlich notwendigen neuen Methoden, um Jugendlichen diese Geschichte zu vermitteln.

Auch in Israel haben politische Diskurse Auswirkungen auf den Blick von Jugendlichen auf die Shoah. Ohne vertieft auf die interessante Kontroverse eingehen zu können, sei hier insbesondere die Auseinandersetzung um die Lehren aus der Geschichte erwähnt bzw. – eng damit verknüpft – die Darstellung der Gründungsgeschichte des Staates Israel. Aus nachvollziehbaren Gründen wird der Fokus bei der Darstellung der nationalsozialistischen Verfolgung auf die Shoah gerichtet. Das führt bei vielen Jugendlichen dazu, dass sie weder die Strukturen der Errichtung der NS-Diktatur noch andere Verfolgtengruppen kennen. Es geht mehrheitlich um die Verfolgung der jüdischen Bevölkerung ab 1939. Diese Perspektive führt, logisch weitergedacht, in die Notwendigkeit der Gründung des Staates Israel, da er in der Konsequenz des „so etwas darf uns nie wieder passieren" als Zufluchtsort die entscheidende Rolle spielt.[8]

Ohne dass Jugendliche vertieft wissenschaftliche Diskussionen verfolgen können, bekommen sie doch zwangsläufig mit, wenn sich Politik auf die Vergangenheit bezieht. Wenn beispielsweise manche Politiker oder Politikerinnen die Notwendigkeit einer militärisch starken Politik gegenüber der palästinensischen Bevölkerung aus der Geschichte herleiten, kann dies Folgen für die Einschätzung von Jugendlichen haben – sei es, dass sie diese Position unreflektiert übernehmen oder sogar darüber hinaus auf ein prinzipielles Desinteresse der palästinensischen Bevölkerung an Nationalsozialismus und Shoah schließen.

## Gemeinsamer Umgang mit der Vergangenheit trotz Heterogenität und zeitlicher Distanz

Die Heterogenität beider Gesellschaften und die für Jugendliche zeitliche Distanz sollten nicht dazu führen, dass ein gemeinsamer Umgang mit der Vergangenheit vermieden oder auf einen Gedenkstättenbesuch „beschränkt" wird.

Im Gegenteil: Interessante Phänomene

können Anlässe für Gespräche und eigene neue Erkenntnisse sein. Beispiele sind etwa das in jüngster Zeit in Israel in Mode gekommene Auf-den-Arm-Tätowieren der Häftlingsnummer der Großeltern[9] oder überraschende und sehr kontroverse Theaterinszenierungen zum Umgang mit der Vergangenheit in Deutschland und Israel wie „Die dritte Generation"[10] von Yael Ronen. Auch kann die gemeinsame Beschäftigung mit den genannten Kontroversen wichtige eigene Schlussfolgerungen generieren, die eine Basis für vertrauensvolle Beziehungen der beteiligten Jugendlichen und langfristig auch beider Gesellschaften bilden können.

Es geht nicht darum, dass jede Begegnung Geschichte und Erinnerungskultur zum Thema haben muss. Es geht aber darum, dass sich Pädagoginnen und Pädagogen über die Dimension der Folgen des Nationalsozialismus im Klaren sind und im Rahmen von Begegnungen zu allen möglichen inhaltlichen Aspekten einen sinnvollen Raum zur Beschäftigung bzw. eine Beziehung zu dieser Geschichte herstellen. So sind oft alle oben genannten Themen, Zusammenhänge und Bezüge der Auseinandersetzung mit der Vergangenheit in der deutschen und israelischen Gesellschaft implizit mit im Raum – selbst wenn es um eine Begegnungen zwischen Sportlerinnen und Sportlern geht – und können sich negativ auswirken, wenn man ihnen nicht die nötige Beachtung gibt.

Darüber hinaus sollte in beiden Gesellschaften, auch wenn in Israel die Shoah weit mehr sinnstiftendes Element einer gemeinsamen Identität ist, Raum für alle „Familiengeschichten" gegeben werden, da diese die unterschiedlichen Zugänge und Perspektiven auf die Vergangenheit begründen. Dieser Raum ist nicht nur ein Moment wichtiger Anerkennung aller Teilnehmenden, er begünstigt auch eine nachhaltige Reflexion, warum wem was an der Geschichte wichtig ist. Diese wiederum ist Voraussetzung dafür, dass Jugendliche tatsächlich für sich begreifen und formulieren können, warum im deutsch-israelischen Kontext der Shoah und ihren Folgen bleibend eine Bedeutung eingeräumt werden sollte, die sich nicht auf die Formulierung von Floskeln beschränkt.

Man sollte sich vergegenwärtigen, dass Jugendliche vergleichbare Prozesse bei der Bearbeitung der Geschichte durchlaufen, wie man selbst es – meist vor vielen Jahren – getan hat. Dann überrascht es nicht, dass sie oft Rituale oder Zeremonien wünschen, um beispielsweise die entstandenen Emotionen verarbeiten zu können. In dem Fall sollte bei deutsch-israelischen Begegnungen darauf geachtet werden, dass Rahmenbedingungen geschaffen werden, in denen alle Beteiligten gemeinsam den Ablauf besprechen und festlegen können. Dies ist umso wichtiger, da Jugendliche aus Deutschland unter Umständen verunsichert auf Gedenkveranstaltungen reagieren können. Gleichzeitig sind Gedenkveranstaltungen fester Bestandteil der Erinnerungskultur in Israel und israelische Jugendliche können routiniert mit diesen Formen umgehen, was aber noch nichts über ihre innerliche Beteiligung aussagt. Um Zeremonien und Rituale als weitere bereichernde Momente in der Auseinandersetzung mit dem Nationalsozialismus und der Shoah zu nutzen, sollten in ihre Vorbereitung alle Beteiligten sinnvoll einbezogen sein.

1. Exemplarisch seien hier nur der Film „Wegen dieses Krieges" von Yehuda Poliker und Yaakov Gilad sowie die Werke des Schriftstellers Etgar Keret genannt. Karl Fruchtmann, der nach Inhaftierung, u.a. im Konzentrationslager Dachau, 1937 nach Palästina emigrieren konnte, thematisierte die Folgen für den Alltag von Überlebenden und deren Nachkommen schon 1987 in seinem Film „Ein einfacher Mensch". Sein Film wurde jedoch eher von der Fachwelt wahrgenommen, während die Werke von Poliker und Gilad gesellschaftlich von breiten Kreisen rezipiert wurden. Das von Niklas Frank 1987 veröffentlichte Buch „Der Vater: Eine Abrechnung", in dem er sich auf sehr radikale und provokante Weise mit den Verbrechen seines Vaters auseinandersetzte, war eine gewisse Seltenheit. Ab Mitte der 2000er-Jahre erschienen zahlreiche Filme und Publikationen, so zum Beispiel „Zwei oder drei Dinge, die ich von ihm weiß" (2005) von Malte Ludin oder „Die Brüder Himmler: Eine deutsche Familiengeschichte" (2005) von Katrin Himmler.

2. So kommt es im Kontext von deutsch-israelischen Jugendbegegnungen, die den in den S-Bahn-Bögen im Tiergarten befindlichen Ort „7xjung – Trainingsplatz für Zusammenhalt und Respekt" des Vereins Gesicht zeigen e.V. regelmäßig vor, dass die israelischen Teilnehmenden die zu hörende S-Bahn mit den Deportationszügen nach Auschwitz gleichsetzen.

3. Vgl. u.a. Zülsdorf-Kersting, Meik: Sechzig Jahre danach. Jugendliche und Holocaust. Eine Studie zur geschichtskulturellen Sozialisation, Berlin 2007.

4. Welzer, Harald u.a. (Hgg.): Opa war kein Nazi. Nationalsozialismus und Holocaust im Familiengedächtnis, Frankfurt a. M. 2002.

5. Ich konnte im Rahmen zahlreicher Projekte beobachten, dass sensible Jugendliche angesichts der Dimension der begangenen Verbrechen Schuld- und Schamgefühle entwickeln. Erst wenn der Raum vorhanden ist, diese zu formulieren, kann darüber gesprochen werden, dass sie selbst natürlich nicht schuldig sind und wie ihrer Meinung nach eine Gesellschaft mit der Vergangenheit umgehen sollte.

6. Seit Mitte der 1980er-Jahre tauschen sich Psychologen und Psychologinnen zu den Themen systematisch aus. Als Publikation neueren Datums sei hier nur verwiesen auf Martin S. Bergmann, Milton E. Jucovy, Judith S. Kestenberg (Hg.): Kinder der Opfer. Kinder der Täter. Psychoanalyse und Holocaust, Frankfurt a. M. 1998.

7. Auch Institutionen wie AMCHA, die Überlebenden und deren Nachkommen psychologische Unterstützung zur Bearbeitung ihrer Traumata anbieten, existieren mehrheitlich erst seit den 1980er-Jahren.

8. Dieser Begriff war gewissermaßen Symbol für die Auseinandersetzung um die Bedeutung von NS und DDR. In größerem Kontext fügte sie sich ein in die Totalitarismusdebatte bzw. den Diktaturenvergleich. Ein Überblick von Prof. Delef Schmiechen-Ackermann findet sich unter http://docupedia.de/zg/Diktaturenvergleich.

9. Siehe zu dieser Kontroverse u. a. http://www.einsteinforum.de/fileadmin/einsteinforum/downloads/victims_elkana.pdf

10. Vgl. hierzu u. a. http://www.fr-online.de/politik/holocaust-kz-nummer-als-tattoo,1472596,21629506.html

11. Siehe https://www.schaubuehne.de/de/produktionen/dritte-generation.html

### Literaturhinweise

- Bayrischer Jugendring/ConAct – Koordinierungszentrum Deutsch-Israelischer Jugendaustausch/Stadt Jerusalem (Hgg.): Gemeinsam erinnern – Brücken bauen. Handbuch für Erinnern und Gedenken in deutsch-israelischen Jugend- und Schülerbegegnungen, München 2014.

- Ben-Dor Niv, Orna: Wegen dieses Krieges (Film), Israel 1988 [90 min.].

- Bergmann, Martin S./Jucovy, Martin S./ Kestenberg, Judith S. (Hg.): Kinder der Opfer. Kinder der Täter. Psychoanalyse und Holocaust, Frankfurt a. M. 1998.

- Elkana, Yehuda: "I need to forget", in: Haaretz 2.3.1988.

## Ost-West ein Thema in deutsch-israelischen Jugendbegegnungen? Ein Plädoyer aus diversitätsbewusster Perspektive[1]

## Bianca Ely

In der Internationalen Jugendarbeit gibt es eine rege Debatte darüber, wie angesichts der Vielfalt kollektiver Zugehörigkeiten ein Ansatz diversitätsbewusster Pädagogik gelingen kann. Die innerdeutschen Differenzlinie Ost-West bleibt dabei häufig außen vor. Dieser Beitrag will aufzeigen, dass internationale Jugendbegegnungen – v.a. deutsch-israelische Jugendbegegnungen – geeignete Lernorte sein können, um im Sinne einer diversitätsbewussten Pädagogik Herkunft aus Ost- bzw. Westdeutschland zu thematisieren und stereotype wechselseitige Bilder zu hinterfragen und zu zerstreuen.

Ob es um die niedrige Wahlbeteiligung bei Landtagswahlen, die Stasi oder Rechtextremismus in den ostdeutschen Bundesländern geht, die DDR und ihre (vermeintlichen) Nachwirkungen sind bis heute im öffentlichen Diskurs präsent. Die Art der Beschäftigung gleicht jedoch oft einem Schlagabtausch, in dem stereotype Bilder vom „Ossi und Wessi" und Ostdeutschland gepflegt werden. Dagegen existieren nur wenige Räume, die zur Auseinandersetzung über das heutige Verhältnis von Ost und West einladen. In denen das Sprechen über die DDR, über Ostdeutschland heute und darüber, wie Familien in Ost und West die Zeit nach dem Fall der Mauer erlebt haben, getrieben ist von Neugier, Offenheit und einem echtem Interesse an der Erfahrungs- und Erlebniswelt Anderer.

Dabei erscheinen die Verhältnisse zwischen Ost- und Westdeutschland durchaus der Rede wert. Auch lange Zeit nach der Vereinigung halten sich Negativbilder voneinander beständig: Die Forschungsgruppe um Wilhelm Heitmeyer weist in ihrer 2009 erschienenen Folge der Reihe „Deutsche Zustände" auf tief verwurzelte, wechselseitige Stereotype in Ost und West hin.[2] Deren Beharrlichkeit deutet an, wie dringlich ein Austausch geboten ist. Vor allem Jüngere fordern diesen inzwischen lautstark ein. Es sind die Jüngeren – Ostdeutsche und Westdeutsche –, die den Fall der Mauer als Kinder erlebt haben oder nach dem Fall der Mauer geboren wurden. Für die das „Damals" bis heute eine Rolle spielt und die doch häufig gar nicht viel über das Leben ihrer Eltern oder Großeltern in der DDR und der Nachwendezeit wissen, weil das Gespräch darüber auch im Familienkreis gemieden wird.[3]

Mit diesem Beitrag soll eine Leerstelle im Diskurs über diversitätsbewusste Pädagogik abgesteckt werden. Ich möchte Anknüpfungspunkte aufzeigen, die sich für eine Beschäftigung mit der Differenzlinie Ost-West in deutsch-israelischen Jugendbegegnungen anbieten. Es soll verdeutlicht werden, dass Vieles geradezu im Verborgenen bleibt und sich dem Verständnis entzieht, wenn – neben vielen anderen – nicht auch die Differenzlinie Ost-West in den Blick genommen wird.

Begegnungen zwischen Deutschen und Israelis legen Vorstellungen „vom Anderen" und Fragen nach kollektiven und nationalen Identitäten unmittelbar nahe. In nahezu allen deutsch-israelischen Begegnungen, die ich miterlebt habe, standen Themen rund um die Frage im Raum, wer sich wie woran erinnert und in welchem Zusammenhang dieses Erinnern mit persönlichen und kollektiven biografischen Erfahrungen steht. Vereinfachende Bilder und verzerrte Setzungen, die sich auf die deutsch-deutsche Teilung und ihre Auswirkungen beziehen, wirken bis heute unterschwellig auf den deutsch-israelischen Austausch. Um sie nicht weiter zu verstetigen, sollten hier zur Veranschaulichung nur blitzlichtartig einige Bilder skizziert werden, die mir immer wieder begegnet sind: „Im Gegensatz zur DDR hat die alte Bundesrepublik die Aufarbeitung der NS-Diktatur erfolgreich betrieben. Das wirkt sich bis heute auf die unterschiedliche Qualität der Jugendaustauschprogramme in Ost- und Westdeutschland aus." Oder: „Nachdem die DDR keinerlei diplomatische Beziehungen mit Israel unterhielt, ist in den ostdeutschen Bundesländern auch heute noch eine größere Ablehnung Israels zu spüren." Oder auch: „Aufgrund des schlechten Images von Ostdeutschland und niedrigerer Standards wünschen sich Israelis eher einen Austauschpartner in Westdeutschland." Was diese Bilder und Aussagen gemeinsam haben ist die holzschnittartige Vereinfachung von Realität. Aber sollten Austausche mit Partnerorganisationen in Ostdeutschland und deren inhaltliche Ausgestaltung nicht umso mehr Aufmerksamkeit, Unterstützung und Wertschätzung erfahren, wenn sie möglicherweise unter schwierigeren Rahmenbedingungen stattfinden? Wenn es gewissermaßen zwei zeithistorische Kontexte gibt, unter deren Vorzeichen der Austausch zwischen Deutschen und Israelis stattfindet und die in der gemeinsamen Auseinandersetzung zu berücksichtigen sind?

Meiner Erfahrung nach spielen diese Fragen selten eine große Rolle. Das legt die Vermutung nahe, dass die Bilder und Setzungen über „den Osten und seine Schwierigkeiten" in erster Linie Aufschluss geben über das Selbstverständnis derer, die diese Bilder durch Aussagen und Meinungen lebendig halten. Diese Setzungen erschweren das persönliche Kennenlernen und die kritische Auseinandersetzung mit den verschiedenen zeithistorischen Kontexten. Sie unterlaufen so die eigentliche Intention internationaler Jugendarbeit: Wie sah der Alltag in der DDR aus? Auf welche unterschiedlichen Weisen haben sich die DDR-Bürgerinnen und Bürger mit dem Regime der SED auseinandergesetzt? Wie wurde in der DDR an die NS-Zeit erinnert? Worin unterschied sich dieses Erinnern von dem in der alten Bundesrepublik? Sind Rassismus und Antisemitismus in Ostdeutschland heute tatsächlich weiter verbreitet als in Westdeutschland? Darüber herrscht häufig – auch unter Ostdeutschen – viel Unwissen. Dabei könnten diese und ähnliche Fragen dazu beitragen, aktuelle Bilder über „den Osten" und „die Ostdeutschen" auf ihren Entstehungskontext zu hinterfragen. Darum sind gerade deutsch-israelische Begegnungen geeignet, auch das Thema Ost-West aufzugreifen. Dies gilt nicht nur, aber insbesondere für den Austausch der Teilnehmerinnen und Teilnehmer in der deutschen Gruppe. Ich verstehe diesen Beitrag insofern als eine Einladung zur weiteren Debatte und zum Erfahrungsaustausch.

## Ost-West: Leerstelle in der diversitätsbewussten internationalen Jugendarbeit

Die Internationale Jugendarbeit als pädagogisches Praxisfeld umfasst eine Vielzahl von Jugendaustauschprogrammen, Freiwilligendiensten und Fachkräfteprogrammen. Dem Feld wird als Teil einer auswärtigen Kultur- und Bildungspolitik nicht nur politisch, sondern auch aus pädagogischer Sicht große Bedeutung zugemessen. Erfreulicherweise wurden in den vergangenen Jahren diversitätsbewusste Perspektiven im Feld der internationalen Jugendarbeit zunehmend gestärkt. Gestützt auf die drei tragenden Säulen Antidiskriminierung, Intersektionalität und Subjektorientierung[4] zielen diese Perspektiven darauf, Lernräume zu eröffnen, in denen vielfältige Differenzlinien in ihrer Komplexität, Gleichzeitigkeit und Ambivalenz sichtbar und erfahrbar werden.

Praktisch ist darunter eine reflexive Haltung zu verstehen, die nicht nur die Auswahl der pädagogischen Methoden berührt, sondern vor allem das Rollenverständnis der Leitungspersonen.[5] In ihrer theoretischen Begründung bezieht sich die diversitätsbewusste Pädagogik u.a. auf den deutschsprachigen Diskurs über Intersektionalität. Damit sind v.a. soziologische Untersuchungen gemeint, die Ungleichheit herstellende soziale Kategorien – entlang sogenannter Differenzlinien – in den Blick nehmen.[6] Für den Kontext der internationalen Jugendarbeit halten Eisele et al. fest, dass **"insbesondere entlang der Differenzlinie Ost-West,** finanzielle Lage, sozialer Status, Hautfarbe, Kultur oder Religion [...] **mit starren Bildern [...] zu rechnen [ist], die unterschwellig den Lern- und Begegnungsprozess beeinflussen.** [Hervorhebung Bianca Ely]"[7]

Konkrete Konsequenzen für pädagogisches Handeln in Bezug auf Ost-West leiten die Autorinnen von ihrer Feststellung nicht ab. Dennoch ist positiv hervorzuheben, dass die Differenzlinie Ost-West hier überhaupt aufgeführt ist. Denn dies ist eher die Ausnahme, wie der Erziehungswissenschaftler Oliver Trisch mit Blick auf die Fachliteratur festhält.[8] Auch die Autorinnen Beyersdorff und Höhme-Serke wiesen bereits vor einigen Jahren darauf hin, dass das Thema Ost-West im pädagogischen Diskurs weitgehend ausgespart wird. Sie sprechen gar von einem Tabu, die unterschiedlichen Erfahrungswelten und Prägungen im Kontext von Ost-West zu thematisieren. Dies träfe selbst auf Kolleginnen und Kollegen zu, die ihre Arbeit explizit als diversitätsbewusst orientiert begriffen. Zu stark wirke die Nachwendezeit nach, in der alle Kräfte auf „Wiedervereinigung" und die Betonung der Gemeinsamkeiten gepolt wurden.[9]

## „Nation" als Türöffner

Wie kaum ein anderes pädagogisches Feld legt die Internationale Jugendarbeit nahe, sich mit der nationalen und kollektiven Zugehörigkeit der Teilnehmerinnen und Teilnehmer zu beschäftigen. Aufgrund der Struktur der Programme, in der sich Jugendgruppen aus (mindestens) zwei Ländern begegnen, ist die Differenzlinie „aus verschiedenen Ländern kommen" meist vordergründig präsent.[10] Eine diversitätsbewusste Perspektive kann dazu beitragen, einer möglichen Homogenisierung von Wir-Gruppen entlang der Differenzlinie „nationale Zugehörigkeit" entgegenzuwirken und weitere Identitätsbezüge zu berücksichtigen, die für die Teilnehmerinnen und Teilnehmer von Bedeutung sind. Der pädagogische Rahmen ist prädestiniert dafür, diese zu vertiefen. Je

### Bianca Ely

Geb. 1979 in Ostberlin, Soziologin/Politikwissenschaftlerin, ist seit vielen Jahren im deutsch-israelischen Austausch aktiv. Baute u.a. an der Alice Salomon Hochschule Berlin eine Lehr- und Forschungskooperation mit der School of Social Work an der Universität Haifa auf. Leitet derzeit ein Forschungsprojekt zum Wandel des bürgerschaftlichen Engagements im Bevölkerungsschutz im Generalsekretariat des Deutschen Roten Kreuzes. Mitbegründerin und Vorstandsvorsitzende von Perspektive hoch 3 e.V.

expliziten pädagogischen Impulses, der diesen Austausch möglich macht.[11] Mithilfe konkreter Fragen können Teilnehmerinnen und Teilnehmer im Austausch darin unterstützt werden, eigene individuelle Bezüge zu den Themen DDR, deutsch-deutsche Teilung und Ostdeutschland heute zu erkunden. Die Erfahrung zeigt, dass Fragen, die auf die Differenzlinie Ost-West abzielen, einen spannenden Austausch anregen können. So besteht die Möglichkeit, auf ein mögliches Interesse der Jugendlichen zu reagieren und das Thema Ost-West in die weitere Programmplanung aufzunehmen. Denkbar ist zum Beispiel, dass eine Austauschgruppe für sich beschließt, die deutsch-deutsche Trennung und DDR nicht in das kulturelle Rahmenprogramm „abzuschieben", sondern in das offizielle Programm aufzunehmen.

### „Geschichte" als Türöffner

Zwischen der Förderlandschaft internationaler Jugendarbeit in Deutschland und der deutschen Geschichte besteht ein enger Zusammenhang.[12] Verständlicherweise heben die bilateralen Bestimmungen für den deutsch-israelischen Jugendaustausch die Bedeutung der Geschichte des Zweiten Weltkriegs und des Holocaust hervor. So gibt es beispielsweise kaum deutsch-israelische Jugendbegegnungen, in deren Programmplanung nicht wenigstens eine Gedenkstätte oder ein vergleichbarer Programmpunkt aufgenommen wird, in dem die NS-Zeit thematisiert wird. Nicht nur, aber vor allem, wenn Gedenkstätten in den ostdeutschen Bundesländern mit einer „doppelten Vergangenheit" (wie z. B. Buchenwald oder Sachsenhausen) besucht werden, bietet es sich an, auch die Unterschiede in den Umgangsweisen mit der Zeit des Nationalsozialismus in Ost- und Westdeutschland zu

nach Zusammensetzung der Gruppe kann dies Themen aufwerfen wie doppelte Staatsangehörigkeit, Aufenthaltstitel, Migration, Rassismus und unterschiedliche Bezugnahmen auf nationale Symbole. Auch die Herkunft aus Ost- bzw. Westdeutschland kann in diesem Zusammenhang auftauchen.

Allerdings hat die bloße Anwesenheit ostdeutscher und westdeutscher Teilnehmerinnen und Teilnehmer in einem Programm nicht zwangsläufig zur Folge, dass die Differenzlinie Ost-West inhaltlich zum Tragen kommt. Tatsächlich bedarf es zumeist eines thematisieren. Vor allem an Orten wie Gedenkstätten, an deren Architektur oder Inschriften der Umgang mit Geschichte in der DDR erkennbar wird, sollte verdeutlicht werden, dass sich die Geschichtsdarstellungen in Ost und West bis zur Vereinigung zu Gesamtdeutschland stark voneinander unterschieden.[13] Aussagen über die Entwicklung der Erinnerungskultur in Deutschland beziehen sich in der Regel auf den westdeutschen Erinnerungsdiskurs. Wie in der DDR erinnert worden ist, welche Filme oder Bücher in der DDR den Diskurs über den Zweiten Weltkrieg und das Naziregime geprägt haben, wird dagegen seltener thematisiert. Dabei finden sich darin oft Hinweise zum besseren Verständnis auch von heutigen Familienerzählungen in Ostdeutschland. Der Verweis auf die „geteilte" Erinnerung ermöglicht den teilnehmenden Jugendlichen ein Verständnis für die Multiperspektivität von Geschichte und die Veränderbarkeit von Geschichtspolitik. So wird deutlich, dass im Sprechen über Geschichte auch Aussagen über gegenwärtigen Verhältnisse und das eigene Selbstverständnis getroffen werden.

Das allgemeine Thema Geschichte eröffnet zudem Möglichkeiten, Jugendbegegnungsprogramme inhaltlich zu erweitern um familienbiographische Erfahrungen, die die Teilnehmerinnen und Teilnehmer mitbringen. So ermöglicht z. B. die „Zeitstrahl-Methode"[14] vielfältige Perspektiven auf Geschichte, verschiedene Ebenen von Erinnerung und familienbiographische Narrationen nebeneinander zu stellen, ohne sie in einer wertenden Weise gegenüberzustellen. Es sollte nicht darum gehen, verschiedene zeitgeschichtliche Kontexte gegeneinander auszuspielen. Ziel ist vielmehr, in der Begegnung zu verstehen, wie verschiedene zeitgeschichtliche Ereignisse das eigene Selbstverständnis und den Blick auf die Welt prägen. Jugendbegegnungen bieten die Gelegenheit, Geschichten Anderer und deren Bedeutung in einem geschützten Rahmen kennenzulernen. Damit wird die Jugendbegegnung zu einem Ort, an dem der empathische und wertschätzende Umgang mit den Geschichten, Erfahrungen und Selbstverständigungen Anderer erprobt werden kann.

Erst eine wirkliche Auseinandersetzung kann ermöglichen, vereinfachende Analogien – z. B. zwischen der Berliner Mauer und der israelischen Sperranlage – zu entkräften und angemessen zu kontextualisieren. Diese Auseinandersetzung eignet sich zudem dazu, diskursive Leerstellen aufzuzeigen, die häufig mit Ostdeutschland gar nicht in Verbindung gebracht werden, z. B. die Arbeitsmigration in die DDR und die Ausweisungen vieler dieser Arbeitsmigrantinnen und -migranten direkt nach dem Fall der Mauer. Diese Themen eignen sich etwa für eine kritische Auseinandersetzung mit der Frage, welche Geschichten sichtbar und medial präsent sind und welche nicht. Sie eignen sich zudem, um auf aktuelle Fragen globaler Migration einzugehen und den Privilegien und Verantwortlichkeiten, die mit Weiß-sein und dem Globalen Norden einhergehen.

### Fazit

Der Bedarf für einen Austausch zu Themen entlang der innerdeutschen Differenzlinie Ost-West ist groß. Er kann dazu beitragen, die Verhältnisse zwischen Ost und West und das gegenseitige Verständnis füreinander langfristig zu stärken. Selbstverständlich geht es nicht darum, das Thema Ost-West unter allen Umständen in jedem Jugendaustausch unterzubringen. Ebenso wenig geht es darum, eine Differenz künstlich hervorzuheben oder gar aufzubauschen. Auch sollte die Thematik nicht einem allgemeinen und undifferenzierten „*Sind-wir-nicht-ein-bisschen-diskriminiert*"-Ansatz Vorschub leisten, der zurecht aus antirassistischer Perspektive dafür kritisiert wird, Verhältnisse und Diskriminierungserfahrungen von Schwarzen und *People of Color*[15] zu relativieren. Wie für andere Differenzlinien im soziologischen Sinne gilt auch für die innerdeutsche Differenzlinie Ost-West, dass die Unterschiede innerhalb der Ostdeutschen oder der Westdeutschen größer sind als jene zwischen beiden.

Es geht vielmehr darum, sich und die Programmplanung für die Thematik „offen zu halten" und einen pädagogischen Rahmen für die Auseinandersetzung zur Verfügung zu stellen. Im Sinne einer diversitätsbewussten Internationalen Jugendarbeit setzt dies voraus, vor allem eigene Haltungen zu reflektieren: Was verbindet mich mit der Geschichte der DDR? Wie habe ich den Fall der Mauer erlebt? Wie sehe ich die heutige Situation in Ostdeutschland? Was ist mein Bild des heutigen Ostdeutschlands bzw. Westdeutschlands? Auf welchen räumlichen und zeitlichen Kontext nehme ich Bezug, wenn ich „die Geschichte" meine? Es ist an der Zeit, die gegenseitigen Bilder vom Osten und vom Westen neu zu besprechen und gegebenenfalls den nötigen Mut für entsprechende Neujustierungen aufzubringen. Es steht bislang aus, vielfältige Geschichten und Erfahrungen in und mit Ostdeutschland sichtbar zu machen. Es sollte deutlich geworden sein, welche vielfältigen Anknüpfungspunkte die internationale Jugendarbeit für eine Beschäftigung mit der Differenzlinie Ost-West bietet.

---

1 Dieser Text ist eine überarbeitete Fassung der Veröffentlichung: Ely, Bianca: „Die innerdeutsche Differenzlinie Ost-West in der diversitätsbewussten Pädagogik – Beispiel Internationale Jugendarbeit", in: Ansgar Drücker/Karin Reindlmeier/Ahmet Sinoplu/Eike Totter (Hg.): Diversitätsbewusste (internationale) Jugendarbeit. Eine Handreichung, Düsseldorf/Köln 2014, S. 77 – 80. Außerdem danke ich Christine Mähler für die Anmerkungen zur ersten Version dieses Beitrags.

2 Heitmeyer, Wilhelm (Hg.): Deutsche Zustände, Frankfurt am Main 2009, S. 21.

3 Staemmler, Johannes: „Wir, die stumme Generation", in: ZEIT Online, 18.8.2011.

4 Vgl. Reindlmeier, Karin: create your space. Impulse für eine diversitätsbewusste internationale Jugendarbeit. Eine Handreichung für Teamer/innen der internationalen Jugendarbeit, Berlin 2010.

5 Vgl. Eisele, Elli/Scharathow, Wiebke/Winkelmann, Anne Sophie: ver-viel-fältigungen. Diversitätsbewusste Perspektiven für Theorie und Praxis der internationalen Jugendarbeit, Jena 2008.

6 „Unter Intersektionalität wird dabei verstanden, dass soziale Kategorien wie Gender, Ethnizität, Nation oder Klasse nicht isoliert voneinander konzeptualisiert werden können, sondern in ihren ‚Verwobenheiten' oder ‚Überkreuzungen' (intersections) analysiert werden müssen." Vgl. Walgenbach, Katharina: Intersektionalität – eine Einführung, 2012.

7 Eisele, Elli u.a.: Diversitätsbewusste Perspektiven für Theorie und Praxis der internationalen Jugendarbeit, Jena 2008, S. 18.

8 Vgl. Trisch, Oliver: Der Anti Bias Ansatz. Beiträge zur theoretischen Fundierung und Professionalisierung der Praxis, Hannover 2013, S. 141.

9 Beyersdorff, Sabine/Höhme-Serke, Evelyne: „Verhältnis zwischen Ost und West – einem Tabu auf der Spur", in: Wagner, Petra (Hg.): Handbuch Kinderwelten. Vielfalt als Chance – Grundlagen einer vorurteilsbewussten Bildung und Erziehung, Freiburg im Breisgau 2008, S. 160.

10 Vgl. Reindlmeier, Karin: Impulse für eine diversitätsbewusste internationale Jugendarbeit, 2010, S. 3.

11 Trisch, Oliver: Der Anti Bias Ansatz, S. 132.

12 Vgl. Thimmel, Andreas: Pädagogik der internationalen Jugendarbeit. Geschichte, Praxis und Kon-

zepte des Interkulturellen Lernens, Schwalbach 2001

[13] Vgl. Trisch, Oliver: Der Anti Bias Ansatz, S. 140.

[14] Die Methode enthält im Kern die Aufgabe an die TN, in ihrer Familie wichtige Ereignisse der Zeitgeschichte oder auch persönlicher Art zu benennen und auf einer Zeitleiste einzuordnen. Außerdem können Schlüsselereignisse und Wendepunkte in verschiedenen Erinnerungsdiskursen gegenüber gestellt werden. Vgl. z. B. http://www.beauftragter-neue-laender.de/SharedDocs/Downloads/BODL/deutsche_einheit/engagiert_in_odl.pdf?__blob=publicationFile (S. 21ff.)

[15] vgl. z. B. Reindlmeier, Karin: Wir sind doch alle ein bisschen diskriminiert!. Diversity-Ansätze in der politischen Bildungsarbeit, in: Widersprüche. Zeitschrift für sozialistische Politik im Bildungs- Gesundheits- und Sozialbereich. Heft 104, „Alles schön bunt hier". Zur Kritik kulturalistischer Praxen der Differenz, Kleine Verlag 2007, S. 25–36.

## Literaturhinweise

- Beyersdorff, Sabine/Höhme-Serke, Evelyne: Verhältnis zwischen Ost und West – einem Tabu auf der Spur, in: Wagner, Petra (Hg.): Handbuch Kinderwelten. Vielfalt als Chance – Grundlagen einer vorurteilsbewussten Bildung und Erziehung, Freiburg im Breisgau 2008, S. 160 – 170.

- Eisele, Elli/Scharathow, Wiebke/Winkelmann, Anne Sophie: ver-viel-fältigungen. Diversitätsbewusste Perspektiven für Theorie und Praxis der internationalen Jugendarbeit, Jena 2008.

- Heitmeyer, Wilhelm (Hg.): Deutsche Zustände, Frankfurt am Main 2009.

- Reindlmeier, Karin: „Wir sind doch alle ein bisschen diskriminiert!" Diversity-Ansätze in der politischen Bildungsarbeit, in: Widersprüche. Zeitschrift für sozialistische Politik im Bildungs- Gesundheits- und Sozialbereich. Heft 104, „Alles schön bunt hier". Zur Kritik kulturalistischer Praxen der Differenz, Kleine Verlag 2007, S. 25 – 36.

- Reindlmeier, Karin: create your space. Impulse für eine diversitätsbewusste internationale Jugendarbeit. Eine Handreichung für Teamer/innen der internationalen Jugendarbeit, 2010. Online zugänglich unter: http://www.karinreindlmeier.de/create%20your%20space.pdf (letzter Zugriff am 14.08.2013)

- Staemmler, Johannes: „Wir, die stumme Generation", in: ZEIT Online 18.8.2011. Online zugänglich unter: http://www.zeit.de/2011/34/S-Generation-Ost (letzter Zugriff am 14.08.2013).

- Thimmel, Andreas: Pädagogik der internationalen Jugendarbeit. Geschichte, Praxis und Konzepte des Interkulturellen Lernens, Schwalbach/Ts. 2001.

- Trisch, Oliver: Der Anti Bias Ansatz. Beiträge zur theoretischen Fundierung und Professionalisierung der Praxis, Hannover 2013.

- Walgenbach, Katharina: Intersektionalität – eine Einführung, 2012. Online zugänglich unter: http://portal-intersektionalitaet.de (letzter Zugriff am 11.11.2014)

# Die Erfahrungen junger Israelis und Deutscher bei einem Jugendaustausch in Deutschland und ihre Wahrnehmung des anderen Landes vor und nach der Begegnung

## Michal Maroz

## Überblick

Über mehrere Jahrzehnte versuchten Israel und die Bundesrepublik Deutschland, die gemeinsame Geschichte zu bewältigen – jeder auf seiner Seite des Ufers. So bildete sich seit der israelischen Staatsgründung ein komplexes, aber seinem Wesen nach besonderes Beziehungsgeflecht mit Deutschland – dem damaligen Westdeutschland – heraus. Es ist eine ambivalente Beziehung, gekennzeichnet von Ablehnung wie von Annäherung, mangelndem Vertrauen und gleichwohl Neugierde sowie einer nicht möglichen Normalität neben einer zunehmenden Normalisierung.[1]

## Ziel der Studie

Ziel der Studie war es, die Basis für die Delegationen des deutsch-israelischen Jugendaustauschs zu untersuchen. Zu diesem Zweck begleitete der Autor der Studie im Jahr 2010 eine Delegation deutsch-israelischer Jugendlicher, die sich in Berlin zum ersten Mal begegneten.

Die deutsche Bundesregierung und viele soziale Organisationen subventionieren den deutsch-israelischen Jugendaustausch jährlich mit etwa 1,5 Millionen Euro. Sie wollen die Menschen einander näherbringen, einen moralischen Diskurs anregen und den Versuch unternehmen, die Ereignisse der Vergangenheit zu sühnen. Mehr als 55 Jahre sind seit den ersten Kontakten vergangen, und deutsche wie israelische Delegationen begegnen sich, sei es in Deutschland oder in Israel, um diese Ziele umzusetzen.[2] Die vorliegende Studie untersucht sowohl den Prozess, den deutsche und israelische Jugendliche durchmachen, die an einem Jugendaustausch teilnehmen, als auch die weiteren Einflüsse dieser Begegnungen. Zu diesem Zweck untersucht die Studie, wie israelische Jugendliche die erste Begegnung mit deutschen Jugendlichen erlebten und umgekehrt. Es soll untersucht werden, welche Stereotype bei den Jugendlichen vorherrschen und in welchem Maße sich ihre Wahrnehmung aufgrund der erfahrenen Begegnung verändert.

## Die wissenschaftliche Arbeit geht folgenden Fragen nach:

1. Wie erleben die israelischen Jugendlichen im Rahmen des Austauschprogramms die erste Begegnung mit den deutschen Jugendlichen und umgekehrt?

2. Wie nehmen die am Programm teilnehmenden Jugendlichen das andere Land wahr, an welchen Stereotypen halten sie fest? Verändert sich im Laufe der Begegnung ihre Wahrnehmung?

## Die Methode der Studie

Um derartige Erfahrungen messen zu können, wie es in ethnografischen Studien üblich ist, wurden während der Forschungsphase beide Gruppen, die an den Delegationen teilnahmen, beobachtet. Der Zeitraum erstreckte sich vom Beginn des Vorbereitungsprozesses über das Aufeinandertreffen der Gruppen in Berlin bis zum nachbereitenden Treffen. Diese Phase umfasste die gesamte Zeit des Aufenthaltes der Delegation in Berlin. Zu den drei Zeitpunkten – vor dem Austausch, während des Austauschs und danach – wurden mit zwölf Jugendlichen, sechs aus der deutschen Gruppe und sechs aus der israelischen Gruppe, Tiefeninterviews geführt. Insgesamt wurden also zu den drei Zeitpunkten 36 Interviews geführt.

## Resultate und Schlussfolgerungen

Die Resultate der Studie zeigen deutlich, dass die Gruppen aus Deutschland und Israel zu Beginn ihrer Begegnung über bestimmte Wahrnehmungen und Stereotype verfügten. Der Prozess, den die Teilnehmer/innen der Begegnung durchmachten, zeigt, wie sich ihre Wahrnehmungen und Stereotype veränderten, während sie sich auf Grundlage des gegenseitigen Kennenlernens eine Meinung bildeten, die sich auch festigte. Sowohl die israelische als auch die deutsche Gruppe durchlebten bestimmte Prozesse und die Erfahrung einer besonderen Begegnung, wobei Unterschiede in den Erfahrungen der beiden Gruppen bestehen. Diese Asymmetrie zwischen beiden Gruppen ist auf vier Ebenen erkennbar: im Vorbereitungsprozess auf die Delegation, in den Erwartungen, in der Auswahl des begleitenden Teams und in der Repräsentativität.

## Einleitung: Die Beziehungen zwischen Israel und Deutschland

Zwischen der Bundesrepublik Deutschland und Israel hat es nicht wenige Versuche gegeben, neue Beziehungen zu knüpfen. Die Beziehung zwischen Israel und Deutschland wird von Diplomat/innen und Politiker/innen, Journalist/innen und Akademiker/innen als „besondere", sogar „anormale" Beziehung bezeichnet. Trotz der Schwierigkeiten wurden im Laufe der Jahre zwischen Deutschland und Israel auf vielen Gebieten, insbesondere im wirtschaftlichen und wissenschaftlichen Bereich sowie im Rahmen des interkulturellen Austauschs, zahlreiche Kooperationen eingegangen. Dennoch und obgleich seit der Etablierung der Beziehungen zwischen den Ländern und der Aufnahme ihrer fruchtbaren Zusammenarbeit Jahrzehnte vergangen sind, verliert diese Beziehung nicht ihren „besonderen" Platz.[3]

Jeder der beiden daran beteiligten Staaten gründet seine Identität auf seine historische Vergangenheit, wobei ein permanenter Konflikt bezüglich der Inhalte besteht, die jeder der beiden Staaten im eigenen Interesse fördern und ins Gedächtnis rufen möchte und solcher, die er lieber vergessen würde.[4] Nach dem Zweiten Weltkrieg bedeutete in Deutschland jedes Abkommen zur Festlegung der politischen Linie in bestimmtem Maße eine Reaktion oder Schlussfolgerung aus der verheerenden Realität, die Deutschland zuvor herbeigeführt hatte.[5] Mit den Jahren gelang es Deutschland, die nachfolgenden Generationen zu einem Bewusstsein, zur Überwindung von Vorurteilen, zu Zivilcourage und Demokratie zu erziehen.[6] In Israel spiegeln viele Symbole und Zeremonien das gesellschaftliche Trauma der Shoah wider. Dies ist bedeutend für die Herausbildung des kollektiven Bewusstseins und der israelischen Identität.[7] In der israelischen Realität ist die äußere Bedrohung ein konsolidierender und vereinigender Faktor, weshalb der Wert des Nationalismus untrennbarer Bestandteil der mit ihm verwobenen nationalen Identität wurde.[8]

Im Laufe der Jahre haben beide Seiten viele Anstrengungen unternommen, sich anzunähern. Die Jugenddelegationen sind seit über fünfzig Jahren eine zentrale Komponente in diesem deutsch-israelischen Annäherungsprozess. Mehr als 500.000 Mädchen und Jungen beider Länder haben bereits am Austauschprojekt teilgenommen.[9] Für die deutsch-israelischen Delegationen sind zwei Organisationen zuständig: Auf der deutschen Seite ist seit zehn Jahren ConAct führend in der Koordination und finanziert jährlich Dutzende Jugenddelegationen. ConAct ist Vorreiter und zentraler Initiator, wenn es um den Aufbau von Partnerschaften und die Förderung von Austauschprogrammen, die Zusammenstellung von Jugenddelegationen und den deutsch-israelischen Länderaustausch geht. Auf israelischer Seite besteht der Beschluss, eine öffentliche Behörde für den Jugendaustausch und die Delegationen zu gründen.[10] Jedoch wurde bislang aus Kostengründen kein vergleichbares Koordinierungszentrum gegründet. Stattdessen dient der Öffentliche Rat für den Austausch von Jugendlichen und jungen Erwachsenen als Koordinierungsbüro für sämtliche Jugenddelegationen, die weltweit in die Länder reisen, mit denen Israel Beziehungen unterhält. Die definierten Ziele der Jugenddelegationen halten fest, dass die deutsche und israelische Regierung den Dialog der Jugendlichen ihrer Länder als zentralen Baustein im Prozess des gegenseitigen Kennenlernens und der Annäherung beider Länder erachtet. Denn beide Staaten glauben an die Gestaltung eines gemeinsamen Bewusstseins der Jugendlichen und jungen Erwachsenen durch einen Diskurs, der die Geschehnisse der Vergangenheit berücksichtigt und doch den Blick schwerpunktmäßig auf die Zukunft richtet.[11]

**Ziel der Studie: Methodik und Hintergründe**

Das Hauptziel der Studie besteht darin, die Erfahrungen der Jugendlichen zu beschreiben, die am deutsch-israelischen Austauschprogramm teilnahmen und darüber hinaus zu erläutern, welche Prozesse bei den Jugendlichen einer Gruppe und während der interkulturellen Interaktion zwischen den Jugendlichen beider Gruppen abliefen. Es handelt sich um eine qualitative Studie, denn diese Herangehensweise eignet sich am besten, um Erfahrungen der Wirklichkeit zu erfassen – in dem Fall die Erfahrungen der Teilnehmer/innen.[12] Bei den Personen, die Gegenstand dieser Arbeit sind, handelte es sich um eine gemeinsame Austauschdelegation des Berliner Bezirks Pankow und der Stadt Tel Aviv-Jaffa. Der Delegation gehörten 13 Jugendliche aus Berlin und zwölf Jugendliche aus Tel Aviv an. Die Studie begleitete die Jugendlichen beider Länder während ihrer ersten Begegnung im August 2010 in Berlin, die sich über zehn Tage erstreckte. Die Analyse der Studie wurde nach Beendigung des Programms und nach Abschluss der Materialsammlung erstellt. Die Analyse schloss 36 Interviews sowie diverse Materialien aus Gruppenarbeiten, Notizen, Aufnahmen und Fotos ein.

Die Schlussfolgerungen der wissenschaftlichen Arbeit sollen Politiker/innen und Entscheidungsträger/innen in der deutschen und israelischen Regierung authentische und bedeutende Informationen an die Hand geben. Die Schlussfolgerungen können auf die Planung von und den Umgang mit Delegationen des deutsch-israelischen Austauschs im Besonderen angewandt werden sowie im Allgemeinen auf ähnliche Delegationen des internationalen Austauschs.

**Die Präsentation der Resultate: Diskussion und Analyse**

Sowohl die deutsche als auch die israelische Gruppe machten im Rahmen des Austauschprogramms eine Reihe von Erfahrungen. In diesem Kapitel wird der von jeder einzelnen Gruppe durchlaufene Prozess geschildert und zwar anhand der relevanten, sich während der Studie ergebenden Problemstellungen. Diese Problemstellungen umfassen verschiedene Themen wie beispielsweise die Art und Weise der Vorbereitung, die Erwartungen an die Delegation, den Charakter des Teams, das die jeweilige Gruppe begleitete, und die moralisch-ethische Einstellung der Teilnehmer/innen dazu, in welcher Weise sie ihre Länder repräsentierten.

**1. Die Erfahrungen der deutschen Gruppe**

Die deutsche Gruppe setzte sich aus 13 Mädchen und Jungen zusammen, die im Berliner Bezirk Pankow leben, und aus zwei Begleiter/innen des Programms, die Elemente der non-formalen Pädagogik einsetzten. Die Begleiter/innen leisteten die Arbeit seit einigen Jahren freiwillig und waren von deren Bedeutung zutiefst überzeugt. Sie hatten bereits während mehrerer Austauschprogramme Erfahrungen gesammelt und wussten zudem viel über israelische Landeskunde. Mit Interessenten/innen für das Programm füh-

ren die Begleiter/innen grundsätzlich erst einmal Bewerbungsgespräche durch, bei denen die Motive für eine Teilnahme am Programm geklärt werden. Ein entscheidendes Kriterium für die Teilnahme ist das Maß der Neugier auf das interkulturelle Programm. Die Vorbereitungsphase vor dem Zusammentreffen der israelischen und der deutschen Gruppe in Berlin umfasste drei Treffen. Dazu gehörten ein erstes Kennenlernen der deutschen Gruppe und ein dreitägiges Vorbereitungsseminar, in dem die Teilnehmer/innen ihre erste Bekanntschaft vertieften. Inhaltlich ging es dabei einerseits um die Auseinandersetzung mit ihrer persönlichen Identität, ihrer Gruppenidentität und der gesellschaftlichen Identität in Deutschland. Die Teilnehmer/innen erörterten aber auch, wie jüdische Identität definiert ist, machten sich kurz mit der israelischen Kultur vertraut und sprachen darüber, wer Jüdin/Jude und wer, im Vergleich dazu, Israeli ist.

Die deutschen Begleiter/innen sahen als Ziel ihrer Gruppe, nach einer interkulturellen Beziehung mit Israel und Israelis zu streben, wobei den Teilnehmer/innen die Bedeutung dieser Beziehung im Schatten der gemeinsamen Vergangenheit verständlich sein sollte. Aus den Interviews, die in der ersten Runde vor dem Treffen der Delegation in Deutschland stattfanden, ging hervor, dass die Jugendlichen die Erwartung hegten, neue Freundinnen und Freunde zu finden, mit ihnen Zeit zu verbringen und eine neue Kultur kennenzulernen. Israelis an sich wurden von der Mehrheit der Jugendlichen als „warmherzige Leute mediterranen Typs" geschildert. Bei den Erwartungen war am hervorstechendsten, dass ihnen die Israelis als Teenager aus einem anderen Land ähnlich seien und sie zusammen viele Gemeinsamkeiten entdecken würden.

**Michal Maroz**

Geb. 1980 in Ramat Gan, Israel; 1999-2001 Dienst in der Israelischen Armee (Pädagogische Arbeit mit Kindern); 2006 B.A. in Soziologie/ Anthropologie und in Geographie/ Umweltwissenschaften an der Universität Haifa; 2006-2007 Freiwillige des Don Bosco Clubs in Köln-Mühlheim; 2009-2012 Bundesjugendleiterin bei der Zionistische Jugend in Deutschland, 2012 M.A. in Erziehungswissenschaften an der Universität Haifa; Masterarbeit zum Deutsch-Israelischen Jugendaustausch an der Universität Haifa in Kooperation mit der Hochschule für Jüdische Studien Heidelberg; 2012- 2013 Bildungsreferentin Internationale Begegnungsstätte Beit Ben Yehuda, Jerusalem.

Während des nachbereitenden Seminars wurden die Jugendlichen zu ihren Erfahrungen erneut befragt. Aus diesen Interviews ging hervor, dass sich die von ihnen an die Begegnung gestellten Erwartungen nicht erfüllt hatten. Entgegen ihrer Erwartungen hatten sie ihre Verschiedenheit entdeckt, und je näher die beiden Gruppen sich kennenlernten, desto mehr nahmen sie die kulturelle Kluft zwischen sich wahr.

Während der ersten Interviews brachten die deutschen Jugendlichen auch Befürchtungen hinsichtlich der Begegnung zum Ausdruck. Es wurde deutlich, dass sie sich beschämt fühlen und es ihnen unangenehm sein würde, wenn das Gespräch auf die Vergangenheit käme. Die Jugendlichen äußerten Ängste vor einer Diskussion über die Shoah im Beisein der israelischen Jugendlichen. Ebenso äußerten alle Teilnehmer/innen Bedenken hinsichtlich der Aufnahme der ihnen unbekannten Jugendlichen bei sich zu Hause. Sie befürchteten, „nicht miteinander klarzukommen".

**2. Die Erfahrungen der israelischen Gruppe**

Zu der israelischen Gruppe zählten zwölf Teilnehmer/innen aus zwei Schulen in Tel Aviv-Jaffa, wovon sich eine im Süden und die andere im Norden der Stadt befindet. Jedes Jahr begleiten andere Lehrer/innen das Programm, sodass die Begleitpersonen mit dem Themenbereich noch nicht vertraut sind. In den Vorbereitungstreffen für die Delegation erzählte die Geschichtslehrerin den Jugendlichen über das Deutschland während der Zeit des Krieges im Vergleich zum Deutschland von heute. Der Prozess konzentrierte sich auf die Aneignung formalen Wissens, auf die sicherheitstechnische Vorbereitung der Reise und die Vorbereitung auf einen Diskurs in Sachen israelische Öffentlichkeitsarbeit im Ausland. Wie oben erwähnt, ist Nationalismus in Israel zentraler Bestandteil der nationalen kollektiven Identität,[13] wobei es scheint, dass die Dominanz dieses Wertes im Rahmen der Austauschprogramme verstärkt zum Ausdruck kommt. Schon in der ersten

Interviewrunde sprachen die meisten Jugendlichen davon, dass sie Verantwortung und Verpflichtung sowohl gegenüber dem Staat Israel als auch gegenüber ihrer Schule empfänden und sie deswegen angehalten seien, sich dementsprechend zu verhalten und Israel auf eine positive Art und Weise zu vertreten. Das Gefühl der Verpflichtung nahm bei den Schülern/innen bereits während des Vorbereitungsprozesses Form an, nachdem ihnen ihr repräsentativer Status als „Botschafter/in Israels" auf verschiedenen Wegen deutlich gemacht worden war. Bereits in der ersten Phase – der Aufnahme in die Delegation – wurde an zahlreichen Punkten erkennbar, dass das Repräsentieren des Staates und die „Tätigkeit als Botschafter/in" im Alltag der Teilnehmer/innen als bestimmende Faktoren gegenwärtig waren.

Das Prinzip des Repräsentierens war während der gesamten Reise der Delegation präsent und stellte bei den Treffen in jeder Phase eine wesentliche Komponente dar. Dieses Prinzip war auch den begleitenden Lehrern/innen gegenwärtig, die in vielfacher Weise den Jugendlichen die Bedeutung ihres Status als Vertreter/innen des Staates Israel ins Gedächtnis riefen. Während der Begegnung in Berlin kommentierten die begleitenden Lehrer/innen sogar das Verhalten der Jugendlichen, sobald sie das Gefühl hatten, es sei unpassend oder nicht repräsentativ. Die Lehrer/innen sprachen die Schüler/innen dazu sowohl direkt am Rand von Gesprächen in Kleingruppen an als auch durch Flüstern auf Hebräisch, im großen Gruppenforum. Die Lehrer/innen forderten die Schüler/innen dazu auf, „das Land nicht zu beschamen", und erinnerten die Schüler/innen daran, sich über Israel positiv zu äußern. Die immense Erwartung der Lehrer/innen an die israelischen Jugendlichen, mit der Delegation das Land zu repräsentieren, war zwar zu den Jugendlichen durchgedrungen, ließ allerdings die ursprünglichen Ziele und Bestimmungen verschwimmen, die das besondere Verhältnis zwischen den beiden Ländern und das Entstehen zwischenmenschlicher und interkultureller Beziehungen betrafen.

Die Erwartungen der Jugendlichen an die Teilnahme am Austauschprogramm liefen hauptsächlich darauf hinaus, den Besuch in Deutschland zu genießen. Mit Deutschland assoziierten sie einen kalten und antisemitischen Staat. Ihr typisches Vorstellungsbild von den deutschen Einwohnern war „kalte blonde Menschen" und sogar „Nazideutsche". Während der Interviews äußerten die israelischen Jugendlichen, dass sie befürchteten, Antisemitismus aufzudecken. Ihre größten Bedenken betrafen jedoch die Unterbringung in den Wohnungen der Deutschen. Während der Reise der Delegation erwiesen sich die Befürchtungen der Jugendlichen zunehmend als falsch, was die Aufdeckung von Antisemitismus anging. Jedoch blieben die Bedenken hinsichtlich der Unterbringung während des gesamten Programms bestehen. In dieser Zeit konnten die israelischen Jugendlichen ihre Wahrnehmung Deutschlands und der Deutschen überprüfen, und tatsächlich standen danach Assoziationen wie „kalte blonde Menschen" und „Nazideutsche" nicht länger im Mittelpunkt ihres Bewusstseins. Als die israelischen Jugendlichen in einem Interview nach Abschluss des Delegationsprogramms erneut nach ihren Assoziationen zu Deutschland gefragt wurden, zeigten sie eine veränderte Sicht auf das besuchte Land. Die Teilnahme an der Delegation und ihre dabei gemachten Erfahrungen schienen ihre Assoziationen zu Deutschland und den Deutschen beeinflusst zu haben. Im Gegensatz zur deutschen Gruppe entdeckte die israelische Gruppe zu ihrem Erstaunen, dass ihnen die deutschen Jugendlichen viel ähnlicher waren als vor dem Austausch vermutet. Das Erlebnis im Allgemeinen brachte sie einer neuen Begriffswelt näher, die assoziativ unbedingt mit ihrer Teilnahme an der Delegation und ihrem Aufenthalt in Berlin verknüpft war.

### Zusammenfassung der Resultate

Bei der Analyse der Resultate ergeben sich Punkte, die Ähnlichkeiten und Unterschiede zwischen den Gruppen deutlich machen. Sie sind für die gemeinsamen Erfahrungen während des Programms entscheidend. Beide Gruppen, die deutsche und die israelische, hatten am gleichen Austauschprogramm teilgenommen. Es scheint jedoch, dass die israelische Gruppe die gemeinsame Delegation und das gesamte Programm anders, sogar entgegengesetzt wahrgenommen hatte, als die deutsche Gruppe. Hier ist eine Asymmetrie in den Zielen einer solchen Delegation erkennbar, die im Folgenden aufgezeigt werden soll:

### 1. Asymmetrie bei der Vorbereitung auf die Reise der Delegation

Bereits beim Vorbereitungsprozess der Gruppen auf die Begegnung wurden Unterschiede erkennbar, da die Schwerpunkte auf unterschiedliche Inhalte gelegt wurden. Die deutschen Jugendlichen wurden mit Inhalten vertraut gemacht, die mit der persönlichen Identität zusammenhingen. Sie erhielten Informationen zur israelischen Kultur und diskutierten über Fragen wie beispielsweise, was Schuld und Verantwortung im historischen Kontext heißt. Demgegenüber erfuhren die israelischen Jugendlichen etwas über Deutschland während des Krieges im Vergleich zum Deutschland von heute, nahmen an einem Workshop des Außenministeriums zur israelischen Öffentlichkeitsarbeit im Ausland teil und erhielten Instruktionen zu ihrer Sicherheit. Die Kluft zwischen den Inhalten des Vorbereitungsprozesses auf die Delegation führte zu einer unterschiedlichen Kommunikation zwischen den jungen Leuten beider Seiten wie auch in den Motiven für die Entstehung einer Beziehung.

### 2. Asymmetrie der Erwartungen

Die Jugendlichen beider Seiten wurden zu mehreren Zeitpunkten hinsichtlich ihrer Erwartungen an die Delegation befragt. Ihre Antworten belegen eine unterschiedliche Auffassung der Gruppen von den Zielen der Delegation. Während die deutsche Gruppe an der Entstehung von interkulturellen Beziehungen interessiert war, interessierte sich die israelische Gruppe mehr für Konsum und touristische Aktivitäten. Häufig zog sich die israelische Gruppe in sich zurück, was den Deutschen das Knüpfen von Beziehungen erschwerte. Die Erwartungen der deutschen Delegation wurden enttäuscht. Es schien, als seien die deutschen Jugendlichen während der gemeinsamen Reise und sogar darüber hinaus enttäuscht gewesen - von der Kluft zwischen den Erwartungen im Vorfeld und der eigentlichen Begegnung. Die deutschen Jugendlichen hatten erwartet, dass ihnen die israelischen Jugendlichen ähnlich seien und sie viele Gemeinsamkeiten finden könnten. Mit der Zeit entdeckte die deutsche Gruppe jedoch, dass sich die israelische Gruppe in hohem Maße von ihnen unterschied, zumindest was das Interesse und die Motivation zum Knüpfen von Beziehungen betraf.

Im Vergleich dazu waren die israelischen Jugendlichen mit der Befürchtung belastet gewesen, Antisemitismus aufzudecken und ihre Assoziationen bestätigt zu sehen, die die Deutschen als „hartherzig" und „kalt" charakterisierten. Zu Programmende zeichnete sich ab, dass die israelischen Jugendlichen das Gefühl hatten, die Deutschen seien ihnen ähnlich. Diese dramatische Veränderung führte zu einer asymmetrischen Situation bis hin zur Umkehrung: Zu Beginn waren die Wahrnehmungen durch eine Asymmetrie charakterisiert gewesen, was die Erwartung an eine bestimmte andere Person betraf. Das bestätigte sich dann nicht, doch zeigte sich am Ende des Programms eine Umkehrung in den Vorstellungsbildern, als jede Gruppe die andere so wahrnahm, wie die andere Gruppe sie anfangs wahrgenommen hatte.

### 3. Asymmetrie bei der Wahl des begleitenden Teams

Die Begleiter/innen der deutschen Delegation wandten Methoden der non-formalen Bildung an. Demgegenüber waren die Begleiter/innen der israelischen Gruppe Lehrer/innen an den Schulen der Delegationsteilnehmer/innen. Die Tatsache, dass die Begleiter/innen der Delegation zwei unterschiedliche pädagogische Konzepte einsetzten, ließ bei der Leitung der Gruppe zwangsläufig eine bestimmte Asymmetrie entstehen: Die israelische Gruppenleitung wandte Methoden der formalen Bildung an, hatte eine Lehrer-Schüler-Beziehung, die zwischen den Delegationsmitgliedern und begleitenden Lehrern/innen präsent war. Demgegenüber wandte die Leitung der deutschen Teilnehmer/innen Methoden der non-formalen Bildung an, bei denen der Diskurs zwischen Begleitern/innen und Teilnehmern/innen offen, „auf Augenhöhe" geführt wurde. Darüber hinaus nehmen die Begleiter/innen der deutschen Delegation ständig an Programmen dieser Art teil, während die Begleiter/innen der israelischen Delegation zufällig dazu gekommen waren.

### 4. Asymmetrie beim Repräsentieren

Während des gesamten Programms wurde deutlich, dass die deutschen und israelischen Jugendlichen auf verschiedene Weise mit dem Gefühl behaftet waren, eine repräsentative Rolle innezuhaben. In der israelischen Gruppe war die Repräsentierung des Staates zentraler Faktor und Leitmotiv, was die Jugendlichen darin reglementierte, in vollem Umfang authentisch zu sein. Ihr persönliches Ausdrucksvermögen wurde eingeschränkt und dominiert von dem Zwang, den Staat Israel repräsentieren zu müssen, wozu die israelischen Lehrer/innen ihre Schüler/innen ermahnten und sie „anspornten", ihren Status nicht zu vergessen. Anders bei den deutschen Jugendlichen, die dazu nicht aufgefordert wurden. Vielmehr sollten sie sich auf authentische Weise einbringen und versuchen, einen tiefgehenden und interessanten interkulturellen Dialog mit den Israelis zu führen. Die Asymmetrie in diesem Bereich wurde dadurch reflektiert, dass die schwere Verantwortung weiterhin auf den Schultern der israelischen Jugendlichen lastete, was die Entstehung einer authentischen Beziehung und die Möglichkeit für eine echte Begegnung zwischen den Jugendlichen beider Gruppen einschränkte.

### Schlussfolgerungen und Empfehlungen

Aus den Schlussfolgerungen dieser wissenschaftlichen Arbeit lassen sich einige Empfehlungen ableiten, deren Umsetzung symmetrische interkulturelle Begegnungen beim Austausch ermöglichen würde. Ein

Schwerpunkt auf die folgenden Punkte scheint von Bedeutung:

### 1. Die Begleitung der Gruppen

Für eine möglichst symmetrische Anleitung beider Gruppen sollten Gruppenleiter/innen ausgewählt werden, die über eine ähnliche Weltanschauung verfügen und aus ähnlichen pädagogischen Bereichen kommen, ob formeller oder non-formaler Art. Ebenso sollte das begleitende, am Programm teilnehmende Team beständig sein und dadurch Erfahrung für künftige Programme sammeln. So wird die Gruppe von Begleitern/innen profitieren, die im Bereich Delegationen und interkultureller Dialog zwischen Deutschland und Israel über einen reichen Erfahrungsschatz verfügen. Darüber hinaus ermöglicht die Beständigkeit der Begleiter eine gestaltungsreiche bilaterale Team-Arbeit.

### 2. Die Einrichtung eines israelischen Koordinierungsbüros

Es besteht ein gesetzlich bereits angenommener Beschluss aus dem Jahr 2008, eine öffentliche Behörde für den Jugendaustausch und die Delegationen zu gründen, die Einrichtung eines israelischen Koordinierungsbüros für den Austausch deutsch-israelischer Jugendlicher und junger Erwachsener ist daher notwendig. Die beauftragte Behörde hat ihre Arbeit bisher noch nicht aufgenommen, und der Rat für den Austausch von Jugendlichen und jungen Erwachsenen, der statt ihrer existiert, befasst sich mit dem deutsch-israelischen Jugendaustausch lediglich neben seinen übrigen Aufgaben im weltweiten Jugendaustausch. Die Schlussfolgerungen dieser Studie weisen auf die bedeutende Rolle eines qualifizierten, professionellen Koordinierungsbüros auf diesem besonderen Gebiet hin, wie es bereits in Deutschland besteht. Hier kann es den Rahmen, die Instrumente und die fachliche Vorbereitung bieten, um qualifizierte Gruppen zusammenzustellen, die um ihre einzigartige Bedeutung und ihren spezifischen Beitrag wissen, die die eigentliche Bestimmung der gemeinsamen deutsch-israelischen Delegationen sind.

---

1. Hexel, Ralf: Meinungsumfrage. Einstellung der Israelis gegenüber Deutschland, Herzliya 2009.

2. Mähler, Christine: „Vergangenheit - Gegenwart - Zukunft. Zum deutsch-israelischen Jugendaustausch", in: Tribüne 173 (2005), S. 122 – 136.

3. Pallade, Yves: Germany and Israel in the 1990s and Beyond: Still a 'Special Relationship'?, Europäische Hochschulschriften Band 518, Frankfurt am Main 2005.

4. Olick, Jeffrey K.: "Review on: Maier, S. C., 1988. The Unmasterable Past: History, Holocaust, and German National Identity", in: Theory and Society 21,2 (1992), S. 290 – 298.

5. Olick, Jeffrey K./Levy, Daniel: "Collective Memory and Cultural Constraint: Holocaust Myth and Rationality in German Politics", in: American Sociological Review 62,6 (1997), S. 921 – 926.

6. Braham, Randolph L.: The Treatment of the Holocaust in Textbooks: The Federal Republic of Germany, Israel, the United States of America, New York 1987.

7. Shapira, Anita: "השואה: זכרון פרטי וזכרון ציבורי (dt.: Die Shoah: Individuelle und kollektive Erinnerung)", in: Zmanim 57 (1996), S. 4 – 13.

8. Ya'alon, Moshe: "על הלאומיות (dt.: Über den Nationalismus)", in: Im Tirzu (März 2009), S. 8f.

9. Mähler, Christine, „Vergangenheit - Gegenwart - Zukunft. Zum deutsch-israelischen Jugendaustausch", S. 122 – 136.

10. Vgl. Gesetz zur öffentlichen israelischen Behörde für den Austausch von Jugendlichen und jungen Erwachsenen, 2008.

11. ConAct – Koordinierungszentrum Deutsch-israelischer Jugendaustausch/Israel Youth Exchange Authority: Gemeinsame Bestimmungen für die Durchführung und Förderung des Deutsch-Isra-

elischen Jugendaustausches, Lutherstadt Wittenberg 2011.

12 Shkedi, Asher: מילים שמנסות לגעת, מחקר איכותני תיאוריה ויישום (dt.: Worte, die berühren möchten - qualitative Forschung, Theorie und Umsetzung), Diunon Universität Tel Aviv 1997.

13 Ya'alon, Moshe: "על הלאומיות" (dt.: Über den Nationalismus)", in: Im Tirzu (März 2009), S. 8f.

## Literaturhinweise

- Braham, Randolph L.: The Treatment of the Holocaust in Textbooks: The Federal Republic of Germany, Israel, the United States of America, New York 1987.

- ConAct – Koordinierungszentrum Deutsch-israelischer Jugendaustausch / Israel Youth Exchange Authority: Gemeinsame Bestimmungen für die Durchführung und Förderung des Deutsch-Israelischen Jugendaustausches, Lutherstadt Wittenberg 2011. Online zugänglich unter: http://www.conact-org.de/index.php?id=69 (letzter Zugriff am 2.04.2015).

- Hexel, Ralf: Meinungsumfrage. Einstellung der Israelis gegenüber Deutschland, Herzliya 2009. Online zugänglich unter: http://www.fes.org.il/src/File/PublikationUmfrage%281%29.pdf (letzter Zugriff am 2.04.2015).

- Mähler, Christine: „Vergangenheit - Gegenwart - Zukunft. Zum deutsch-israelischen Jugendaustausch", in: Tribüne 173 (2005), S. 122 – 136.

- Shapira, Anita: "השואה: זכרון פרטי וזכרון ציבורי" (dt.: Die Shoah: Individuelle und kollektive Erinnerung)", in: Zmanim 57 (1996), S. 4 – 13.

- Shkedi, Asher:מילים שמנסות לגעת, מחקר איכותני תיאוריה ויישום (dt.: Worte, die berühren möchten - qualitative Forschung, Theorie und Umsetzung), Diunon Universität Tel Aviv 1997.

- Olick, Jeffrey K.: "Review on: Maier, S. C. ,1988. The Unmasterable Past: History, Holocaust, and German National Identity", in: Theory and Society 21,2 (1992), S. 290 – 298.

- Olick, Jeffrey K./Levy, Daniel: "Collective Memory and Cultural Constraint: Holocaust Myth and Rationality in German Politics", in: American Sociological Review 62,6 (1997), S. 921 – 926.

- Pallade, Yves: Germany and Israel in the 1990s and Beyond: Still a 'Special Relationship'?. Europäische Hochschulschriften Band 518, Frankfurt am Main 2005.

- Ya'alon, Moshe: "על הלאומיות" (dt.: Über den Nationalismus)", in: Im Tirzu, (März 2009), S. 8f. Online zugänglich unter: http://imti.org.il/Uploads/IMTI_01.pdf (letzter Zugriff am 7.04.2015).

# Leben und Lernen im Austausch revisited –
## Reflexion einer Studie des Bayerischen Jugendrings zu bayerisch-israelischen Jugendbegegnungen

**Juliane Niklas**

Die Internationale Jugendarbeit hat mitunter ein Rechtfertigungsproblem – sie kostet, aber was ist ihr Nutzen? Bei der Beantwortung dieser Frage sollen wissenschaftliche Studien helfen, die die positiven Auswirkungen von internationalen Begegnungen belegen. Unabhängig vom Forschungsdesign und der jeweiligen Ausrichtung bescheinigen diese Studien dem Austausch durchweg positive Wirkungen auf unterschiedlichsten Ebenen.

Der Bayerische Jugendring (BJR) erstellte in den Jahren 2005 bis 2008 die Studie „Leben und Lernen im Austausch. Der Jugend- und Schüleraustausch Bayern-Israel. Ergebnisse einer wissenschaftlichen Evaluation". Auch hier werden positive Wirkungen beschrieben: Die Untersuchung zeigte unter anderem, dass der Jugend- und Schüleraustausch Bayern-Israel einen wichtigen „Baustein in der Biographie der jungen Menschen, ihrer sozialen und ihrer schulisch/beruflichen Entwicklung darstellt."[1]

Bisherige Studien waren selten länderspezifisch ausgerichtet. Das Besondere an der BJR-Studie ist, dass der Austausch mit Israel gesondert betrachtet wird. Und dafür gibt es Gründe. „Normale Beziehungen zwischen Deutschland und Israel", schrieb der bekannte israelische Schriftsteller Amos Oz in einem Essay über beide Länder,[2] „sind nicht möglich und nicht angemessen". „Normale Beziehungen", so Oz weiter, „können zwischen Norwegen und Neuseeland bestehen oder zwischen Uruguay und Sri Lanka."[3] Deutsch-israelische Beziehungen aber haben tatsächlich einen besonderen Charakter: Die Beschäftigung mit Fragen des Verhältnisses zwischen beiden Ländern kann nur vor dem Hintergrund der Shoah geschehen. Im Folgenden soll gezeigt werden, wo dieser Gedanke im Austausch bereits verankert ist und wo es noch Potenzial gibt.

### Antisemitismus

In der bisherigen Austauschforschung[4] wurden die Themenkomplexe Erinnern/Gedenken und Antisemitismus ausgeblendet. Die Untersuchung des BJR geht auch auf diese Aspekte ein. Dass zur Befragung auch ein gesonderter Fragebogen zu Antisemitismus gehörte, ist einmalig in der bisherigen bundesdeutschen Austauschforschung. Generell liegen Forschungsarbeiten zur Verbreitung von Antisemitismus unter Jugendlichen kaum vor.[5] Es war deshalb im Interesse des BJR, im Rahmen der Studie die Wirkungen des Austauschs auf die Einstellungen junger Menschen zu untersuchen. Je nach Herkunftsland wurden zwei unterschiedliche Fragenkomplexe in die Gesamtbefragung integriert. Bei den bayerischen

Jugendlichen interessierten mögliche antisemitische Ressentiments,[6] bei den israelischen Jugendlichen ihre Einstellung zu Deutschland. Die Ergebnisse wurden in die Printversion aufgenommen, eine vertiefte Analyse fand jedoch nicht statt. Insgesamt ließ sich feststellen, dass die befragten teilnehmenden Jugendlichen im Vergleich mit der alle Altersgruppen umfassenden Heitmeyer-Studie in deutlich geringerem Umfang antisemitischen Aussagen zustimmen. Das wundert nicht, sondern lässt sich dadurch erklären, dass Jugendliche, die sich bewusst dafür entscheiden, an einem Israelaustausch teilzunehmen, sich bereits im Vorfeld mit Israel und Antisemitismus auseinandergesetzt haben. Die Teilnahme an mehreren Begegnungen hat dann kaum noch Einfluss auf die Einstellung der Jugendlichen. Die Unterschiede zwischen den drei Befragungen (am Ende der Vorbereitung auf die erste Austauschbegegnung, am Ende der Nachbereitung der ersten Begegnung, am Ende der Nachbereitung der zweiten Austauschbegegnung) sind verschwindend gering.

Das Problem bei solchen Einstellungsforschungen bleibt, dass aus den Ergebnissen nicht erkennbar ist, ob sie tatsächlich Einstellungen erheben oder doch lediglich eine Zustimmungsbereitschaft zu einzelnen Aussagen. Eine Zustimmung von Befragten in einem schriftlichen Fragebogen wird als Ausdruck einer grundsätzlichen Zustimmungsbereitschaft und als Ausdruck grundlegender Einstellungen interpretiert.[7] Ein wichtiges und sicher auch für alle Austauschaktiven relevantes Ergebnis von Schäubles Studie ist, dass die meisten Jugendlichen ihrem Anspruch nach nicht antisemitisch sein wollen. Ohne dass dies abgefragt wurde, kann vermutet werden, dass dies auf Jugendliche im Israelaustausch ebenso zutrifft.

### Gedenken

Nach Herrmann W. von der Dunk ist es ein Bedürfnis der Nachgeborenen, zu erinnern und zu gedenken: „Gedenken ist eine gleichsam natürliche Folge des genealogischen Interesses. Man weiß sich auf den Schultern des Ahnengeschlechts stehend. Die eigene Existenz ist nicht denkbar ohne seine Leistungen, weder in rein materieller und technischer, noch in geistiger Hinsicht. Das Gedenken ist eine Art Schuldenabtrag. Es liegt eine moralische Verpflichtung darin, die Überzeugungen und Ideale, die die, denen das Gendenken gewidmet ist, beseelten und die aus deren Taten sprechen, nicht zu verleugnen."[8] Das Gedenken gehört somit zu den kollektiven Formen der Aneignung von Geschichte und Herstellung von Identität (hierzu später mehr).

Heyl verweist zugleich auf die Schwierigkeit, „sich eine angemessene Weise vorzustellen, in der nichtjüdische Deutsche der jüdischen Opfer der Shoah gedenken."[9] Das gemeinsame Gedenken im Rahmen einer Jugendbegegnung oder eines Schüleraustauschs[10] mit Israel scheint vor diesem Hintergrund eine angemessene Form des Erinnerns zu sein. Tatsächlich ist ein gemeinsamer Gedenkstättenbesuch mit Gedenkzeremonie fester Bestandteil von bayerisch-israelischen Jugend- und Schülerbegegnungen. Für den Besuch einer Gedenkstätte ist jedoch eine entsprechende Vorbereitung unerlässlich. Eine absolute Mehrheit (81,5 %) der befragten Jugendlichen gab an, dass sie die Vorbereitung als wichtig erachten. Ebenso wird der Besuch der Gedenkstätte inklusive

**Juliane Niklas**
M.A., Studium der Pädagogik, Slavistik und Politikwissenschaft in Mainz, Moskau und Barnaul. Seit 2012 beim Bayerischen Jugendring Referentin für Internationale Jugendarbeit und Schüleraustausch mit Mittel- und Osteuropa und Israel, zuvor Pädagogische Mitarbeiterin beim Koordinierungszentrum Deutsch-Tschechischer Jugendaustausch Tandem. Mitarbeit beim „Förderprogramm Demokratisch Handeln". Veröffentlichungen u.a. zur Kritik eines essentialistischen Kulturverständnisses, zur Landeskunde Tschechien und zur deutsch-tschechischen Jugendarbeit gegen Rechts.

einer Gedenkfeier als wichtig erachtet. Inhalte der Gedenkfeiern sind meist das Singen bzw. Vortragen von Liedern, Gebeten, Zeitzeugenaussagen und Gedichten.[11]

Bodo von Borries gibt jedoch zu bedenken: „Wir müssen die Täter in den Blick bringen, und zwar nicht nur, weil man das Geschehen erst dann versteht, sondern weil das Wiederholungsrisiko auf der Täterseite liegt und nicht auf der Opferseite, das hat schon Adorno erkannt."[12] Im Gedenken erscheint es demnach sinnvoll, zumindest auf der Täterseite den Blick auch auf die Täter zu wenden. Die historische Erinnerung an die Täter müsse nicht mit dem Gedenken an die Opfer konkurrieren, sondern präzisiere gerade die kollektiv tradierte Verantwortung der Nachgeboren, konstatiert Heyl.[13] Dieser Gedanke scheint bei deutsch-israelischen Jugendbegegnungen weniger eine Rolle zu spielen. Hier knüpfen sich weitere Überlegungen zum Gedenken in Einwanderungsgesellschaften an, das sei nur der Vollständigkeit halber erwähnt, ohne an dieser Stelle weiter darauf einzugehen.

**Problematik „Interkulturelle Kompetenz"**

Themen und erwünschte Wirkungsweisen der Internationalen Jugendarbeit unterliegen, so lässt sich die bisherige Austauschforschung zusammenfassen, einem zeitlichen Wandel und sind in hohem Maße an Trends orientiert. Stand in den Anfangszeiten nach dem Zweiten Weltkrieg die „Völkerverständigung" und Friedenserziehung im Vordergrund, geht es heute zumeist um Fremdsprachenkenntnisse und den Aufbau von Schlüsselkompetenzen, „die von Fach- und Führungskräften der Wirtschaft, der Politik, der Wissenschaft und anderen gesellschaftlichen Bereichen in einer globalisierten Welt gefordert werden."[14] „Interkulturelle Kompetenz" gilt spätestens seit den 1970er-Jahren als maßgebliches Element internationaler Begegnungen. Und das Thema „Interkulturelle Kompetenz" nimmt auch in der BJR-Studie einen großen Stellenwert ein. Das ist schade, weil in der Internationalen Jugendarbeit weitgehend ein bestimmter Ansatz des „Interkulturellen" verfolgt wird, der Kultur in einem essentialistischen Verständnis als in sich abgeschlossenen Ganzes („Kulturkreis") sieht und mit einer vermeintlichen

Abstammungsgemeinschaft („Volk","Ethnie") gleichsetzt.[15]

Auch die viel beachtete bundesweite Untersuchung „Erlebnisse, die verändern. Langzeitwirkungen der Teilnahme an internationalen Jugendbegegnungen" von 2007,[16] die als Vorbild für die bayerische Studie gesehen werden kann, belegte – bedingt durch diese Schwerpunktsetzung – besonders im Bereich „interkulturelle Kompetenzen" einen nachhaltigen Einfluss von Austauschmaßnahmen auf die Entwicklung junger Menschen. 62,3 % der Befragten gaben an, durch den Austausch Kompetenzen im Bereich Interkulturelles Lernen erworben zu haben. „Sowohl der Wissenserwerb über fremde Kulturen, die interkulturelle Sensibilisierung als auch die Interpretationsfähigkeit des fremdkulturellen Verhaltens wurden durch den Austausch gefördert."[17] Konzepte Interkulturellen Lernens jedoch, die mit Begrifflichkeiten wie „fremdkulturelles Verhalten" operieren, sind aus mindestens zwei Gründen problematisch:

Zum einen, weil vermeintliche Wissensbestände über die „Fremdkultur" als hinreichende Kompetenz im Umgang mit anderen vorgestellt werden. Zum anderen, weil allein durch Begrifflichkeiten wie „fremd" Menschen als andersartig klassifiziert werden. Dieser als „Othering" beschriebene sozialpsychologische Mechanismus ist eine der Grundlagen für Diskriminierung von Minderheiten oder auch von anderen Gruppen allgemein. Im Prozess des „Othering" findet eine betonte Unterscheidung und Distanzierung von „den Anderen" statt, sei es wegen des Geschlechts, der Religionszugehörigkeit, oder, wie häufig im binationalen Austausch, durch die nationale Zugehörigkeit.

Und dieser Annahme wird auch und gerade im internationalen Austausch Vorschub geleistet. Standardmäßig gehören „Kultur/Menschen des Partnerlands", „Kulturelle Besonderheiten des Partnerlands", „Mentalitätsunterschiede der bayerisch/israelischen Jugendlichen" zur Vorbereitung der Jugendlichen auf den Austausch.[18]

„Mentalität" und „Interkulturelles Lernen" als Konzepte wurden dabei nicht definiert. Aufgrund der Formulierungen lässt sich vermuten, dass „Kulturstandards" nach Alexander Thomas die Grundlage bilden, die von einer „Nationalkultur" ausgehen, also von Werten, Normen und Verhaltensmustern, die die Mehrheitsgesellschaft per Definition zu teilen hat. Dabei ist problematisch, dass multiple Sozialisations- und Persönlichkeitsbildungsprozesse ausgeblendet werden. „Mentalität" ist nach Luise Steinwachs keine zulässige Erklärung, weil damit versucht wird, dasjenige zu erklären, für das man sonst gerade kein Erklärungsmuster hat.[19] Mentalität ist dann das, was sich durch Mentalität erklären lässt.

Häufig werden mit den Begriffen „Kultur" und „Mentalität" eigenes Unverständnis oder Konfliktsituationen übergangen und so auf vereinfachte Erklärungsmuster zurückgegriffen. Die „Kultur" der Anderen („Fremden") führe eben dazu, dass sie („die") sich in bestimmten Situation so und so verhalten. Sozialisation wird hierbei naturalisiert, Kultur wird als unveränderliches und einzig verhaltensbestimmendes Merkmal angesehen und Konflikte werden schnell auf Kulturkonflikte reduziert, die mit mehr Wissen über die „Kultur" des Anderen vermeidbar wären.

Statt zu differenzieren und kontextspezifische Handlungslogiken zu erkennen, wird gerade im internationalen Kontext, so auch in der BJR-Studie, auf vereinfachte Erklärungsmuster wie „Mentalität" zurückgegriffen. Das Konzept „Mentalität" soll dazu dienen, nicht verständliche Situationen einzuordnen. Vordergründig geht es hier um Verständnis und Toleranz für Andere: Es wird postuliert, es gäbe bestimmte Gründe, dass „Angehörige einer Kultur" ein spezifisches Verhalten zeigen. Tatsächlich werden hier jedoch schnell Stereotype bedient und Ethnisierungen wird Vorschub geleistet.

Die Erziehungswissenschaftlerin Astrid Messerschmidt schreibt hierzu: „Mit der Behauptung kultureller Unvereinbarkeiten zwischen Bevölkerungsgruppen [oder auch zwischen Jugendgruppen im internationalen Austausch, Anm. d. Verf.] wird es möglich, Rassismus unsichtbar werden zu lassen, ihn gar für überwunden halten zu können und sich doch der im rassistischen Diskurs herausgebildeten Vorstellungen von den Identitäten Anderer zu bedienen. Kultur ist zum Schauplatz von Dichotomisierungen geworden, aktuelle Gegensätze werden entlang der Kulturachse angeordnet."[20]

Auch die BJR-Studie, in gewisser Weise dem Zeitgeist folgend, implizierte in vielen ihrer Fragestellungen zu „Kultur", es gäbe genau dann Konflikte, wenn zwei „Kulturen" aufeinanderstoßen. Tatsächlich zeigte sich, dass Konflikte innerhalb der Gruppe anders gelagert waren und sich nicht anhand der Trennlinie der Nationalität festmachen lassen. Darauf wurde in der Auswertung leider nicht eingegangen.

Bereits in der ersten Austauschbegegnung und interessanterweise noch stärker in der zweiten zeigt sich, dass ein Großteil der Probleme, die während der Begegnung bestehen, auf Meinungsverschiedenheiten zwischen einzelnen Teilnehmer/innen zurückgeführt werden.[21] Das wurde so möglicherweise nicht antizipiert. Die vorgegebenen Antwortmöglichkeiten in den Fragebögen jedenfalls waren so formuliert, dass sie Konflikte zwischen den Gruppen präsupponieren. Die Möglichkeit, dass die Jugendlichen so gut auf die „Kultur" der anderen Gruppe vorbereitet war, dass hier kein Konfliktpotenzial bestand, kann außer Acht gelassen werden. Vielmehr kann angenommen werden, dass die von den Fragestellern angenommen „kulturellen" Konflikte zwischen den beiden Nationalgruppen im Austauschalltag in dieser Form weniger vorkommen. Probleme oder Konflikte auf „Kulturunterschiede" zu schieben, ist also zu kurz gegriffen. Vielmehr sollte gerade in internationalen Begegnungen viel stärker berücksichtigt werden, dass die Persönlichkeitsbildung multiple Sozialisations- und Identitätsbildungsprozesse umfasst.

Die Teilnehmenden nämlich, so lassen sich die diesbezüglichen Ergebnisse der Studie interpretieren, erkennen sehr wohl, dass Konflikte, die während einer Begegnung natürlich vorkommen, viel stärker auf Persönlichkeit als auf „Kultur" zurückzuführen sind.[22]

### Kollektives Gedächtnis im deutsch-israelischen Austausch

Dabei darf aber nicht übersehen werden bzw. soll nicht in Abrede gestellt werden, dass es Unterschiede zwischen Menschen und Gruppen gibt. Es gibt Gruppen oder Kollektive, die bestimmte Merkmale teilen, wie zum Beispiel die Muttersprache oder eine gemeinsame Schulbildung, in der unter anderem auch ein bestimmtes Geschichtsbild tradiert wird. Ebenso gibt es

Gruppen, die über ein gemeinsam geteiltes Gedächtnis verfügen oder die eine gemeinsame Diskriminierungserfahrung eint. Die entscheidende Frage lautet also nicht, ob es kulturelle Unterschiede gibt. „Die bedeutsamere Frage lautet vielmehr:", so Paul Mecheril, „Unter welchen Bedingungen benutzt wer mit welchen Wirkungen ‚Kultur'?"[23] Weiterhin schlägt er vor, Kultur als faktische und imaginative Praxis der Erzeugung, Bewahrung und Veränderung von symbolischen Differenzen und sozialen Macht- bzw. Ungleichheitsverhältnissen zu verstehen. Diese Definition wäre in der Internationalen Jugendarbeit sicher hilfreicher als das teilweise vorherrschende essentialistische Kulturverständnis.

Im konkreten deutsch-israelischen Jugend- oder Schüleraustausch treffen Jugendliche nun aber viel weniger als Vertreter/innen einer „Nationalkultur" denn als Vertreter/innen eines Opfer- und eines Täterkollektivs aufeinander.[24] Um diese Diskrepanz begrifflich zu fassen, wird hier das Konzept des kollektiven Gedächtnisses nach Maurice Halbwachs empfohlen, als Oberbegriff für all jene Vorgänge, die eine Bedeutung für die wechselseitige Beeinflussung von Vergangenem und Gegenwärtigem in soziokulturellen Kontexten besitzen. Wie bereits oben erwähnt, könnten entsprechende Überlegungen in die gemeinsamen Gedenkzeremonien einfließen.

Das kollektive Erinnern funktioniert jedoch auch als kollektives Verdrängen, wie die Studie „Opa war kein Nazi. Nationalsozialismus und Holocaust im Familiengedächtnis" von Welzer, Moller und Tschuggnall eindrucksvoll zeigte.[25] Welzer u. a. fragten in ihrer Untersuchung danach, „was ‚ganz normale Deutsche' aus der NS-Vergangenheit erinnern, wie sie darüber sprechen und was davon auf dem Wege kommunikativer Tradierung an die Kinder und Enkelgenerationen weitergegeben wird."[26]

Fragen nach Tätern und Opfern, nach Schuld(abwehr) und Unschuld spielen derzeit in pädagogischen Konzepten im Austausch mit Israel keine große Rolle.

## Pädagogisches Potenzial des Austauschs mit Israel

Die Internationale Jugendarbeit landet in einer Sackgasse, wenn sich die Frage stellt, welche Art von Lernerfahrungen überhaupt darstellbar ist. Weil Fremdsprachenkenntnisse messbar sind, Wissen relativ einfach abgefragt werden kann und Berufseinmündungen statistisch gut erfassbar sind, droht die Internationale Jugendarbeit ihr eigentliches Ziel aus den Augen zu verlieren: Bildung. Bildung ist dem Erziehungswissenschaftler Wolfgang Klafki zufolge die Fähigkeit zur Selbstbestimmung, zur Mitbestimmung und zur Solidarität. Er versteht Bildung als gesellschaftskritischen und nicht quantifizierbaren Begriff. Doch wie sollen solche Kompetenzen in Zahlen gemessen werden?

Internationale Begegnungen bieten Lernerfahrungen, die so sonst nirgends zu haben sind. Wissenserwerb dagegen funktioniert auch in anderen Kontexten. Nur: Wie lässt sich in internationalen Begegnungen ein möglichst vorurteilsarmes Miteinander fördern, wo doch die Internationale Jugendarbeit in dem Dilemma steckt, dass sie per se die Identifizierung mit der Nation betont? Dieses Nationale, die Annahme einer national spezifischen „Mentalität" oder „Kultur", wird möglicherweise durch interkulturelle Trainings, wie sie Veranstalter nicht selten in der Vorbereitung auf Auslandsaufenthalte anbieten, weiter verstärkt. Dabei geht es im Austausch um ganz andere Werte und Ziele: Gewohnte Denk- und Deutungsmuster können und sollen im Austausch gemeinsam mit anderen hinterfragt, ein kreativer Umgang mit unterschiedlichen Sicht- und Handlungsweisen gefunden werden. Für die (begrenzte) Zeit des Zusammenlebens können in einem gemeinsamen Prozess Umgangsformen oder Regeln ausdiskutiert werden, mit denen alle einverstanden sind. So wird bei den Jugendlichen ein verhandelbares demokratisches und solidarisches Zusammenleben zur Selbstverständlichkeit. Gerade Jugendverbänden – die oft auch Träger internationaler Maßnahmen sind – wird aufgrund ihrer staatlichen Unabhängigkeit ein großes Potenzial für die Realisierung emanzipatorischer Bildungsprozesse zugesprochen.[27] Dies sollte mutig genutzt werden.

Offen bleibt die Frage, ob Antisemitismus als Thema im Austausch mit Israel tatsächlich so wenig behandelt wird, oder ob dies lediglich bei den unterschiedlichen Untersuchungen nicht abgefragt wurde. Das Thema bietet sich jedenfalls ebenso wie das Gedenken aus Täterperspektive viel stärker für künftige Begegnungen an.

—

[1] Sailer, Monika/Schulz, Rebekka: Leben und Lernen im Austausch. Der Jugend- und Schüleraustausch Bayern-Israel. Ergebnisse einer wissenschaftlichen Evaluation, München 2012, S. 111.

[2] Oz, Amos: Israel und Deutschland. Vierzig Jahre nach Aufnahme diplomatischer Beziehungen, Frankfurt 2005.

[3] Ebd. S. 7.

[4] Es gibt eine Diplomarbeit, die 2007 als Buch erschien: Braß, Christina: Neue Wege im deutsch-israelischen Jugendaustausch. Unter Berücksichtigung zentraler Elemente internationaler Jugendarbeit, Saarbrücken 2007. Leider wird hier weder näher auf das Gedenken an die Shoah eingegangen, was in deutsch-israelischen Begegnungen einen besonderen Stellenwert einnimmt, noch erwähnt die Autorin Antisemitismus.

[5] Eine Ausnahme stellt die lobens- und lesenswerte (qualitative!) Studie „Anders als wir. Differenzkonstruktionen und Alltagsantisemitismus unter Jugendlichen. Anregungen für die politische Bildung" von Barbara Schäuble (2012) dar.

[6] Die 14 Items entsprechen denen der Langzeitstudie „Deutsche Zustände" der Forschungsgruppe um Wilhelm Heitmeyer.

[7] Schäuble, Barbara: Anders als wir. Differenzkonstruktionen und Alltagsantisemitismus unter Jugendlichen. Anregungen für die politische Bildung, Berlin 2012, S. 20.

[8] Herrmann W. von der Dunk zitiert nach: Heyl, Matthias: Erziehung nach Auschwitz. Eine Bestandsaufnahme. Deutschland, Niederlande, Israel, USA, Hamburg 1997, S. 40.

[9] Heyl, Matthias: Erziehung nach Auschwitz, S. 43.

[10] Sailer, Monika/Schulz, Rebekka: Leben und Lernen im Austausch, S. 71 bzw. 75.

[11] Ebd. S. 82.

[12] Bodo von Borries zitiert nach: Schreier, Helmut/Heyl, Matthias (Hg.): „Daß Auschwitz nicht noch einmal sei…". Zur Erziehung nach Auschwitz, Hamburg 1995, S. 369.

[13] Heyl, Matthias: Erziehung nach Auschwitz, S. 43.

[14] Thomas, Alexander/Chang, Celine/Abt, Heike: Erlebnisse, die verändern. Langzeitwirkungen der Teilnahme an internationalen Jugendbegegnungen, Göttingen 2007, S. 7.

[15] Vgl. Höhne, Thomas/Niklas, Juliane: „Grenzüberschreitender Rechtsextremismus und Internationale Jugendarbeit" in: Bundschuh, Stephan/Drücker, Ansgar/Scholle, Thilo (Hg.): Wegweiser. Jugendarbeit gegen Rechtsextremismus. Motive, Praxisbeispiele und Handlungsperspektiven, Schwalbach 2012, S. 242.

[16] Thomas, Alexander/Chang, Celine/Abt, Heike: Erlebnisse, die verändern. Langzeitwirkungen der Teilnahme an internationalen Jugendbegegnungen, Göttingen 2007.

[17] Ebd. S. 119.

18  Sailer, Monika/Schulz, Rebekka: Leben und Lernen im Austausch, S. 40 bzw. 44.

19  Steinwachs, Luise: Arm aber glücklich. Persönliche Begegnungen in Schulpartnerschaften, 2012, S. 14.

20  Messerschmidt, Astrid: Postkoloniale Erinnerungsprozesse in einer postnationalsozialistischen Gesellschaft – vom Umgang mit Rassismus und Antisemitismus, in: Peripherie 28,109/110 (2008), S. 43.

21  Sailer, Monika/Schulz, Rebekka: Leben und Lernen im Austausch, S. 57f.

22  Ebd. S. 60.

23  Mecheril, Paul: Kompetenzlosigkeitskompetenz. Pädagogisches Handeln unter Einwanderungsbedingungen, in: Auernheimer, Georg (Hg.): Interkulturelle Kompetenz und pädagogische Professionalität, Wiesbaden 2010, S. 26.

24  Dies kann so behauptet werden, da im deutsch-israelischen Austausch überwiegend Jugendliche teilnehmen, die der jeweiligen Mehrheitsgesellschaft angehören.

25  Welzer, Harald/Moller, Sabine/Tschuggnall, Karoline: Opa war kein Nazi. Nationalsozialismus und Holocaust im Familiengedächtnis, Frankfurt/Main 2002.

26  Ebd. S. 11.

27  Riekmann, Wiebke: Demokratie und Verein. Potenziale demokratischer Bildung in der Jugendarbeit, Wiesbaden 2011, S. 95.

## Literaturhinweise

- Braß, Christina: Neue Wege im deutsch-israelischen Jugendaustausch. Unter Berücksichtigung zentraler Elemente internationaler Jugendarbeit, Saarbrücken 2007.

- Heyl, Matthias: Erziehung nach Auschwitz. Eine Bestandsaufnahme. Deutschland, Niederlande, Israel, USA, Hamburg 1997.

- Höhne, Thomas/Niklas, Juliane: „Grenzüberschreitender Rechtsextremismus und Internationale Jugendarbeit" in: Bundschuh, Stephan/Drücker, Ansgar/Scholle, Thilo (Hg.): Wegweiser. Jugendarbeit gegen Rechtsextremismus. Motive, Praxisbeispiele und Handlungsperspektiven, Schwalbach 2012, S. 233 – 246.

- Mecheril, Paul: Kompetenzlosigkeitskompetenz. Pädagogisches Handeln unter Einwanderungsbedingungen, in: Auernheimer, Georg (Hg.): Interkulturelle Kompetenz und pädagogische Professionalität, Wiesbaden 2010, S. 15 – 34.

- Messerschmidt, Astrid: Postkoloniale Erinnerungsprozesse in einer postnationalsozialistischen Gesellschaft – vom Umgang mit Rassismus und Antisemitismus, in: Peripherie 28,109/110 (2008), S. 42-60. Online zugänglich unter: http://www.zeitschrift-peripherie.de/109-110_Messerschmidt_Er.pdf (letzter Zugriff am 26.01.2015)

- Oz, Amos: Israel und Deutschland. Vierzig Jahre nach Aufnahme diplomatischer Beziehungen, Frankfurt 2005.

- Riekmann, Wiebke: Demokratie und Verein. Potenziale demokratischer Bildung in der Jugendarbeit, Wiesbaden 2011.

- Sailer, Monika/Schulz, Rebekka: Leben und Lernen im Austausch. Der Jugend- und Schüleraustausch Bayern-Israel. Ergebnisse einer wissenschaftlichen Evaluation, München 2012.

- Schäuble, Barbara: Anders als wir. Differenzkonstruktionen und Alltagsantisemitismus unter Jugendlichen. Anregungen für die politische Bildung, Berlin 2012.

- Schreier, Helmut/Heyl, Matthias (Hg.): „Daß Auschwitz nicht noch einmal sei…". Zur Erziehung nach Auschwitz, Hamburg 1995.

- Steinwachs, Luise: Arm aber glücklich. Persönliche Begegnungen in Schulpartnerschaften, 2012. Online zugänglich unter: www.berlin-postkolonial.de/cms/images/dokumente/partnerschaftentwickleln/steinwachs_2012_zitat_arm_aber_gluecklich_schuelerbegegnungen.pdf (letzter Zugriff am 26.01.2015)

- Thomas, Alexander/Chang, Celine/Abt, Heike: Erlebnisse, die verändern. Langzeitwirkungen der Teilnahme an internationalen Jugendbegegnungen, Göttingen 2007.

- Welzer, Harald/Moller, Sabine/Tschuggnall, Karoline: Opa war kein Nazi. Nationalsozialismus und Holocaust im Familiengedächtnis, Frankfurt/Main 2002.

# Bild und Realität
## Lernbegegnungen deutscher Jugendlicher in Israel

**Dr. Yoni Ayalon, Prof. Izhak Schnell**

### Einleitung

Der vorliegende Artikel beschäftigt sich mit den Erfahrungen, die deutsche Jugendliche bei pädagogischen Fahrten nach Israel machen. Wir gehen der Frage nach, ob diese Erfahrungen die Identität der Jugendlichen und ihr Bild vom Staat Israel beeinflussen.

Die Jugendlichen kommen in Israel mit jungen Menschen und deren Familien zusammen und besuchen viele Orte von symbolhafter Bedeutung. Sie besuchen Stätten, die verschiedenen Religionen heilig sind, treffen Überlebende der Shoah und finden eine Gesellschaft vor, die aus der Asche der Shoah entstanden ist. Dabei begegnen die Jugendlichen unterschiedlichen Aspekten: einer jungen, dynamischen und offenen Gesellschaft ebenso wie einer alten und besonderen Vergangenheit, einer Gesellschaft, die sich in einem existentiellen Konflikt befindet. Der Besuch in Israel ist sehr bewegend und hinterlässt ohne Zweifel bei den deutschen Jugendlichen tiefe Spuren. Anderseits äußern deutsche Jugendliche, die nach Israel kommen, oft Befürchtungen vor der Begegnung mit Angehörigen des Volkes, das Opfer der Shoah war.

Im Folgenden geht es um drei zentrale Fragen: Inwieweit beeinflusst diese Begegnung die Art und Weise, wie sich die Jugendlichen mit ihrer nationalen Zugehörigkeit als Deutsche identifizieren? Inwieweit machen sie sich ein neues Bild vom Staat Israel? Und: Inwieweit stimmen die Ergebnisse des Besuches mit den Zielen der Organisatorinnen und Organisatoren dieses pädagogischen Tourismus' überein?

### Gesellschaftlicher und kultureller Kontext des deutsch-israelischen Jugendaustauschs

Heute kommen jährlich mehr als dreihundert Jugendgruppen aus Deutschland nach Israel. Hierbei handelt es sich um einen Austausch zwischen deutschen und israelischen Schulen und um Gruppen aus dem Bereich der außerschulischen Bildung. Ihre Partner in Israel sind Städte, Organisationen, Sport- und Kulturzentren sowie Jugendbewegungen.[1] Der ehemalige Bundespräsident Johannes Rau betonte in seiner Rede vor der Knesset im Jahr 2000, wie wichtig dieser Austausch ist: „Deutschland und Israel stehen mitten in einem Generationenwechsel: Noch leben Zeitzeugen des Holocaust; bald werden ihre Enkel das politische Geschehen und Denken prägen. Das Wissen über die Vergangenheit von Generation zu Generation weiterzugeben, ist deshalb so wichtig. Dazu gehört vor allem, dass sich die jungen Menschen unserer beiden Länder kennenlernen, sich gemeinsam mit der Vergangenheit auseinandersetzen und gemeinsam Zukunft suchen."[2] Während des pädagogischen Aufenthaltes in Israel prüft jede/r deutsche Jugendliche seine/ihre Persönlichkeit sowie seine/ihre familiäre und kollektive Wirkung als Teil des deutschen Volkes. Ein wesentlicher Teil der Reise ist emotionaler Natur: Besuche von

Gedenkstätten, Seminare zum Thema Shoah und Begegnungen mit Überlebenden. Auch bei persönlichen Begegnungen und in Gastfamilien in Israel kommen Fragen auf, etwa nach der Rolle einzelner Familienmitglieder beider Völker im Laufe des Krieges, nach dem Wesen der Erinnerung und den Lehren für die Zukunft. Der Besuch in Israel soll u.a. zum Nachdenken darüber anregen, welche Bedeutung es für die jungen Menschen hat, zum deutschen Volk zu gehören – insbesondere in Verbindung mit dem für die Shoah verantwortlichen Erbe. Bei der Fahrt wird besonderer Wert darauf gelegt, dass deutsche Jugendliche der Vergangenheit gewissermaßen direkt in die Augen schauen können, indem sie deren Opfern begegnen und den Rehabilitationsprozess kennenlernen, den diese Opfer im neuen Land Israel erfahren.[3]

**Theorie: Bild, Realität und touristische Erfahrung**

Das Bild eines Ortes wird oft definiert als die Gesamtheit der Vorstellungen, die Menschen in ihrer Fantasie und als Assoziation von diesem Ort haben. Ein Bild ist also eine Abstraktion der vielen Informationen und Vorstellungen, die mit etwas verbunden sind.[4] Das Bild vom Staat ist ein Konglomerat aus dessen Charakteristika. Es wird gebildet, indem Information über den Staat wie Lage, Bewohner, Führung, Herrschaftsform, Wirtschaft usw. verarbeitet werden. Weil Menschen Informationen unterschiedlich beurteilen, ist dieses Bild mehrdimensional. Es besteht aus einem kognitiven und einem affektiven Teil. Der kognitive Teil umfasst die Gesamtheit der Vorstellungen und Meinungen eines Menschen, der affektive Teil beinhaltet Empfindungen und Gefühle. Gemeinsam ergeben beide Teile ein Bild, auf dessen Grundlage sich menschliches Verhalten gegenüber einem bestimmten Ort ausbildet.[5]

Im Allgemeinen schätzen Menschen eine zukünftige Situation im Voraus ein oder stellen sich aufgrund von unvollständiger oder bruchstückhafter Information ein Stereotyp vor. So entsteht bisweilen ein verfälschtes oder negatives Bild eines Menschen oder einer anderen Gruppe. Dieses kognitive System von Vorstellungen, Bestrebungen oder Stereotypen besitzt eine sehr starke Wirkung und dient als Grundlage, um die vom Gegenüber erhaltenen Informationen zu beurteilen. Dieses ethnozentrische Phänomen, d.h. die Tendenz, die Welt vor allem aus dem Blickwinkel der ethnischen Identität der Betrachterin oder des Betrachters zu sehen, stärkt die Legitimationen der eigenen Gruppe, erzeugt jedoch Ablehnung gegenüber einer anderen Gruppe. Für einen touristischen Besuch bedeutet dies, dass die Touristin bzw. der Tourist mit einem bestimmten Stereotyp an einen Ort kommt. Wie man den Ort erfährt, legt fest, ob sich das Bild festsetzt oder verändert. Eine positive Erfahrung wird das stereotype Bild, mit dem die Gruppe an einen bestimmten Ort kommt, aufbrechen.[6] Tourismusforscher behaupten, dass touristische Reisen mit persönlichen Begegnungen und der direkte Dialog zwischen einer Gruppe und Menschen vor Ort negative Stereotype verhindern und zu einer positiven Interaktion führen.[7]

Demzufolge könnte eine positive Erfahrung der deutschen Jugendlichen in Israel dieses Ziel fördern, wenn die junge Touristin bzw. der junge Tourist mit dem neuen Land und seinen Menschen in Kontakt kommt und zwischenmenschlich interagiert. Auch die Jugend der Gruppenmitglieder kann zu einer Änderung des stereotypen Bildes vom Ort beitragen. Heranwachsende befinden sich in einer Lebensphase, in der sie einen intensiven Prozess der persönlichen Identitätsbildung und -festigung erleben, auch während ihres Besuchs in Israel. Nach Solberg und Tiano[8] ist in diesem Alter eine Positionsänderung durch Nachahmung oder Identifikation mit der *peer group* möglich, d.h. der Einzelne sucht nach Charakteristika, die sowohl er als auch die anderen Gruppenmitglieder aufweisen. Die intensiven Gruppenreisen deutscher Jugendlicher nach Israel bieten gleichaltrigen Gruppenmitgliedern die Möglichkeit, einen besonderen Austausch miteinander zu pflegen, da alle dieselben Fragen, Probleme und Stereotype haben. Parallel dazu kann die Förderung enger zwischenmenschlicher Kontakte mit israelischen Jugendlichen den Prozess einer Neustrukturierung der Identität weiter verstärken. Bei aller Bedeutung, die der Tourismus für die Neuausprägung der Identität hat, ist auch klar, dass Identität sich nicht in jungen Jahren dauerhaft fixiert, sondern sich ein ganzes Menschenleben lang ändern kann.[9]

Beim Verfassen dieses Artikels legten die Autoren den Schwerpunkt auf eine qualitative Analyse. Ihr Ziel war, die Erfahrung von Touristen/innen an den Reisezielen und die vor Ort in Gang gesetzten Beeinflussungsmuster besser zu verstehen, insbesondere hinsichtlich einer Haltungsänderung der Touristen/innen gegenüber dem Zielland. Zu diesem Zweck interviewte einer der Autoren zwischen 2008 und 2010 die Teilnehmenden von acht deutschen Jugendgruppen. Mit einigen seiner Gesprächspartner/innen führte er unmittelbar nach Abschluss der Reise Vertiefungsinterviews durch. Insgesamt fanden 72 solcher Interviews statt. Sie alle wurden auf Einsichten, Empfindungen und unterschiedliche persönliche Interpretationen hin untersucht. Danach analysierten die Autoren die persönliche Narrative, beurteilten ihren Einfluss auf Werte und Gefühle des/der Interviewten und prüften ihre Bedeutung für die Forschung.[10]

Die Interviews fanden in deutscher Sprache statt, der Muttersprache der Teilnehmenden

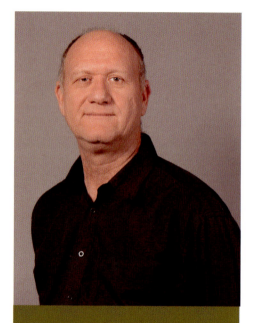

**Dr. Yoni Ayalon**

Dissertation an der Universität Tel Aviv 2013 zum Thema: Der Einfluss touristischer Orte auf Einstellungsveränderungen und Identitätskonstruktionen deutscher Jugendlicher bei Besuchen in Israel. Forschungsinteressen: Tourismus als Lernkontext, Jugenderziehung, Humangeografie. Arbeitserfahrung: Vortragstätigkeit, Tourismusberatung. Verkaufs- und Marketing-Manager von touristischen Attraktionen und Gästehäusern in Israel.

an den pädagogischen Fahrten. Im Artikel sind ausgewählte Zitate aus diesen Interviews zu lesen. Der erste Autor übersetzte sie ursprünglich ins Hebräische und um das Material zu verifizieren, wurden die Zitate von Spezialisten/innen für Sprache und Tourismus überprüft. Um die Vertraulichkeit zu gewährleisten, werden die Jugendlichen im Folgenden nur mit dem ersten Buchstaben ihres Vornamens genannt.

### Touristische Erfahrungen in Israel

**Bild gegenüber Realität:** Im Laufe des Programms bereist die Gruppe Israel und besucht mehrere zentrale Orte wie Jerusalem, Totes Meer, See Genezareth, Haifa und Tel Aviv. Die deutschen Jugendlichen kommen mit einem bestimmten Bild an, sehen die Wirklichkeit und beschreiben ausführlich ihre Reiseetappen, wobei einige zum ursprünglichen Bild passen und andere sich davon unterscheiden. Sh. erzählt: *„Freunde von mir, die vor einem Jahr an einem Austausch teilgenommen haben, sagten mir, dass es sich lohne mitzufahren. In Deutschland ist Israel alltäglich Thema in den Medien. Man spricht über die Kriege und es kursieren verschiedene Gerüchte. Ich dachte mir, was das für ein Ort sein muss, sicher ein Riesenland [...] gut, dass ich gekommen bin und ein kleines Land sehe, in dem alles schön, sympathisch und ruhig ist."*

Teilnehmende anderer Gruppen erwähnen die grüne und idyllische Landschaft um den See Genezareth, die sich diametral von dem Bild eines verlassenen Landes unterscheidet, mit dem sie nach Israel gekommen waren.

S. sagt: *„Der See Genezareth mit seiner tiefblauen Farbe breitet sich zu unseren Füßen aus und hinter uns ragen die Golanberge empor und erleuchten die Gegend in ihrer goldenen Farbe. Das ist wirklich eine atemberaubende Landschaft."* Im Zusammenhang mit dieser idyllischen Beschreibung führt M. aus, dass sie an zwei Dinge dachte: Das mangelnde Wissen über den Ort und das Bild, das sie von diesem schönen Land hatte, und parallel dazu die geopolitische Situation in der Region. *„Hier am See Genezareth ist alles so ruhig und schön, während wir in Deutschland nur über Probleme und Kriege in Israel hören."* L. schließt sich den Beschreibungen der außergewöhnlichen Landschaften an und schildert ihre Erlebnisse am Toten Meer: *„Mir wurde gesagt, dass man über dem Toten Meer schweben und sozusagen darin sitzen kann, und ich konnte es nicht glauben. Deswegen versuchten wir es selbst. Es war wirklich lustig und ein ganz besonderes Gefühl."*

Die einzigartige Landschaft ruft großes Erstaunen hervor. Die Schilderungen nehmen Bezug auf Aussicht, Farbe, Bewegung und sogar auf die Ruhe in der Wüste. Die zahlreichen Beschreibungen veranschaulichen, dass die Touristin bzw. der Tourist die Landschaften mit all seinen/ihren Sinnen wahrnimmt. An was sie/er sich dann erinnert, ist meilenweit von dem Bild entfernt, mit dem sie/er ins Land kam.

**Die Bedeutung des Besuchs von historischen und heiligen Stätten:** Das Programm umfasst auch Besuche von Stätten, die für Israel historisch, religiös und kulturell außerordentlich bedeutend sind. Cohen behauptet, dass Touristen/innen gezielt spirituelle Orte aufsuchen.[11] Die Touristin bzw. der Tourist möchte demnach einen existentiellen Raum finden, d.h. einen religiösen Ort mit besonderen Eigenschaften, die Ihr/ihm das Gefühl von etwas vermitteln, das sich jenseits des Faktischen befindet. S. be-

**Prof. Izchak Schnell**
Professor für Geographie und Umwelt des Menschen. Experte für soziale und kulturelle Geographie und Umweltforschung; mehr als 150 akademische Veröffentlichungen in leitenden Positionen und leitende Verantwortlichkeiten in verschiedenen geographischen Umfeldern.

schreibt ihren Besuch in Kapernaum, das in den Tagen von Jesus ein Fischerdorf am Ufer des See Genezareth war: *"Ein Parkplatz, der buchstäblich am Meer liegt, Bäume und Sträucher, ein großes schwarzes Haus umgeben von Sträuchern mit roten und gelben Blüten, eine wirkliche Idylle, das ist das Kapernaum von heute."*

Jerusalem ist der Höhepunkt religiös-geistiger Besuche. J. sagt: *"Wir sind auf Stufen vom Bazar zu einem hochgelegenen Platz gegangen. Über den Dächern der Stadt haben wir auf die Klagemauer geschaut. Das war ein großartiger Blick, den kein Bild wiedergeben kann. Ich erkannte dort eine Vielzahl von religiösen Juden, die beteten und tanzten, wobei einige von ihnen Zettel in die Zwischenräume der Mauer steckten."* Sh. sagt: *"Du bewegst dich in den Straßen der Altstadt, als befändest du dich in einer Filmkulisse. Das ist ein Ort mit einer schweren historischen Bürde, der das Gefühl vermittelt, dass die Zeit stillsteht."* Die besondere Erfahrung und die sich einprägende Erinnerung vom Besuch der heiligen Stätten fasst K., ein Begleiter aus Deutschland, zusammen: *"Der Ort, der mich am meisten beeindruckt hat, ist Jerusalem. Hier ist alles geschichtsträchtig. Ich möchte vor allem den Besuch in der Altstadt erwähnen, die Klagemauer und die Davidstadt. Für die Schüler ist die Klagemauer am wichtigsten, da sie das Symbol Jerusalems und Israels ist."*

Der symbolische und gesellschaftliche Aspekt beschäftigt sich im Rahmen des Besuchsprogramms und in Seminaren mit dem Thema Shoah. L. sagt: *"Meiner Meinung nach ist der Besuch in Yad Vashem sehr wichtig. Wir haben in der Schule über den Nationalsozialismus und die Shoah gelernt. Wir hatten vor der Reise ein Seminar zu diesem Thema, doch hier in Yad Vashem habe ich zusätzliche Information über das Ausmaß der Tragödie für das jüdische Volk erhalten und über die Wenigen gehört, die Juden gerettet haben, die Gerechten der Völker."* Zur Führung vor Ort fügt sie hinzu: *"Die Geschichtslehrerin in Deutschland hat von der Geschichte dieser schweren Zeit erzählt, doch hier wurden wir von einer jüdischen Frau geführt, die die Shoah überlebt hat, und deshalb hat sie mit sehr viel Emotionen und aus der Tiefe ihres Herzens gesprochen, was ihr und dem Ort gegenüber zu großer Empathie führte und bei der Gruppe eine große Emotionalität hervorrief."* Ah. sagt: *"Bei meinem ersten Besuch in Yad Vashem stellte ich Fragen und sprach Englisch. Ich hatte Angst, was man mir als Deutschem sagen würde!"* Und er fügt hinzu: *„Im Laufe des Besuchs denkst du die ganze Zeit an Schuld. Wir leben die ganze Zeit damit, obwohl wir bereits die dritte Generation sind. Der Besuch bei den Gastfamilien war jedoch so herzlich und warm, dass wir uns wie Familienmitglieder fühlten. Zusammen kann es uns gelingen, die Vergangenheit zu akzeptieren, zu verstehen und sogar zu versuchen, sie zu überwinden."* Und A. bemerkt: *„Ich war mit den Ansichten der Israelis über Deutschland zufrieden. Sie glauben daran, dass es in Deutschland eine neue Generation gibt, die keine Schuld für die Taten ihrer Väter trägt, doch sagen sie auch, dass die Shoah nicht vergessen werden darf."*

Mit anderen Worten, der Besuch bewirkt das Gefühl einer Schicksalsgemeinschaft zwischen beiden Völkern sowie Verständnis dafür, dass wir mehr über die Zeit der Shoah lernen müssen und dies aus dem gemeinsamen Bewusstsein heraus, dass beiden Seiten in Zukunft ein ähnliches Schicksal erspart bleibt. Diese kognitive und emotionale Dimension führt zu Fragen, zum einen nach der Identität und zum andern nach der Position gegenüber Israel. Die Begegnung lehrt die deutschen Jugendlichen, dass man ihnen nicht Wut oder Hass entgegenbringt, sondern sie als Menschen akzeptiert. Diese Akzeptanz ermöglicht es ihnen, als Angehörige des deutschen Volkes aufrecht zu gehen.[12]

**Ein Staat im Konflikt und eine schwierige Sicherheitslage:** M. beschreibt die schwierige Situation in der Region: *„Wir haben auf der Reise den Gouverneur von Jericho getroffen, der uns gesagt hat, dass der Konflikt seiner Meinung nach an Intensität zunehmen und weitergehen würde [...] danach haben wir in Tiberias einen messianischen Juden getroffen, von dessen Worten wir sehr schockiert waren. Er sagte, dass es sich beim Konflikt in der Region um einen Kampf zwischen „reinen" Juden und Arabern, die Kinder des Teufels seien, handle [...]. Nur Lea, eine Schriftstellerin, sah den Konflikt mit liberalen Augen und betonte die Bedeutung der Begegnung zwischen den Menschen."* S. schaltet sich in die Diskussion ein und sieht die Schwierigkeiten: *„Die Begegnungen während des Besuchs in Jerusalem mit so vielen unterschiedlichen Schichten der israelischen Bevölkerung, mit Menschen, die derart unterschiedlichen Glaubensrichtungen angehören und sich in ihren politischen Ansichten unterscheiden, veranschaulichte mir, wie schwer jeder Schritt in Richtung einer Verständigung und eines Friedens im Nahen Osten ist."*

Anscheinend werden die jungen Besucher/innen während ihres Aufenthaltes in Israel mit der schwierigen Realität der Völker in der Region konfrontiert. Die Jugendlichen machen eine einzigartige, neue und bedeutende Erfahrung, durch die sich die Bilder dieser schwierigen Realität in ihrem Gedächtnis einprägen können. Die Sicherheitslage verbindet sich mit einem weiteren, entgegengesetzten Aspekt. So sagt A.: *„Wir haben Soldaten auf der Straße getroffen, sie waren nett, zeigten uns ihre Waffe, wir standen dort, sprachen und lachten zusammen."* Es scheint, als sei ein unmittelbarer Kontakt zwischen den Jugendlichen und den ungefähr gleichaltrigen Soldaten/innen entstanden. Es wurde Erstaunen darüber zum Ausdruck gebracht, dass die Atmosphäre frei und offen war und dass es den Sicherheitskräften freisteht, sich zu unterhalten. Diese Dimension schafft einen Gegensatz zum Bild des/der unterdrückenden Soldaten/in. Eine offene Atmosphäre war auch zu spüren, als die Jugendgruppen nach Tel Aviv kamen. Sh. erzählt: *„Ich nehme die Wärme mit dem Meer wahr, diese besondere und andersartige Atmosphäre."* S. beschreibt die Situation so: *„Am Strand ist es angenehm und warm, ein Wind weht, der Ort ist offen und ich sehe die Weite des Meeres […] seine Farbe ist blau."* Und B. fügt hinzu: *„Die Landschaft unterscheidet sich von Deutschland. Hier ist der Sand goldfarben, das Wasser ist tief und alles ist sauber."* Und B. führt aus: *„Ich sah den goldfarbenen Sand, die offene Landschaft und gleich daneben sah ich die Hafenpromenade von Tel Aviv."* Am Strand empfinden die Jugendlichen ein Gefühl der Freiheit und verspüren die offene und freundschaftliche Atmosphäre in Israel gegenüber der Stimmung bei ihnen zu Hause in Deutschland, einem Land, in dem ihrer Meinung nach die „Gesellschaft konservativ und verschlossen" ist.

Diese Erfahrungen und Erlebnisse waren für die deutschen Jugendlichen sehr bedeutungsvoll. Die Atmosphäre und das Gefühl gegenüber dem Ort waren positiv und es ergaben sich Kontakte mit der dortigen Gesellschaft. Es scheint, dass die Bedeutung der Begegnung am Meer darin liegt, einen anderen, warmen, neuen Ort kennenzulernen, der das Gefühl eines Heranwachsenden beeinflusst. Der Jugendliche brach zu einer Reise auf, die ihn weit weg vom Kreis seiner Familie führte. Dabei unterzog er seine Gefühle und Empfindungen als heranwachsendes Individuum, sein Selbstbild und seine Beziehungen zu Orten und zu Mitgliedern seiner Gruppe einer Prüfung.[13] Ebenso verhielt es sich auch bei der wichtigen und einzigartigen Begegnung, wenn Gruppenmitglieder ihre Gastfamilien aufsuchen und bei ihnen übernachten. B. sagt dazu: *„Alles ist nah, bei den Familien sind wir alle zusammen, man gibt uns die ganze Zeit zu essen. Danach gehen wir zusammen weg, wir sind zusammen unterwegs und lachen zusammen."* Ah. sagt: *„Ich werde nach Israel zurückkehren. Immer kann man sich unterhalten und an jeder Aktivität und jedem Essen teilnehmen, zusammen weggehen und über alles reden."* Der Aufenthalt im häuslichen und persönlichen Raum der Gastgebenden ist ein Spezifikum des Jugendtourismus' und bringt den Jugendlichen Israel als Ort näher. Der Aufenthalt in den Familien macht es möglich, den persönlichen Kontakt zwischen den Beteiligten zu vertiefen und wird von allen Teilnehmenden am Jugendaustausch positiv beurteilt. M., der in leitender Funktion mit dem Jugendaustausch befasst ist und seit vielen Jahren Gruppen nach Israel begleitet, zieht folgendes Fazit: *„Der Besuch in den Familien ist der Schlüssel zum Erfolg der gesamten Begegnung. Die von uns in den letzten Jahren vollzogene Änderung, aufgrund derer wir nicht mehr in Jugendherbergen, sondern bei Familien unterkommen, gibt den Jugendlichen sehr viel, bringt sie zusammen und schafft zwischen uns für viele Jahre gegenseitiges Verständnis und lässt persönliche Freundschaften entstehen."*

## Zusammenfassung

Dieser Artikel untersucht die Bedeutung von touristisch-pädagogischen Reisen deutscher Jugendlicher nach Israel. Analyse und Interpretation der mit Teilnehmenden durchgeführten Interviews weisen darauf hin, dass die Jugendlichen mit einem persönlichen und gruppenbezogenen Bild ins Land kommen, das sich von der Realität unterscheidet, auf die sie in Israel stoßen. Die Erfahrungen und die Kontaktaufnahme mit dem Land vollziehen sich schrittweise im Laufe des Besuchs. Die unterschiedlichen Reiseziele der jungen Besucher/innen in Israel, ihr aktives Engagement während des Besuchs sowie die Begegnungen mit Israelis, wozu auch der Aufenthalt im Haus von Gastfamilien gehört, vermitteln eine wichtige Erfahrung, die sich für viele Jahre in das Gedächtnis einprägt. Diese Erfahrung beeinflusst die Identität der deutschen Jugendlichen, denn sie sehen sich von der Schuld an der Shoah befreit und von den Überlebenden der Shoah und deren Nachkommen als Deutsche akzeptiert. Die offene und freie Atmosphäre, die auch in den Naturerlebnissen zum Ausdruck kommt, löst Erstaunen aus und bricht das Stereotyp einer strengen und grausamen Gesellschaft. Zug um Zug veranschaulicht der Besuch die Komplexität des regionalen Konfliktes und die Schwierigkeit, diesen friedlich zu lösen. Die lange Geschichte und die religiöse Bedeutung der Orte, an denen sich das Drama der israelischen Unabhängigkeit abspielt, wie auch die Reise an sich, verleihen der Fahrt und den dabei erworbenen Kenntnissen eine besondere Erfahrungstiefe.

---

1 Heil, Simone: Young Ambassadors. Youth Exchange and the Special Relationship between Germany and the State of Israel, Baden-Baden 2011.

2 Rau, Johannes: Ansprache vor der Knesset, Jerusalem 16.2.2000, Vgl. http://www.bundespraesident.de/SharedDocs/Reden/DE/Johannes-Rau/Reden/2000/02/20000216_Rede.html

3 Haberland, I.: Eshed Mordechai. Ein Leben Zur Verständigung, Blieskastel 2003, bzw. Heil, Simone: Young Ambassadors, bzw. Pahnke, Rudi-Karl: Together Across the Abyss to the Future 2, Berlin 2001, bzw. Ayalon, Yoni: המקום התיירותי כמוקד של שינוי עמדות והבניית זהות: ביקורי נוער גרמני בישראל (dt.: Der touristische Ort als Fokus der Veränderung von Positionen und der Strukturierung der Identität: Besuche deutscher Jugendlicher in Israel), Dissertation an der Universität Tel Aviv 2012.

4 Kotler, Philip/Gertner, David: "Country as brand, product, and beyond: A place marketing and brand management perspective", in: Journal of Brand Management 9,4 (2002), S. 249 – 261.

5 Maher, Amro A./ Carter, Larry L.: "The affective and cognitive components of country image Perceptions of American products in Kuwait", in: International Marketing Review 28,6 (2011), S. 559 – 580.

6 Amir, Yehuda/Ben-Ari, Rachel: "International Tourism, Ethnic Contact and Attitude Change", in: Journal of Social Issues 41,3 (1985), S. 105 – 115.

7 Pettigrew, Thomas F./Tropp, Linda R.: "A Meta-Analytic Test of Intergroup Contact Theory", in: Journal of Personality and Social Psychology 90,5 (2006), S. 751 – 783, bzw. Trauer, Birgit/Ryan, Chris: "Destination image, romance and place experience - an application of intimacy theory in tourism", in: Tourism Management 26 (2005), S. 481 – 491, bzw. Ayalon, Yoni: המקום התיירותי כמוקד של שינוי עמדות והבניית זהות: ביקורי נוער גרמני בישראל (dt.: Der touristische Ort als Fokus der Veränderung von Positionen und der Strukturierung der Identität: Besuche deutscher Jugendlicher in Israel), Dissertation an der Universität Tel Aviv 2012.

8 Solberg, Shaul: פסיכולוגיה של הילד והמתבגר (dt.: Psychologie des Kindes und des Heranwachsenden), Jerusalem 1997, bzw. Tiano, Shmuel: פסיכיאטריה של הילד והמתבגר (dt.: Psychiatrie des Kindes und des Heranwachsenden), Diunon Universität Tel Aviv 2001.

9 Sarup, Madan: Identity, Culture and the Post Modern World, Edinburgh 1996.

10 Shkedi, Asher: מילים שמנסות לגעת, מחקר איכותני תיאוריה ויישום (dt.: Worte, die berühren möchten. Qualitative Forschung, Theorie und Umsetzung), Diunon Universität Tel Aviv 1997, bzw. Flowerdew, Robin/Martin, David: Methods in Human Geography, Harlow 2005.

11 Cohen, Erik: "A Phenomenology of Tourist Experiences", in: Sociology 13,2 (1979), S. 179 – 201.

12 Ayalon Yoni/Schnell Izhak: המקום התיירותי כמוקד של שינוי עמדות והבניית זהות: ביקורי נוער גרמני בישראל (dt.: Ort als Fokus der Veränderung von Positionen und der Strukturierung der Identität: Besuche deutscher Jugendlicher in Israel), in: Ofakim Le'Geografia 84 (2013), S. 41 – 55.

13 Ebd. S. 41 – 55.

Literaturhinweise

- Amir, Yehuda/Ben-Ari, Rachel: "International Tourism, Ethnic Contact and Attitude Change", in: Journal of Social Issues, 41,3 (1985), S. 105 – 115.

- Ayalon, Yoni: שינוי של כמוקד התיירותי המקום עמדות והבניית זהות: ביקורי נוער גרמני בישראל (dt.: Der touristische Ort als Fokus der Veränderung von Positionen und der Strukturierung der Identität: Besuche deutscher Jugendlicher in Israel), Dissertation an der Universität Tel Aviv 2012.

- Ayalon Yoni/Schnell Izhak: המקום התיירותי כמוקד של שינוי עמדות והבניית זהות: ביקורי נוער גרמני בישראל (dt.: Ort als Fokus der Veränderung von Positionen und der Strukturierung der Identität: Besuche deutscher Jugendlicher in Israel), in: Ofakim Le'Geografia 84 (2013), S. 41 – 55.

- Cohen, Erik: "A Phenomenology of Tourist Experiences", in: Sociology 13,2 (1979), S. 179 – 201.

- Flowerdew, Robin/Martin, David: Methods in Human Geography, Harlow 2005.

- Haberland, I.: Eshed Mordechai. Ein Leben Zur Verständigung, Blieskastel 2003.

- Heil, Simone: Young Ambassadors. Youth Exchange and the Special Relationship between Germany and the State of Israel, Baden-Baden 2011.

- Kotler, Philip/Gertner, David: "Country as brand, product, and beyond: A place marketing and brand management perspective", in: Journal of Brand Management 9,4 (2002), S. 249 – 261.

- Maher, Amro A./Carter, Larry L.: "The affective and cognitive components of country image Perceptions of American products in Kuwait", in: International Marketing Review 28,6 (2011), S. 559 – 580.

- Pahnke, Rudi-Karl: Together Across the Abyss to the Future 2, Berlin 2001.

- Pettigrew, Thomas F./Tropp, Linda R.: "A Meta-Analytic Test of Intergroup Contact Theory", in: Journal of Personality and Social Psychology 90,5 (2006), S. 751 – 783.

- Tiano, Shmuel: פסיכיאטריה של הילד והמתבגר (dt.: Psychiatrie des Kindes und des Heranwachsenden), Diunon Universität Tel Aviv 2001.

- Sarup, Madan: Identity, Culture and the Post Modern World, Edinburgh 1996.

- Solberg, Shaul: פסיכולוגיה של הילד והמתבגר (dt.: Psychologie des Kindes und des Heranwachsenden), Jerusalem 1997.

- Shkedi, Asher: מילים שמנסות לגעת, מחקר איכותני תיאוריה ויישום (dt.: Worte, die berühren möchten. Qualitative Forschung, Theorie und Umsetzung), Diunon Universität Tel Aviv 1997.

- Trauer, Birgit/Ryan, Chris: "Destination image, romance and place experience - an application of intimacy theory in tourism", in: Tourism Management 26 (2005), S. 481 – 491.

# 60 Jahre Deutsch-Israelischer Jugendaustausch: Von einem elitären zu einem vielfältigen Austausch

## Dr. Simone Evelyn Heil

Die Dissertation *"Youth Exchange and the Special Relationship between Germany and the State of Israel – Interdependency of Structure and Agency"*[1] ist die erste gründliche empirische Untersuchung des deutsch-israelischen Jugendaustauschs über mehrere Jahrzehnte hinweg. In diesem Artikel möchte ich zunächst das Forschungsziel der Studie nennen, die angewandten Methoden erläutern, und anschließend die Ergebnisse – mit Fokus auf die Auswahlkriterien der Teilnehmer/innen des deutsch-israelischen Jugendaustauschs (Selektivität) darstellen und diskutieren.

Ziel der aus dem Promotionsprojekt entstandenen Dissertation ist es, die Interdependenz der besonderen Beziehungen zwischen Deutschland und Israel einerseits und der Ausgestaltung des Jugendaustauschs beider Staaten andererseits zu analysieren. Die empirische Forschung lehnt sich dabei an die sozialkonstruktivistische Perspektive an, die die wechselseitige Konstituiertheit von Strukturen und Akteuren betont. Die besondere Herausforderung dieser Arbeit ist zu zeigen, dass es eine Interdependenz zwischen der politischen Makro- und der gesellschaftlichen Mikroebene gibt.

Eine erste für die Studie formulierte These ist, dass politische Ereignisse einen Effekt auf die Ausgestaltung von Jugendaustauschprogrammen und deren Teilnehmer/innen haben (Struktur » Akteur). Die zweite These postuliert, dass es eine Rückwirkung des Jugendaustauschs auf die deutsch-israelischen Beziehungen gibt. Diese Annahme geht also davon aus, dass die Teilnehmer/innen des deutsch-israelischen Jugendaustauschs durch ihre späteren Einstellungen und Aktivitäten für das andere Land Einfluss auf die deutsch-israelischen Beziehungen nehmen (Akteur » Struktur).

Innerhalb dieses generellen konstruktivistischen Rahmens kommt konkret eine Bottom-up-Strategie in der empirischen Forschung zur Anwendung. Induktive qualitative Forschungsmethoden werden als besonders geeignet für diese empirische Untersuchung angesehen, da es nur sehr wenige wissenschaftliche Studien zu diesem Thema gibt. Für die Fallauswahl wird auf Strategien der absichtsvollen Stichprobenziehung zurückgegriffen. Auf gesellschaftlich-historischer Ebene konzentrieren sich die durchgeführten Analysen auf bestimmte politische Ereignisse, die einen Effekt auf die deutsch-israelischen Beziehungen hatten (der Beginn der offiziellen diplomatischen Beziehungen 1965, der Sechs-Tage-Krieg 1967; der Anschlag auf die israelischen Athleten bei den Olympischen Spielen in München 1972, der Staatsbesuch von Willy Brandt in Israel 1973; die deutsche

Vereinigung 1990, der 1. Golfkrieg 1991; der Besuch von Johannes Rau in Israel und die 2. Intifada im Jahr 2000).

Der empirische Fokus der Analysen auf Mikroebene ist der deutsch-israelische Schüleraustausch zwischen den Städten Köln und Tel Aviv beziehungsweise Bremen und Haifa. Die folgenden »Stakeholder«-Gruppen wurden als besonders informationsmächtig für die Analyse der Interdependenz zwischen der Makroebene deutsch-israelischer Beziehungen und der Mikroebene des Jugendaustauschs angesehen: Politiker, wie zum Beispiel ehemalige Botschafter; Angehörige der Stadtverwaltungen, die in dem deutsch-israelischen Jugendaustausch involviert waren; die begleitenden Lehrer/innen der Schüleraustauschprogramme; ehemalige Teilnehmer/innen am Jugendaustausch in den ausgewählten Zeitfenstern; Experten/innen aus Organisationen, die den deutsch-israelischen Jugendaustausch aktiv unterstützen; und Forscher/innen, die sich mit deutsch-israelischen Beziehungen auseinandergesetzt haben. Für die Analysen zur zweiten These wurden Interviews mit ehemaligen – später politisch aktiv gewordenen – Austauschteilnehmer/innen und Volontär/innen in Kibbuzim durchgeführt.

Insgesamt wurden 130 Interviews geführt. Auf israelischer Seite umfasst die Stichprobe 86 Personen, auf deutscher Seite 44 Befragte. Nach der Durchführung der Interviews wurden diese transkribiert. Die Auswertung erfolgte mittels qualitativer Inhaltsanalyse.

Die folgenden Themen wurden während der Interviews angesprochen: Zur Prüfung der ersten These wurde gefragt nach **(a)** der Selektivität; **(b)** der Vorbereitung der Austauschteilnehmer/innen; **(c)** wahrgenommenen Unterschieden zwischen dem deutsch-israelischen Jugendaustausch und anderen Austauschprogrammen; **(d)** der Motivation der Austauschteilnehmer/innen; **(e)** der finanziellen Unterstützung; **(f)** der allgemeinen Reaktion in Deutschland/Israel auf den Jugendaustausch; **(g)** dem Jugendaustausch als politischer Mission; **(h)** der politischen Bedeutung des Jugendaustauschs; **(i)** der Rolle des Holocaust während des Jugendaustauschs; **(j)** der Rolle des Nahostkonflikts während des Jugendaustauschs; **(k)** dem Einfluss der politischen Ereignisse von 1965-67, 1972/73, 1990/91, 2000 auf die bilateralen Beziehungen und den deutsch-israelischen Jugendaustausch; **(l)** den Beziehungen zwischen Deutschen und Israelis während des Austauschprogramms.

Die Themen für die zweite These waren **(a)** die Meinung über das andere Land; **(b)** die Austauschschüler/innen als Multiplikatoren nach ihrem Auslandsaufenthalt; **(c)** die Nachhaltigkeit des Austauscherlebnisses für die je individuellen Biographien der Teilnehmer/innen; **(d)** der subjektiv erlebte Einfluss des Jugendaustauschs auf die deutsch-israelischen Beziehungen; und **(e)** der Beitrag der Austauschteilnehmer/innen zu den deutsch-israelischen Beziehungen.

Die Arbeit kommt zu dem Schluss, dass die empirischen Ergebnisse die beiden formulierten Thesen bestätigen. Die Ergebnisse zeigen sehr deutlich, wie der Zustand der deutsch-israelischen Beziehungen den Jugendaustausch durch alle Zeitfenster hindurch beeinflusst. Bei der folgenden Ergebnisdarstellung wird auf die Ergebnisse bezüglich der Selektivität eingegangen:

Während die Mehrheit der Befragten sich keinen elitären deutsch-israelischen Jugendaustausch wünschte und bekräftigte, dass die Austauschteilnehmer/innen alle sozialen Schichten repräsentieren sollten, zeigten die Ergebnisse, dass der Austausch zwischen den beiden Partnerstädten insbesondere in den frühen Zeitfenstern elitär war. Die Organisatoren waren sehr daran interessiert, nur die „Besten der Besten" ihrer Schüler/innen in das andere Land zu senden, da sie als „wahre Botschafter" fungieren sollten. Insbesondere die deutschen Interviewten betonten den elitären Charakter des deutsch-israelischen Jugendaustauschs im Vergleich zu Austauschprogrammen mit anderen Ländern. Von den Austauschschüler/innen wurden gewisse Qualitäten erwartet, wie zum Beispiel Aufgeschlossenheit, gutes Benehmen, Führungsqualitäten, Sprachkenntnisse und sehr gute Kenntnisse über den Holocaust. Besonders in der Pioniergeneration von Brückenbauern zwischen den Ländern wurden soziales Engagement, politisches Bewusstsein und gute Präsentationsfähigkeiten der Teilnehmer/innen geschätzt. Dass es dagegen in den 1990er-Jahren und 2000 möglich war, straffällige Jugendliche zwischen Köln und Tel Aviv auszutauschen, zeigt, dass der deutsch-israelische Jugendaustausch mit der Zeit weniger elitär, jedoch vielfältiger wurde. Dieser Trend konnte auch in Bezug auf andere Aspekte, wie den Auswahlprozess, den sozioökonomischen Status, den Bildungswerdegang und den ethnischen Hintergrund der Austauschteilnehmer/innen festgestellt werden. Diese Aspekte werden im Folgenden im Detail dargestellt:

Ein Hauptgrund, den die Interviewten hinsichtlich des elitären Charakters des deutsch-israelischen Austauschs nannten, war der gründliche Auswahlprozess der Teilnehmer/innen. Alle deutschen Befragten und die Mehrheit der israelischen Interviewten des Zeitfensters 1965-67 bekräftigten, dass die Teilnehmer/innen sehr sorgfältig auf beiden Seiten ausgesucht wurden. In Köln gab es sogar ein mehrstufiges Auswahlverfahren: Zunächst suchte die Schule eine/n Schüler/in aus und dann wurde diese/r Jugendliche vor einer Auswahlkommission der Kölner Schulbehörde geprüft.[2] Zum Beispiel gab es im Jahr 1965 mehr als 100 Schüler/innen, die an der Delegation nach Israel teilnehmen wollten. Daher war der Auswahlprozess besonders hart.[3] Auch auf der israelischen Seite wurden die Teilnehmer/innen sehr sorgfältig ausgesucht. Yehuda Errell, der für den Jugendaustausch verantwortliche Mitarbeiter der Tel Aviver Stadtverwaltung, betonte: *„The youngsters that were there were also picked very well. When I look today on the list of those youngsters that went, six of them are professors and five or six are doctors. It's really the cream of Israeli people."*[4]

Im Vergleich zu den späteren Zeitfenstern war der Auswahlprozess am Anfang wesentlich gründlicher. Zwar gab es auch in den Zeitfenstern 1990/91 und 2000 Lehrer/innen auf beiden Seiten, die beteuerten, dass sie die Austauschteilnehmer/innen sorgfältig ausgesucht hatten. Jedoch gab es eine zunehmende Anzahl von Interviewten, die berichteten, dass es keinen wirklichen Auswahlprozess gegeben hatte.[5] Lehrer/innen, die in den 90ern und 2000 geplant hatten, die besten Schüler/innen für den Austausch auszusuchen, mussten teilweise ihre Erwartungen herunterschrauben, da es nicht genug interessierte Schüler/innen gab. Ein

Lehrer, der den Jugendaustausch zwischen Bremen und Haifa von 1990-2000 organisierte, bestätigte, dass er keine besondere Auswahlprozedur anwandte. Da sich nicht genügend Schüler/innen bewarben, war er dankbar für jede/n, den/die er nach Israel mitnehmen konnte. In informellen Gesprächen versuchte er nur diejenigen von dem Austausch abzuhalten, die er für völlig ungeeignet hielt.[6] Dieser Trend eines weniger sorgfältigen Auswahlprozesses wurde auch auf der israelischen Seite bestätigt. Eine ehemalige Austauschschülerin aus Tel Aviv, die 2000 an dem Austausch mit Köln teilnahm, sagte zum Beispiel: *„I don't remember one person who wanted to go and didn't have the chance to apply, I don't remember that happening." "So you don't think it was an elite exchange?" "It wasn't elite, no."*[7]

Bezüglich des sozioökonomischen Hintergrunds der Teilnehmer/innen war der Austausch über alle Zeitfenster hinweg elitär. Insbesondere im frühen Zeitfenster von 1965-67 war es üblich, Schüler/innen von den reichen und bekannten Familien ins Ausland zu senden. Shlomo Artzi, der später ein sehr bekannter Sänger in Israel wurde, war zum Beispiel Mitglied der ersten israelischen Schülerdelegation nach Köln im Jahr 1967. Ehemalige Austauschteilnehmer/innen dieses Zeitfensters betonten, wie besonders es für sie war, ins Ausland zu fliegen, da nicht jede/r diese Flüge bezahlen konnte. Die israelischen Teilnehmer/innen kamen aus der Mittel- und Oberschicht.[8] Auch auf der deutschen Seite blieb die Israelreise hauptsächlich den Schüler/innen aus den höheren Schichten vorbehalten, wie sich ein ehemaliger Teilnehmer, der 1965 nach Israel fuhr, erinnerte: *„In der Tat* [war es ein Elitenaustausch]. *Also, ich glaube schon, dass es bestimmte Leute gab, die waren prädestiniert, einen Platz zu kriegen. Da war der Sohn vom Präsidenten der Handwerkskammer. [...] Also man hatte schon so mit den Spitzen der Kölner Gesellschaft teilweise zu tun. Nicht alle gehörten zu dieser Gesellschaft, den Spitzen. Ich auch nicht, aber einige durchaus."*[9] Auch in den späteren Zeitfenstern meinten deutsche und israelische Interviewte, dass die Teilnehmer/innen hauptsächlich aus einer sozioökonomischen Elite stammten. Mehrmals hoben die Befragten hervor, dass die Teilnahmegebühren hoch waren und nur diejenigen am Austausch teilnahmen, die diese auch bezahlen konnten.[10] Dieses Ergebnis wurde auch dadurch bestätigt, dass die meisten Eltern der interviewten ehemaligen Austauschschüler/innen einen Universitätsabschluss hatten und Berufen der Ober- und Mittelschicht nachgingen. Jedoch gab es verstärkt in den 90ern und 2000 Bemühungen, Schüler/innen aus sozial schwächer gestellten Familien finanziell zu unterstützen. Ilana Minkin, die ehemalige Leiterin der Irony Aleph High School in Tel Aviv, sagte beispielweise: *„The students were of course not the richest. It was a really very mixed group. Not elite, not elite group... And we tried to help the students who could not afford this."*[11] Im Vergleich zu dem Zeitfenster von 1965-67 kann man daher weniger von einem „Elitenaustausch" hinsichtlich des sozioökonomischen Status der Teilnehmer/innen reden.

Ein ähnliches Muster kann auch bei den Ergebnissen hinsichtlich des Bildungshintergrunds der Teilnehmer/innen festgestellt werden. Insgesamt betrachtet kann man von einer gewissen Bildungselite sprechen, die an dem deutsch-israelischen Schüleraustausch teilnahm. In Tel Aviv gingen die

Schüler/innen auf ein sehr gutes städtisches Gymnasium. Tatsächlich konnten nur die 10 Prozent der Schüler/innen, die auf diese städtische Gymnasien in Tel Aviv gingen, in den 60ern und 70ern an dem Jugendaustausch mit Deutschland teilnehmen. In beiden Ländern kamen die Jugendlichen von sehr guten Schulen und die Schulleistung war ein wichtiges Kriterium bei der Auswahl, wie ein ehemaliger Begleiter des Austauschs in Köln von 1965-67 erläuterte: *„Es waren Gymnasiasten, ja, also keine anderen Schulformen. Und das waren schon, sagen wir mal, intelligente leistungsfähige Schülerinnen und Schüler, sonst wären sie von der Schule schon gar nicht ausgesucht worden."*[12] Im Gegensatz zu den früheren Zeitfenstern sagten die Befragten der Zeitfenster von 1990/91 und 2000, dass das Austauschprogramm nicht nur für die besten Schüler/innen reserviert war. In den 90er-Jahren wurde beispielsweise ein besonderes Jugendaustauschprogramm für benachteiligte jugendliche Straftäter, die in Pflegefamilien aufwuchsen, zwischen Köln und Tel Aviv durchgeführt. Diese Jugendlichen waren alle Schulabbrecher, kamen aus armen, dysfunktionalen Familien, hatten Drogenprobleme und oftmals einen Migrationshintergrund.[13] In diesem Sinne war es wirklich das Gegenteil eines „Elitenaustauschs". Auf der deutschen Seite wurde das Austauschprogramm auch für Schüler/innen von anderen Schulformen geöffnet, wie Bertold Buchwald, ein ehemaliger Bremer Lehrer, zu berichten wusste: „Wir hatten auch Randgruppen, wie zum Beispiel Hauptschüler, im Austausch mit Israel, obwohl man dann auch ihre Defizite merkte. Sie hatten zwar genügend Englischkenntnisse, aber ein Hauptschüler war beispielsweise nikotinabhängig und musste sich immer von der Gruppe für eine Weile entfernen."[14] Mit der Zeit verlor die Schulleistung als Auswahlkriterium der Teilnehmer/innen an Bedeutung.

Ein weiterer Indikator für einen Elitenaustausch auf der israelischen Seite war, dass hauptsächlich Aschkenasim am deutsch-israelischen Jugendaustausch teilnahmen. Die Mehrzahl der befragten ehemaligen Austauschteilnehmer/innen waren aschkenasische Juden, deren Vorfahren vorrangig aus Polen und Russland stammten. Tamar Guy, eine Teilnehmerin der Austauschgruppe von 1967, sagte beispielsweise: *„[We were] Ashkenazi mostly, that was Tel Aviv at that time. So it wasn't unusual. You could go to our school here Irony Aleph, most of us were the typical upper/ middle class Ashkenazi."*[15]

Im Zeitfenster von 1990/91 jedoch betonten mehrere israelische Befragte, dass Bemühungen unternommen wurden, auch Sepharden und Mizrachim (orientalische Juden) in den deutsch-israelischen Jugendaustausch mit einzubinden. Der ehemalige Bürgermeister von Tel Aviv, Shlomo Lahat, sagte, dass er insbesondere darauf achtete, dass auch Schüler/innen aus orientalischen Familien am Austausch mit Deutschland teilnehmen konnten.[16] Dieses bestätigte eine ehemalige Lehrerin in Tel Aviv: *"But I know there was one pupil in our group, I don't remember her name, she was an oriental […]. She was a very nice student, a good one. She wanted very much to, but she had no means. School and municipality financed all."*[17] Auch in diesem Sinne wurde der deutsch-israelische Schüleraustausch mit der Zeit offener. Dieser Trend wurde auch von Hintergrundinterviews untermauert: Während vorwiegend Aschkenasim am Austausch mit Deutschland teilnahmen, bemühten sich die israelischen Kommunen von 1990 bis 2000, auch vermehrt arabische Israelis und Jugendliche mit äthiopischem Hintergrund nach Deutschland zu schicken.[18] Türkische Jugendliche aus Köln wurden in diesen Zeitfenstern ebenfalls in den Austausch mit Israel einbezogen.[19]

Zusammenfassend kann festgehalten werden, dass die erste Hypothese – dass die besonderen Beziehungen zwischen Deutschland und Israel einen Einfluss auf die Jugendaustauschakteure hatte – bestätigt wird in Bezug auf die Selektivität der Teilnehmer/innen. Zu Beginn der diplomatischen Beziehungen zwischen den beiden Ländern waren die deutschen und israelischen Organisatoren sehr bemüht, nur die „Besten der Besten" ihrer Schüler/innen in das andere Land zu schicken. Aufgrund der besonderen politischen Beziehungen wurden sehr hohe Erwartungen an die Teilnehmer/innen gestellt. Nur Personen, die bestimmte Kriterien erfüllen konnten, wurde es ermöglicht, an dem deutsch-israelischen Austauschprogramm teilzunehmen. Aufgrund des Normalisierungsprozesses zwischen Deutschland und Israel wurde der elitäre Anspruch mit der Zeit geringer. Die Einbindung von Schüler/innen mit Migrationshintergrund sowie sephardischen, orientalischen und afrikanischen Juden in den Austausch zeigt auch die Veränderungen innerhalb der deutschen und israelischen Gesellschaften. Der einst elitäre deutsch-israelische Schüleraustausch wurde mit der Zeit immer vielfältiger. Diese positive Entwicklung sollte weiter vorangetrieben werden. Wenn der deutsch-israelische Jugendaustausch einen Einblick in das reale vielfältige Leben im anderen Land ermöglichen soll, ist es wichtig, den Austausch nicht auf deutsche Gymnasiasten auf der einen Seite und gute Schüler/innen mit aschkenasischem Hintergrund auf der anderen Seite zu limitieren. Die historische Analyse des deutsch-israelischen Schüleraustauschs zwischen Köln-Tel Aviv und Bremen-Haifa hat gezeigt, dass sich der Fokus der Jugendbegegnungen mit der Zeit geändert hat. Während die Hauptaufgabe in den 60er-Jahren darin bestand, Brücken über den Abgrund nach dem Holocaust zu bauen, sind die deutschen und israelischen Gesellschaften heutzutage mit anderen Herausforderungen konfrontiert. Um relevant zu bleiben, muss der deutsch-israelische Jugendaustausch aktuelle Themen, wie die Integration von Ausländern, soziale Ungleichheiten und Jugendarbeitslosigkeit aufgreifen. Auch aus diesem Grund ist es wichtig, Jugendliche in den Austausch zu integrieren, die direkt von diesen Problemen betroffen sind.

1. Simone Heil, Dissertation erschienen unter dem Titel: Young Ambassadors – Youth Exchange and the Special Relationship between Germany and the State of Israel, Baden-Baden 2011.
2. Interview mit Heribert Schüller, 12.09.2006, Köln.
3. Interview mit Bruno Eickholt, 10.08.2007, Köln.
4. Interview mit Yehuda Errell, 11.12.2006, Tel Aviv.
5. Siehe bspw. Interview mit Hilmar Ankerstein, 12.09.2006, Köln.
6. Interview mit Bertold Buchwald, 22.05.2006, Bremen.
7. Interview mit Austauschteilnehmerin, 04.03.2007, Tel Aviv.
8. Interview mit Tamar Guy, 23.01.2007, Tel Aviv.
9. Interview mit Bruno Eickholt, 10.08.2007, Köln.
10. Siehe bspw. Interview mit Reli Pritzker, 06.02.2007, Tel Aviv.
11. Interview mit Ilana Minkin, 11.12.2006, Tel Aviv.
12. Interview mit Norbert Burger, 16.08.2007, Köln.
13. Interview mit Avi Sar, 14.12.2006, Tel Aviv.
14. Interview mit Bertold Buchwald, 22.05.2006, Bremen.
15. Interview mit Tamar Guy, 23.01.2007, Tel Aviv.
16. Interview mit Shlomo Lahat, 04.02.2007, Tel Aviv.
17. Interview mit Sudae Ziva, 26.03.2007, Tel Aviv.
18. Siehe bspw. Interview mit Francoise Cafri, 20.03.2007, Jerusalem.
19. Interview mit Avi Sar, 14.12.2006, Tel Aviv.

## Dr. Simone Evelyn Heil

Geb. 1979 in Kiel, Studium in Politikwissenschaften und Geschichte des Nahen Ostens an der Universität Durham (Großbritannien) und an der Hebräischen Universität in Jerusalem. 2005 Abschluss MA in Nahoststudien. Berufliche Tätigkeiten als Wissenschaftliche Mitarbeiterin an der Jacobs University Bremen, International Graduate School of Social Sciences sowie bei der Friedrich-Ebert-Stiftung. Dissertation über den deutsch-israelischen Jugendaustausch, Stipendium des israelischen Außenministeriums. Seit 2014 Referentin im Nahost- und Afrika Referat der Alexander von Humboldt-Stiftung, Bonn.

# Meeting the Other - Meeting the Self
## The Structure of a German-Israeli Student Exchange

### Alma Lessing

This article describes the development of a German-Israeli student exchange, a complex and dynamic interaction of 3rd and 4th generation Israelis and Germans. Conceived as a cross-cultural encounter of "Meeting the Other" it also provides an encounter with one's own collective identity ("Meeting the Self"). An Israeli-German student exchange is not based on egalitarian reciprocity and is challenged by an inherent asymmetry, which becomes apparent in the course of the exchange: The Israeli and German students, as representatives of their collective cultures, also represent the descendants of the Jewish victims and the descendants of the Nazi perpetrators of the Holocaust. A German-Israeli student exchange is therefore not egalitarian nor is it an exchange between equal partners.

German-Israeli student exchanges are exchanges between high school students. There are however many other forms of German-Israeli youth exchange, such as between sports clubs, twin cities, youth movements etc. These exchanges are often organized around a joint theme, such as a particular sport, a joint project, a common political background, which provides a connecting element. Student exchanges usually lack this joint theme.

This article is based on my M.A. thesis in Social Anthropology[1], the analysis of fieldwork observations as well as personal interviews during a number of Israeli-German student exchanges between the years 1998-2000, in particular the exchange between a secular high school in Jerusalem and a Catholic high school in Berlin over the period of one year, 1998. Since then the many significant changes in Israeli and German society have had their impact on Israeli-German student exchanges as well. Today, the groups of students on both sides are much more diversified, many different forms of exchange could be developed and a growing body of experience and supporting materials is available.

A German-Israeli student exchange is composed of two parts: the visit of the Israeli students to Germany and the visit of the German students to Israel. In the following I will describe and analyse the main processes shaping these two parts. They are structured differently, but they are interdependent. The first influences the development of the second. Each part is marked by the constant and unpredictable intertwining and colliding of different elements which play themselves out on the collective as well as on the individual level. These elements include collective identities, logistical structures, national histories as well as personal emotions. Each part is preceded by a preparation program which also impacts and shapes the development of the exchange.

The exchange is manifested (one could even say physically "embodied") by the Israeli and German students, teachers, families as well as officials on both sides, who are individuals, but also represent collective historical and contemporary cultures and identities. This is a rational, as well as an emotional process. The experience is often physical and non-verbal. Very creative, unpredictable and with many surprises, it links the collective and the individual, past and present, the self and the other on many levels. Not all elements are equally manifested by everyone at all times.

## The First Part of the Exchange: Dealing with the topic of the Holocaust in Germany

The first and perhaps most important element of any German-Israeli student exchange is the constant presence of different (often conflicting) national histories. In the exchange between the high schools in Jerusalem and Berlin both cities represent the cultural and political centres in their respective cultures, but also reach deeply into their collective pasts. For example Berlin as the home of a once striving Jewish community but also the political center of National Socialism between 1933-1945. Jerusalem is the spiritual center of Judaism and Christianity, but also the capital of the State of Israel.

It is in this context that the asymmetry in an encounter between Israelis and Germans is particularly apparent – the asymmetry of an encounter between the descendants of the victims and the descendants of the perpetrators of the Holocaust. This is not an egalitarian exchange between equal partners, not just two different sides of the same coin, or simply two different aspects of the same history. The participants represent and demonstrate a deep divide between Germans and Jews, even three or four generations after the Holocaust. This may be the biggest challenge any Israeli-German student exchange has to acknowledge and to deal with.

Different national histories create and shape the respective collective identities. In the context of an Israeli-German student exchange this manifests itself first in the differences in preparation. The preparation of the Israeli group may last a few months and national and collective identity is consciously emphasised by lectures on Jewish and Israeli history, Israeli society, by group discussions, by a visit to Yad Vashem and by meetings with Holocaust survivors. A previously quite heterogenous group of high school students is consciously being transformed into an "official" Israeli delegation (mishlahat), representing the State of Israel. During the preparation program the students undergo a *gibush*, a process of Israeli group initiation.[2] Aspects of group identity are stressed, as are Israeli identity and Jewish identity. The students' individual identity is thus being magnified by a collective historical memory, particularly the (Israeli) memory of the Holocaust. As an official Israeli delegation travelling to Germany they not only symbolize the State of Israel, but also life and national survival in the face of the Nazi destruction. They thus personally embody Jewish life and Israeli nationalism by the simple fact of their physical presence in Germany.

The German students usually perceive themselves as a heterogeneous group of individuals. The interaction between a German collective national memory, particularly in regard to the Holocaust, and the individual identity of the German students thus developed in a less obvious way. This could be attributed to a conscious de-emphasising of a national, collective German identity. Historically German identity is not viewed positively but rather negatively, or at best, ambivalently. Identification with a more positive collective identity becomes necessary - and possible - for the German students during the second part of the exchange (which usually takes place in Israel).[3] Each Israeli-German student exchange is also shaped by specific logistical elements which constitute the necessary external conditions for the event, allowing not only the exchange to take place but also shape it. For example the exchange partners` particular school systems, as well as the different political bodies and institutions which organize and sponsor the exchange also influence the flavor of a particular exchange. The exchange is also very much shaped by its basic set up, that is the Israeli students staying in the German students` homes in Germany, and the German students staying in the Israeli students` homes in Israel. The basic asymmetry between the Israeli and German participants as the descendants of perpetrators and victims of the Holocaust was expressed by one girl during the preparation of the Israeli group: "We`re going to sleep with the enemy!".[4]

The students, their families, teachers and schools take on the role of hosts as well as guests throughout the exchange. The "guest delegation" usually concentrates more on "content" and "purpose" of the exchange during their preparation, whereas the "host delegation" deals more with the logistics of the visit (schedule, transportation, food[5], "fun" etc.)

The criteria by which participants are chosen are also often handled quite differently. Whether the students volunteered or are chosen by teachers or by lottery does have an impact on group identity. So do the form and character of the different preparation programs in Israel and Germany. But there is more: the visiting program, the geographic location and even the weather conditions during the visit, the particular make up of the different groups of students or their host families, the meetings with officials and politicians (including the question of funding and sponsorship) and issues around food. Another important element is language – Israeli and German students usually communicate in English, a language foreign to both of them and the cause of many misunderstandings and frustrations. In addition German and Hebrew are of course spoken all the time.

Personal emotions, another important element in an Israeli-German student exchange, were a very central part of all exchanges I observed. Although I mainly refer to the students here, it was my observation that this is true for teachers and parents as well. Israeli and German students generally behave and respond emotionally in different ways. The German students appear to be more reserved and more prepared to put up with momentary discomfort. They also act as individuals rather than as a group. The Israeli students are usually more open about their feelings, and are used to expressing them openly. They are also more group-conscious. While the Israeli students often publicly and clearly voice their opinions (including criticism and distress), the German students often choose to retreat into silence. Thus two different behavioural patterns emerge, which are often at odds with each other.

The different elements – National Histories, Logistical Elements, Collective Identities and Personal Emotions – in an Israeli-German student exchange, magnified by the theme of the Holocaust, constantly collide and interact between the students of each group and within the students themselves. They are also highly variable. With each part of the exchange, with each exchange, the actors, the location and the logistical elements change, resulting in a different composition of the various elements each time. The experience of this process is challenging and may be difficult, exhausting and painful, often culminating in an emotional catharsis, even distress. This emotional catharsis is often considered the prime value of each exchange. During the part of the exchange in Germany this usually occurs during and around the memorial ceremony[6]: Suddenly everything comes together: collective histories and identities, emotions and even logistical elements (such as: "What happens if it rains – can we hold the ceremony in a nearby church?"). The outcome – which is usually some form of compromise – often represents the highlight of this part of the exchange. After this cathartic and very emotional experience, the participants often feel relief, exhaustion, even exhilaration.

## II. The Second Part of the Exchange: The State of Israel or the Holy Land?

The memories of the first part are usually carried into the second part of the exchange. It is only natural that the participants expect the modes of communication and lessons learned during the first part to continue into the second part. But instead, memories of the weeks in Germany, finding a modern Israel, changing from "hosts" to "guests" and vice-versa, and the inherent asymmetry between the two groups of students all create a different stage. Although the same elements are active in the second part, they play out differently and major shifts become apparent.

The different collective histories account for the different attitudes of Israeli and German students to past and present and this continues to play an important role in the exchange: In German society the Holocaust is connected to the negative aspects of a German collective identity. It is considered a subject one should know about but it is not a major factor in German identity today, after reunification, particularly among young people. The Holocaust is often represented as the mere result of a fascist or a totalitarian regime. Personal involvement (of the participants` families for example) is usually played down.[7] Therefore the German students are usually accustomed to a more universal representation of the Holocaust and also have a different, more contemplative and universal approach to the forms of representation of the Holocaust. For example they might view a former concentration camp as a museum, a museum of the past. They would relate to the Holocaust as an event of the past, without the need to lift it into the present.

For the Israeli students the memory of the Holocaust always remains part of everyday life. For them, a former concentration camp represents a cemetery, a place for mourning and remembrance, which reaches deeply into the present. They identify themselves with the Jewish victims of the Nazi regime, even if they themselves or their families did not suffer directly during the Holocaust. One could thus say that the need of the Israeli students for a "presence of absence"[8] – of the Jewish victims of the Holocaust, who are part of their own collective Self - was juxtaposed to the need of the German students for an "absence of presence"[9] - of the negative aspects of their own collective self, of the perpetrator, which they preferred to connect solely to the past.

Despite the difficulties associated with addressing the topic of the Holocaust in a group of Israeli and German students meeting in Germany - confronting it together did produce some kind of bond between them. It also provided structure by means of joint visits of Holocaust sites, the memorial ceremony, group discussions and gave meaning to an emotionally difficult journey for both groups.

In the second part of the exchange however, the topic of the Holocaust is left behind in Germany. It is gradually replaced by the presence of (modern) Israel – often at the request of the German students and organizers, but also actively supported – at least initially - by the Israeli students and organizers, eager to show off their country. A visit to a Holocaust memorial site such as *Yad Vashem* is scheduled in most cases without the Israeli students. The German students go there by themselves. ("We`ve been there already many times before!" explained one Israeli student). A wide range of "alternative" topics with an emphasis on the present or even the future, such as "Religion", "The conflict in the Middle East", "Modern Israel", "Democracy" or "Minorities" move to the foreground. This dichotomy – leaving Germany and the past of the Holocaust behind as the participants physically move on to modern Israel and the Middle East - is typical of the second part of the exchange. While the new topics are perhaps less challenging, they do create separation and conflict without providing emotional catharsis or the chance to connect. It is often at this point that the German students begin to challenge the inherent asymmetrical relationship with the Israeli students and their own role as descendants of the Nazi perpetrators. Driven by their need to redefine their own collective Self they choose to emphasize more universal and global values.

While the attitudes of the Israeli and the German students to their collective histories and identities are very different, the dialogue between the Self and the Other within each group, so typical of German-Israeli student exchanges, continues. In Germany, the Israeli students had emphasised their collective Jewish Self in relation to the Other Non-Jewish German world, and even their Israeli identity in relation to Non-Israeli Jewish residents of Germany.[10] This led to a very emotional and even physical experience of the exchange. While the attitude of the Israeli students remains basically the same in Israel, the perception of the collective Self of the German students undergoes a transformation. Their emphasis on "universal topics and values" is an attempt to introduce positive aspects of a "German" collective Self, and is the direct result of their encounter with the "Other", the Israeli students. This however leads to feelings of confusion and dissatisfaction among Israeli and German students alike:

In the specific exchange I observed in detail, the German students (from a Catholic high school) emphasized the theme of Christian religion during their stay in Israel. The significance of Christianity for them contributed to an increasing feeling of separation between German and Israeli students. Communication became more and more difficult as the German students spent large parts of the exchange on their own at the Christian sites in Jerusalem and the Galilee. Their Christian identity was emphasized too in separate group discussions and through the joint singing of Christian songs. Through their open identification with Christianity, its roots and presence in the Holy Land, the German students gradually disconnected from the modern Jewish State of Israel, the home of the Israeli students, They turned it into the mythological Land of Israel, thus making it part of their own collective Christian-universal memorial landscape. The Israeli students could not share the theme of Christianity. Not only did they not understand it and/or did not want to understand, but the emphasis on Christianity excluded them as Jews and Israelis. The dominance of the Israeli students during the first part of the exchange was now replaced by the dominance of the German students in Israel in a manner that ignored the historical and contemporary Jewish identity of the Holy Land. By emphasizing their positive Christian and universal collective identity, the German students sought to challenge – perhaps even reverse - the assymetrical relationship between themselves as the descendants of the Nazi perpetrators, and the Israeli students as the descendants of Nazi victims.

This challenge also occurred in other exchanges I observed, but it took different forms. Instead of Christianity the conflict in the Middle East was often emphasized during the second part of the exchange. Heated political discussions about the role of Israel in the Middle East conflict with the Holocaust reverberating in the background (Perpetrators? Victims?) led as well to a growing separation between Israeli and German students.

## Summary

One could say that German-Israeli student exchanges are shaped by the intertwining of the respective collective histories and identities as well as specific logistic exchange set ups in both countries, and the emotions and actions of its participants. Both groups of students develop a heightened awareness of their own collective identity throughout the exchange - precisely because it is mirrored by a different, conflicting, collective identity - the Other.[11]

As an "official Israeli delegation", the Israeli students experienced their collective identity, history and memory to be intrinsically connected to the theme of the Holocaust. While they came to Germany to meet German students, they also came on a mission to commemorate the Jewish victims of the Holocaust. However, the presence of the German students, the physical residues of the Nazi past in Germany, the exposure to German forms of commemoration - or rather non-commemoration - of the Holocaust, as well as the encounter with other forms of Jewish identity outside of Israel, often make it impossible for them to carry out their task as they had envisioned. They often experience a feeling of failure, but also identify more strongly as Jews and as Israelis.

The German students, on the other hand, are forced by the presence of the Israeli students and Israeli forms of commemoration of the Holocaust to address their own collective national identity – a topic they would prefer to avoid otherwise because of its negative connotations in this context. They often feel uncomfortable: Through their contact with the Israeli students they view their collective identity, history and memory as connected to the theme of Nazism which they obviously cannot identify with. The need for the consolidation of a more positive collective

German Self often finds its expression later in the exchange, in Israel.

The Israeli students stress the "Self in Relation to the Other", emphasizing issues of personal and collective national identity and expressing this emotionally through an active, empathic approach, throughout both parts of the exchange. In contrast, the emphasis of the German students on the "Other in Relation to the Self" during the first part of the exchange, is expressed by an analytical-passive approach. While in Germany they prefer not to openly address their own collective identity. In Israel they embark on a search for a more positive collective Self and their emphasis gradually shifts to the "Self in relation to the Other". By doing so they also openly challenge, maybe even attempt to reverse, the asymmetrical relationship between Israeli and German students as descendants of Nazi perpetrators and Nazi victims, inherent in every German-Israeli student exchange.

It seems as if Israeli and German students originally set out to meet the Other, but encounter first and foremost themselves. They become more aware of facets of their own collective roots and identities, as well as aspects and sides of their collective Self, which had been less obvious to them before. Israeli students may experience the tensions between a Jewish and an Israeli identity by meeting non-Zionist Jews or fellow Israelis living abroad. German students on the other hand may learn more about what it means to be German today or about the significance of their Christian identity when visiting Israel. Israeli-German student exchanges thus provide a chance to examine one's own collective Self, precisely through meeting the Other.

[1] Lessing, Alma: Remembering the Past. Enacting the Present – Creating the Future? An Analysis of an Israeli-German Student Exchange, Jerusalem 2004 (M.A. thesis submitted to the Hebrew University of Jerusalem, supervised by Prof. Don Handelman, Department of Sociology and Anthropology).

[2] Katriel, Tamar: "Remaking Place. Cultural Production in Israeli Pioneer Settlement Museums", in: Eyal Ben Ari/Yoram Bilu (eds.): Grasping Land. Space and Place in Contemporary Israeli Discourse and Experience, New York 1997, p. 149.

[3] The different backgrounds of the German students (such as from former East or West Germany, descendants of immigrant families, different religious identities) which contribute to contemporary German identity, become more apparent and are openly discussed during the 2nd part of the exchange.

[4] In another exchange a student mentioned having noticed photos of members of his German host family in "Nazi" (meaning German Army or Wehrmacht) uniform.

[5] In any Israeli-German student exchange food in general, and kosher food in particular, is an issue. In Germany often special arrangements are made to provide vegetarian meals and/or dishes which do not mix meat and milk for the Israeli students. The observance of Kashrut laws in a German-Israeli student exchange however also seems to be related to issues of national and cultural identity and not only to degrees of religious observance. Food issues are also part of the physical "embodiment" of the exchange.

[6] Usually the Israeli delegation prepares the ceremony during their preparation program. It includes songs, poems or parts from testimonials or letters from Holocaust survivors, personal statements from the students themselves (often including their own family history), Kaddish (the Jewish memorial prayer), the lighting of memorial candles and the singing of the Israeli National anthem, HaTikvah. During the ceremony the Israeli students often wear white shirts, as customary during public memorial ceremonies in Israel, most of the boys were Kippot (skullcaps), even if not religious, in respect of the religious aspect of the ceremony. In many cases the Israeli flag is openly displayed. Suddenly a question arises: What is the role of the German students in all this? Is it also their memorial ceremony? Can

they participate? Do they want to participate? If yes, how? And in which language? Who is being commemorated here? Jewish victims of the Holocaust? ALL victims of the Holocaust? What about the great-grandfather of one of the German students who died as a soldier of the German army in WWII? Can he be included in the memorial ceremony? Can Christian prayers be introduced into the (basically Jewish) ceremony? What about displaying a German flag? Do the German boys have to wear Kippot? Are we holding hands or not?

7  Particulary in the former GDR, where the students of this particular exchange had grown up. This specific exchange took place in 1998.

8  Handelman, Don/Shamgar-Handelman, Lea: "The Presence of Absence: The Memorialism of National Death in Israel", in: Eyal Ben-Ari, Yoram Bilu (eds.): Grasping Land. Space and Place in Contemporary Israeli Discourse and Experience; New York 1997, pp. 85-129.

9  See above.

10  At the time of my fieldwork there were only a few Israelis living in Berlin.

11  This also represents the main decisive difference between Israeli-German youth exchanges and the trips to Holocaust Poland by Israeli youth, where a confrontation with the Other (Poles or Germans or both) simply does not exist. See: Feldman, Jackie: חיבור לשם קבלת תואר דוקטור לפילוסופיה. את אחי אני מבקש (dt.: "I am looking for my brothers ". PhD-Thesis), Hebrew University Jerusalem 1998.

Bibliography

- Tamar Katriel: "Remaking Place. Cultural Production in Israeli Pioneer Settlement Museums", in: Eyal Ben Ari and Yoram Bilu (eds.): Grasping Land. Space and Place in Contemporary Israeli Discourse and Experience, New York 1997.

- Handelman, Don/ Shamgar-Handelman, Lea: "The Presence of Absence: The Memorialism of National Death in Israel",in: Eyal Ben-Ari/Yoram Bilu: (eds.): Grasping Land. Space and Place in Contemporary Israeli Discourse and Experience, New York 1997, pp. 85-129.

## Alma Lessing

Born in 1958 in Wiesbaden, West-Germany. Arrived in Israel in 1978 as volunteer of Action Reconciliation (Aktion Sühnezeichen). Living in Jerusalem and mother of two sons.

M.A. in social anthropology at the Hebrew University (M.A. thesis: "Remembering the Past, Enacting the Present – Creating the Future? An Analysis of an Israeli-German Student Exchange", 2004). 2004-2006: member of the Israeli-German work group "After 60 years: The significance of the Holocaust in the young generation in Israel and Germany". Working as a research administrator for the Hebrew University of Jerusalem, in charge of research collaborations with European countries.

# Begegnung von Identitäten:
## Der Jugendaustausch als Mittel zur Förderung des politisch-gesellschaftlichen Bewusstseins in einer multikulturellen Gesellschaft

## Dr. Yochay Nadan

Der deutsch-israelische Jugendaustausch findet im Rahmen der diplomatischen Beziehungen zwischen beiden Ländern statt und feiert dieses Jahr sein 60-jähriges Bestehen. Diese Beziehungen wurden 1965 aufgenommen und werden insofern als „besondere Beziehungen" bezeichnet, als die Vergangenheit zwischen Juden und Deutschen ständig präsent ist.[1] Obwohl der Jugendaustausch bereits seit Anfang der 1950er-Jahre besteht, wurde er erst im Jahre 1969 zu einer offiziellen Institution erklärt (damals zwischen Israel und der alten Bundesrepublik). Im Jahr 1973 wurde ein offizielles Dokument unterzeichnet, das den Titel „Gemeinsame Bestimmungen für die Durchführung und Förderung des Deutsch-Israelischen Jugendaustausches" trug und letztmalig 2011 überarbeitet wurde.[2]

In der Einleitung zu den gemeinsamen Bestimmungen heißt es, dass die Regierungen Israels und Deutschlands durch die Förderung des deutsch-israelischen Jugendaustauschs dazu beitragen, „der jungen Generation beider Länder das Kennenlernen des jeweils anderen Landes, seiner Gesellschaft, Geschichte und Kultur sowie der Lebenswelten junger Menschen zu ermöglichen". Es ist interessant zu sehen, dass in der jüngsten Fassung der Richtlinien (aus dem Jahr 2011) Änderungen vorgenommen wurden, die den Zeitgeist in beiden Ländern zum Ausdruck bringen. Dabei liegt der Schwerpunkt auf der Auseinandersetzung der Teilnehmenden mit Fragen, die der Tatsache Rechnung tragen, dass beide Staaten vielfältig und multikulturell sind. Zudem wird auf die Bedeutung der direkten Auseinandersetzung mit sich daraus ergebenden Inhalten hingewiesen. So führen die Richtlinien zum Beispiel aus, dass bei Begegnungen in Israel Treffen und Diskussionen mit Juden und Arabern stattfinden sollten. In der Vergangenheit lag der Schwerpunkt der Begegnungen auf dem gegenseitigen Kennenlernen und der Herstellung von Kontakten zwischen Juden und Deutschen bei Betonung der Shoah und der gemeinsamen Vergangenheit. Man kann argumentieren, dass sich heute die Perspektive erweitert zu haben scheint, wobei die Begegnungen auf eine Beschäftigung mit einem breiten Spektrum gesellschaftlicher Themen ausgerichtet sind. Diese wiederum berücksichtigen die Tatsache, dass es sich um Begegnungen zwischen Jugendlichen handelt, die in heterogenen und multikulturellen Ländern leben. In den ersten Jahren des Jugendaustauschs nahmen an diesen Begegnungen vor allem Deutsche ohne

Migrationshintergrund sowie israelische Juden aschkenasischer Herkunft teil, die aufgrund ihrer Familiengeschichten einen direkten Bezug zur Shoah und zur Geschichte der europäischen Juden hatten. Heute jedoch versuchen die Austauschprogramme, Jugendliche mit unterschiedlichen kulturellen Herkünften und mit vielfältigen Familiengeschichten einzubeziehen.

In diesem Artikel vertrete ich die These, dass der deutsch-israelische Jugendaustausch die Gelegenheit bietet, über das Kennenlernen des „Anderen" und die gegenseitige Annäherung hinauszugehen (Entstehung von Freundschaften und Verbindungen, Abbau von Vorurteilen sowie Annäherungen zwischen den Völkern). Ich argumentiere, dass der deutsch-israelische Jugendaustausch auch ermöglicht, den Blick ins Innere der Gesellschaft zu richten, in der wir leben (Israelis auf Israel und Deutsche auf Deutschland). Das bedeutet, dass wir durch die Begegnung mit dem „Anderen" in der Lage sind, auf uns selbst zu blicken (als Individuen und als Gesellschaft). Diese Perspektive könnte zur Entwicklung eines kritischen gesellschaftlich-politischen Bewusstseins hinsichtlich der Gesellschaft, in der wir leben, beitragen. Dieses Bewusstsein könnte in Zukunft die Grundlage für eine Position bilden, die zu einem aktiven bürgerschaftlichen Engagement der Teilnehmenden in ihren Ländern führt. Das pädagogische Potenzial verstärkt sich, wenn die teilnehmenden Gruppen in ethnischer, kultureller, religiöser und nationaler Hinsicht vielfältig sind. Dies ermutigt die Auseinandersetzung mit Vielfalt und Anderssein wie auch mit Fragen zu Demokratie und sozialer Gerechtigkeit. Dieses Ziel spiegelt sich in der aktuellen Fassung der „Gemeinsamen Bestimmungen" wider: „Internationale Jugendarbeit ermöglicht es jungen Menschen, andere Länder, Kulturen, Menschen und internationale Zusammenhänge kennenzulernen, sich mit ihnen auseinanderzusetzen und die eigene Lebenssituation besser zu erkennen. Sie soll jungen Menschen darüber hinaus bewusst machen, dass sie für die Sicherung und demokratische Ausgestaltung eines friedlichen Zusammenlebens und für mehr Freiheit und soziale Gerechtigkeit in der Welt mitverantwortlich sind."

Dieser Artikel besteht aus drei Teilen: Im ersten Teil werde ich das Projekt „Berlin meets Haifa" beschreiben, ebenso die von uns durchgeführte wissenschaftlichen Untersuchung zu den Erfahrungen, die die israelischen Teilnehmenden in diesem Projekt gemacht haben. Im zweiten Teil werde ich die wesentlichen Ergebnisse der Untersuchung vorstellen und abschließend auf diese Ergebnisse und ihre Rückschlüsse auf den deutsch-israelischen Jugendaustausch eingehen.

### Das Projekt „Berlin meets Haifa"

„Berlin meets Haifa" ist ein besonderes Projekt akademischer Kooperation zwischen dem Institut für Sozialarbeit an der Universität Haifa und der Alice Salomon Hochschule in Berlin. Das Projekt wurde im Jahr 2006 von Bianca Ely und Keren Pardo ins Leben gerufen. Bei den Teilnehmerinnen und Teilnehmern handelt es sich um Studierende der Sozialen Arbeit in Deutschland und in Israel (Alter Anfang 20), wobei jedes Jahr ungefähr 30 Studierende, jeweils gleich viele Deutsche und Israelis, teilnehmen. Außer einer akademischen Lehrveranstaltung, die jede Gruppe gesondert besucht, finden zwei gemeinsame je einwöchige Begegnungen statt, die erste in Israel, die zweite in Deutschland. Die Begegnungen beinhalten gemeinsame Workshops, separate Workshops (in-groups), Gedenkstättenbesuche sowie Besuche in Einrichtungen der Sozialen Arbeit. Es ist wichtig darauf hinzuweisen, dass ein Teil des Programms von der gastgebenden Gruppe festgelegt wird. Das heißt die deutschen Studierenden planen, mit welchen Stätten und Inhalten ihre israelischen Kommilitoninnen und Kommilitonen konfrontiert werden sollen, wenn sie Deutschland besuchen, und umgekehrt. Es ist beabsichtigt, dass die Gruppen ethnisch, religiös, national und hinsichtlich der Geschlechter so vielfältig zusammengesetzt sein sollen wie möglich. Im Laufe der Jahre bestand die israelische Gruppe tendenziell aus Juden und Arabern, „Alteingesessenen" und Neueinwanderern, Personen unterschiedlicher ethnischer Herkunft, Frauen und Männer. Auf diese Weise ist bereits innerhalb jeder Gruppe eine kulturelle Vielfalt zu verzeichnen. Das Projekt befasst sich mit Aspekten der Erinnerung, Identität und Multikulturalität. Diese werden aus persönlicher, gruppenspezifischer, gesellschaftlicher und beruflicher Sicht analysiert. In den Jahren 2007 – 2011 habe ich zusammen mit Professor Adital Ben-Ari das Projekt seitens der Universität Haifa geleitet, gemeinsam mit unseren Kolleginnen der Alice Salomon Hochschule in Berlin. Ein bzw. zwei Jahre nach Teilnahme am Projekt haben wir mit 15 Studentinnen und Studenten der israelischen Gruppe eine qualitative Untersuchung durchgeführt. Bei der qualitativen Methodologie konzentrieren sich die Forscher auf eine relativ eingeschränkte Zahl von Teilnehmenden, die detailliert befragt werden. Auf diese Weise haben wir mit jedem einzelnen Teilnehmenden ein Tiefeninterview von eineinhalb Stunden durchgeführt. In Verlauf dieses Interviews versuchten wir, die subjektiven Erfahrungen der am Projekt Teilnehmenden, wichtige Stationen des Besuchs und andere Aspekte zu verstehen. Von jedem Interview wurde ein Skript angefertigt und eine Analyse nach thematischen Gesichtspunkten durchgeführt.[3]

### Ergebnisse der Untersuchung

Die Analyse der Interviews mit den israelischen Teilnehmerinnen und Teilnehmern ergab mehrere Themen, von denen ich im Folgenden auf drei eingehen werde. Diese sind für die Diskussion hinsichtlich des Beitrags des deutsch-israelischen Jugendaustauschs zur Entwicklung eines gesellschaftlich-politischen Bewusstseins in einer multikulturellen Gesellschaft relevant.

**1) Viele Blickwinkel**

Die Teilnahme an den Gruppenbegegnungen kann zur Entwicklung von Selbsteinsicht und einer Art Ernüchterung hinsichtlich der Natur und der Neigung des Menschen beitragen, seine Umwelt durch eine ethnozentrische Brille zu betrachten. Ein komplexeres Weltbild entsteht durch aktive Anstrengung, sich zusätzliche Blickwinkel zu eigen zu machen. Befinden sich die Angehörigen der israelischen Gruppe in der „Gastposition" (in Deutschland), sind sie gefordert, sich gegenüber der deutschen Gruppe als Vertreter/in eines klaren, einheitlichen und starken „israelischen" Nationalbewusstseins zu positionieren („Delegation"), bei gleichzeitiger Betonung von Elementen, die mit ihrer jüdischen Identität verbunden sind. Demgegenüber ermöglicht ihnen ihre Position als „Gastgebende" (in Israel) neue Perspektiven auf ihre eigene Lebensrealität. Es fällt auf, dass die Notwendigkeit, der deutschen Gruppe diese Wirklichkeit in kultureller, gesellschaftlicher und politischer Hinsicht zu erklären, eine besondere und neue Erfahrung darstellt. Die jüdische Teilnehmerin Sharon[4] beschreibt dies wie folgt:

*„Bei der Begegnung in Israel – im Gegensatz zur Begegnung in Berlin – fühlte ich mich stark und sicher. Die Gegenwart der deutschen Gruppe führte bei mir dazu, alles auf andere Weise zu betrachten, als sähe auch ich die Dinge zum ersten Mal."* (Sharon)

Die Rolle als Gastgeber/in der anderen Gruppe ist impulsgebend dafür, den bekannten und vertrauten Blick auf die Realität, in der wir leben, zu erweitern. Diese Konstellation wird verstärkt, wenn die andere Gruppe (die Gäste) in kultureller, ethnischer und nationaler Hinsicht vielfältig ist. Bei solchen Gruppen sind auch die Mitglieder der gastgebenden Gruppe, bisweilen erstmalig, mit Erklärungen und Sichtweisen konfrontiert, die Angehörige ihrer Gruppe den Gästen liefern. Dies erfolgt vor dem Hintergrund der gruppeninternen Diskussion über die Art und Weise, wie sie, die Gastgeber, die Realität darstellen sollen sowie in Reaktion auf die Fragen, die die Gäste stellen. Hanin, eine arabische Teilnehmerin, beschreibt den Beitrag der Begegnung mit der deutschen Gruppe zur Entwicklung des Dialogs innerhalb der israelischen Gruppe:

*„Die bloße Tatsache, dass die Deutschen existieren, führte bei uns, Juden und Arabern, dazu, dass wir über den Konflikt reden mussten. Die Deutschen sind gewissermaßen ‚tabula rasa' gekommen und haben uns einfache Fragen gestellt, die uns zwangen, uns mit diesen auseinanderzusetzen. Diese Auseinandersetzung war für uns lehrreich."* (Hanin)

Der Blick der deutschen Gruppenmitglieder auf die Beziehungen zwischen Juden und Arabern ermöglicht den Teilnehmenden (der israelischen Gruppe), einen komplexeren Blick auf die eigenen Beziehungen zu werfen. Meistens sind es die Angehörigen der Mehrheitskultur, die als erste die Sichtweise der Minderheitsgruppe aufzeigen. Im folgenden Zitat beschreibt Ronit, wie die Vielfalt innerhalb der israelischen Gruppe dazu beiträgt, verschiedene Blickwinkel einzunehmen und damit einen Reflexionsprozess über Sicht und Interpretation ihrer eigenen Lebensrealität auszulösen.

*„Ich begann zu verstehen, dass ich alle Blickwinkel suchen muss. Bis zum Beginn des Projekts glaubte ich irgendwie, dass ich mich bemühe, die Geschichte so umfassend wie möglich zu sehen und so viele Seiten wie möglich zu verstehen [...]. Ich habe verstanden, dass dem nicht so ist, dass ich bis heute die Aspekte, zu denen ich keinen Zugang habe, nicht gesucht habe. Ich glaube, das gilt allgemein für viele Lebensbereiche [...]. Das ist in jeder Geschichte so, auch in meinem beruflichen Kontext."* (Ronit)

## Auseinandersetzung mit der Komplexität von persönlichen und kollektiven Identitäten

Internationale Begegnungen im Allgemeinen und deutsch-israelische im Besonderen fordern zu einer Auseinandersetzung mit der persönlichen und kollektiven Identität der Teilnehmenden auf. Der „Andere" kommt aus einem anderen Land und definiert sich vielfach in einer von mir unterschiedlichen Weise. Auf der persönlichen Ebene bietet die Begegnung mit diesem „Anderen" die Möglichkeit, über die Art und Weise, wie ich mich als Privatperson definiere und die verschiedenen Identitäten in mir betrachte, zu reflektieren. Auf der kollektiven Ebene lädt die Begegnung dazu ein, zu untersuchen, wie wir uns als Gesellschaft definieren und uns gegenüber den unterschiedlichen, bei uns existierenden Identitäten verhalten.

Es liegt in der Natur der Sache, dass Personen in einer bestimmten Gesellschaft Identitäten, die in dieser bestehen, sowie die im Zusammenhang mit diesen Identitäten geführten Diskurse, als Selbstverständlichkeit betrachten. „Es ist einfach so", ohne dass es zu einer reflektierenden Betrachtung der gesellschaftlichen Prozesse kommt, die dafür verantwortlich sind. „Es ist einfach so", dass bestimmte Kategorien (wie Religion, Nation, Gemeinschaft, geografischer Standort, Gender) auf Kosten anderer Kategorien eine herausragende Position einnehmen. Amit, ein jüdischer Teilnehmer, beschreibt seine Erkenntnis, dass die Frage der nationalen Identität von der deutschen und der israelischen Gruppe unterschiedlich wahrgenommen wird:

*„Ich glaube, dass es richtig ist, dass ein Mensch eine Identität haben soll; ich schäme mich nicht, dass ich eine israelische Identität habe. Ich weiß nicht, ob ich stolz darauf bin, doch lebe ich meine israelische Identität. Die Haltung der Deutschen ist, dass sie identitätslos sind, d.h. sie sind Bürger der ganzen Welt. Was sie betrifft, so hat es keine Bedeutung, dass sie in Deutschland leben. Sie leben einfach ihr Leben [...]. Ich habe bei ihnen etwas gesehen, das es bei mir nicht gibt, nämlich diese Existenz eines „Weltbürgers". Auf unsere Identität kommt es nicht an. Wir können in Deutschland, Ungarn, ich weiß nicht wo, in Tschechien leben, das ist völlig bedeutungslos. Für mich ist das etwas Neues, das ist nicht mein Weg zu leben. Einer solchen Einstellung bin ich bis jetzt nicht begegnet, denn in Israel hat jeder eine umfassende Identität, kämpft für diese Identität und das hier ist eine völlig andere Haltung, etwas vollkommen Neues."* (Amit)

Dieser Beschreibung entnehmen wir, dass die Begegnung mit „etwas Neuem" ein Bewusstsein für etwas entwickelt, das es in der einen Gesellschaft gibt und in der anderen nicht. In der Wahrnehmung des israelischen Teilnehmers ist die Tatsache, dass der nationalen Identität in der deutschen Gesellschaft ein weniger zentraler Stellenwert zukommt als in der israelischen, Anlass zu Fragen und zu Gedanken hinsichtlich der Zentralität der nationalen Identität in der israelischen Gesellschaft.

Im Rahmen des Gruppenprozesses kann man sehen, wie die Auseinandersetzung mit der nationalen Identität und die unterschiedliche Bedeutung, die sie in jeder Gruppe erhält, es ermöglicht, diese Frage auch innerhalb der israelischen Gruppe zu prüfen. Diese Prüfung betrifft die verschiedenen Umgangsweisen und Bedeutungen, die dem Thema ‚Nation' von unterschiedlichen Einzelpersonen und Subgruppen, vor allem Juden und Arabern, beigemessen werden. Die Fragestellung führte in der israelischen Gruppe zu einer spannenden Diskussion über die Gründe, warum die nationale Identität in der israelischen Gesellschaft eine solch zentrale Rolle spielt, sowie über die Konsequenzen dieser Zentralität für die Gesellschaft wie auch für die Beziehungen zwischen Juden und Arabern.

**2) Geschichte als Narrativ**

Die Begegnungen zwischen Israelis und Deutschen fördern die Entwicklung eines Bewusstseins für die Relativität der Narrative, für deren gesellschaftlich strukturierten Charakter und auch für den Diskurs über die Gedenkkultur. Trotzdem ist nicht erkennbar, dass in den meisten Begegnungen der Schwerpunkt auf dieses Ziel gesetzt wird. Eine frühere von mir durchgeführte Untersuchung, die sich auf Interviews mit israelischen und deutschen Teilnehmenden am Jugendaustausch stützte, ergab, dass bei den Begegnungen dem israelisch-jüdischen Narrativ der Shoah gegenüber dem deutschen Priorität eingeräumt wird.[5] Wenn aber eine gemeinsame Beschäftigung mit der Erinnerung an die Shoah in Workshops erfolgt und verschiedene Perspektiven zu dieser Erinnerung und zur Erinnerungskultur in jedem Land berücksichtigt werden, kann dies zu einem Verständnis beitragen, wonach die historische Erinnerung eigentlich das Narrativ darstellt und ein spezifischer Weg ist, um die Ereignisse der Vergangenheit zu erzählen. So ist das Narrativ immer vom Blickwinkel, von der Kultur und dem historischen Kontext abhängig. Als gesellschaftabhängige Größe ist es auch mit gesellschaftlichen und politischen Strukturen verbunden sowie mit solchen, bei denen Machtverhältnisse eine Rolle spielen. Eine gemeinsame Auseinandersetzung mit dem Thema fördert das Verständnis für die Tatsache, dass die private Erinnerung mit der kollektiven zusammenhängt und in diese eingebettet ist. Wenn eine breit angelegte Auseinandersetzung mit dem Narrativ im Kontext einer internationalen Begegnung erfolgt, kann sie auch im internen Kontext verwirklicht werden (zwischen ethnischen Gruppen wie Aschkenazim und Mizrachim, Menschen verschiedener Hautfarben, Neueinwanderern und Alteingesessenen, Juden und Arabern etc.)

In einem Projekt wie „Berlin meets Haifa", mit jüdischen und arabischen Teilnehmenden, ermöglichte die Auseinandersetzung mit der Erinnerung an die Shoah vor dem Hintergrund unterschiedlicher deutscher und israelischer Narrative dazu und zum Zweiten Weltkrieg und einer unterschiedlichen Gedenkkultur, eine Diskussion über verschiedene Narrative in jedem der beiden Staaten. Diese Auseinandersetzung förderte auch das Bewusstsein, dass es zusätzliche, alternative Narrative zu den dominanten gibt. Die Einsicht der Existenz verschiedener Narrative kann auch die Fähigkeit befördern, die Realität aus der Perspektive des „Anderen" durch sein Narrativ zu sehen, auch wenn man nicht immer mit diesem einverstanden ist.[6]

*„Was sich bei mir geändert hat, ist eine viel stärkere Empathie und ein größeres Verständnis für die arabischen Freunde. Ich glaube, dass das schon vorher vorhanden war, aber das ist jetzt viel konkreter und ich habe es im Laufe der Begegnung immer besser verstanden und das hat sich bei mir eingeprägt [...]. Bei all diesen Dingen, die sehr israelisch sind, zum Beispiel beim Singen der Hatikvah [israelische Nationalhymne]. Ich singe sie zwar mit, ich habe überhaupt kein Problem damit und tue das von ganzem Herzen, doch schleicht sich bei mir der Gedanke ein, dass die arabischen Freunde keine Hymne haben – die Hatikvah ist eine sehr jüdische Hymne – wir haben ein ganzes Volk außen vor gelassen, das mit uns in einem Staat lebt. Also, ich glaube, da ist etwas klarer geworden, ich habe jetzt infolge dieses Projekts ein tiefergehendes Verständnis."* (Alon)

### Schlussbemerkung

Die Ergebnisse der Untersuchung zeigen, dass der deutsch-israelische Jugendaustausch eine seltene Gelegenheit bietet, bei den Teilnehmenden ein gesellschaftlich-politisches Bewusstsein zu entwickeln. Dies erfolgt durch die Förderung kritischer Reflexion im Zusammenhang mit zwei zentralen Begriffen: Kontextualität und Machtverhältnisse.

„Kontextualität" ist ein Begriff, der sich auf kulturelle, gesellschaftlich-politische und globale Kontexte bezieht, in denen das Individuum agiert. Diese Kontexte gestalten die Bedeutungen und Auslegungen, die das Individuum seinen Erfahrungen zuordnet. Die Analyse der Ergebnisse zeigt, dass Begegnungen zwischen Gruppen – was in der Natur der Sache liegt – und insbesondere Begegnungen im internationalen Rahmen, die Teilnehmenden dazu animieren, zwischen verschiedenen Blickwinkeln zu wechseln. So ermöglicht die Begegnung einen kritischen Blick auf den Stellenwert des Kontexts bei der Strukturierung sowohl von menschlichen Erfahrungen als auch von zwischenmenschlichen Beziehungen und Beziehungen zwischen Gruppen. Der Begriff „Machtverhältnisse" [power relations] drückt aus, dass man sich der Existenz eines Machtgefälles und seiner Auswirkung auf schwächere Gruppen (wie Diskriminierung, Marginalität, Unterdrückung, zum Schweigen bringen) und auf stärkere Gruppen (wie Bevorzugung beim Zugang zu Ressourcen, Dominanz, Fähigkeit andere Gruppen im Diskurs zum Schweigen zu bringen) bewusst ist. Im Laufe der Begegnung konnten die Teilnehmenden die Fähigkeit entwickeln, die Frage kritisch zu reflektieren „welcher Blickwinkel einen höheren Status einnimmt". Außerdem konnten sie die gruppenbezogene und gesellschaftliche Dynamik reflektieren, die solche Prozesse gestaltet (wie die Beziehung Mehrheit-Minderheit).

Der Bezug zu den Begriffen Kontextualität und Machtverhältnisse kann bewirken, dass solche Programme einen Schritt über das Primärziel hinausgehen. Das Primärziel beinhaltet gegenseitiges Kennenlernen und Annäherung an den „Anderen", was sich im Schließen von Freundschaften, dem Aufbau von Verbindungen und dem Abbau von Vorurteilen äußert. Zusätzlich zu diesen wichtigen Zielen besitzen die Begegnungen das Potenzial, ein kritisch-reflektierendes Bewusstsein zu schaffen hinsichtlich der Gesellschaft, in der wir leben (Israelis gegenüber Israel, Deutsche gegenüber Deutschland). So entsteht durch die Begegnung mit dem „Anderen" eine Betrachtung von uns selbst (als Individuen und als Gesellschaft), wie aus den von uns präsentierten Ergebnissen der Untersuchung hervorgeht. Ein solches erzieherisches Projekt erfordert eine passende Ausbildung der Begegnungsleiter/innen und die Vermittlung eines relevanten pädagogischen Instrumentariums. Sie schaffen ein Bewusstsein dafür, wie der „Andere" und das „Selbst" wahrgenommen und wie kollektive Narrative und Gedenkkultur strukturiert werden.

Solch pädagogisches Handeln kann zur Entwicklung eines kritischen gesellschaftspolitischen Bewusstseins bei den Teilnehmenden beitragen. Dies wiederum kann in Zukunft als Grundlage für eine Haltung dienen, die zu einem aktiven bürgerschaftlichen Handeln bei den Mitwirkenden in ihren Ländern führen könnte. Ein solches pädagogisches Handeln kann die erklärten Ziele des Jugendaustauschs konkret fördern, indem die jungen Leute andere Länder, Kulturen, Menschen sowie ein internationales Umfeld kennenlernen und sich mit diesen

### Dr. Yochay Nadan

Forscher und Dozent am Paul Baerwald Institut für Sozialarbeit und Wohlfahrt der Hebräischen Universität in Jerusalem. Masterstudium an der Alice Salomon Hochschule in Berlin, Abschlussarbeit zum deutsch-israelischen Jugendaustausch. Promotion an der Universität Haifa zu einem Projekt des gemeinsamen Lernens von deutschen und israelischen Studierenden. Derzeit tätig in Forschung und Lehre – zu Fragen des Multikulturalismus in der Sozialen Arbeit – in Forschung, Praxis und der Ausbildung von Fachkräften.

auseinandersetzen. Dadurch können sie deren Lebensweise besser verstehen. Darüber hinaus sollte diese Aktivität den jungen Menschen verdeutlichen, dass auch sie dazu aufgerufen sind, die Umsetzung und demokratische Gestaltung eines gemeinschaftlichen Lebens in Frieden sicherzustellen und sich für Freiheit und sozialer Gerechtigkeit in der Welt verantwortlich zu fühlen.

---

1. Gardner-Feldman, Lily: The Special Relationship between West Germany and Israel, Boston 1984.

2. ConAct – Koordinierungszentrum Deutsch-israelischer Jugendaustausch/Israel Youth Exchange Authority: Gemeinsame Bestimmungen für die Durchführung und Förderung des Deutsch-Israelischen Jugendaustausches, Lutherstadt Wittenberg 2011.

3. Zur weiteren Erörterung der Methodologie wie auch zur Diskussion weiterer Ergebnisse siehe: Nadan, Yochay/Weinberg-Kurnik, Galia/Ben-Ari, Adital: "Bringing context and power relations to the fore: Intergroup dialogue as a tool in social work education", in: British Journal of Social Work 45 (2015), S. 260 – 277. Weinberg-Kurnik, Galia/Nadan, Yochay/Ben-Ari, Adital: "It takes three for dialogue: Considering a triadic structure of intergroup encounter", International Journal of Conflict Management 26,1 (2015), S. 68 – 84.

4. Alle Namen und identitätshinweisenden Merkmale wurden geändert, um die Anonymität der Interviewten zu gewährleisten.

5. Nadan, Yochay: German-Israeli youth exchange as a tool for long-term peacebuilding, Masterarbeit an der Alice-Salomon-Fachhochschule für Sozialarbeit und Sozialpädagogik, Berlin 2006.

6. Salomon, Gavriel: "A narrative-based view of co-existence education", in: Journal of Social Issues 60,2 (2004), S. 273 – 287.

### Literaturhinweise

- ConAct – Koordinierungszentrum Deutsch-israelischer Jugendaustausch/Israel Youth Exchange Authority: Gemeinsame Bestimmungen für die Durchführung und Förderung des Deutsch-Israelischen Jugendaustausches, Lutherstadt Wittenberg 2011.

- Gardner-Feldman, Lily: The Special Relationship between West Germany and Israel, Boston 1984.

- Nadan, Yochay/Weinberg-Kurnik, Galia/Ben-Ari, Adital: "Bringing context and power relations to the fore: Intergroup dialogue as a tool in social work education", in: British Journal of Social Work 45 (2015), S. 260 – 277.

- Ders.: German-Israeli youth exchange as a tool for long-term peacebuilding, Masterarbeit an der Alice-Salomon-Fachhochschule für Sozialarbeit und Sozialpädagogik, Berlin 2006.

- Salomon, Gavriel: "A narrative-based view of co-existence education", in: Journal of Social Issues 60,2 (2004), S. 273 – 287.

- Weinberg-Kurnik, Galia/Nadan, Yochay/Ben-Ari, Adital: "It takes three for dialogue: Considering a triadic structure of intergroup encounter", International Journal of Conflict Management 26,1 (2015), S. 68 – 84.

Eine Gruppe des Bundesverbands Deutsch-Israelischer Studiengruppen im September 1963 bei der Baumwollernte im Kibbuz Nachal Oz. | *Siegward Lönnendonker*

קבוצה של התאחדות קבוצות הלימוד הגרמניות-ישראליות בספטמבר 1963 בקטיף הכותנה בקיבוץ נחל עוז. | זיגוארד לוננדונקר

Der Religionswissenschaftler Shalom Ben Chorin im Gespräch mit Freiwilligen der Aktion Sühnezeichen in Jerusalem, 1965. | *Archiv Aktion Sühnezeichen Friedensdienste e.V.*

חוקר הדתות שלום בן חורין בשיחה עם מתנדבים של ארגון אות הכפרה והשלום בירושלים 1965. |
*Archiv Aktion Sühnezeichen Friedensdienste e.V.*

Teilnehmende eines Austauschprogramms des Deutsch-Israelischen und des Israelisch-Deutschen Jugendforums in Israel im Jahr 1987. | *Christine Mähler*

משתתפים בתכנית חילופים של פורום הנוער הגרמני-ישראלי והישראלי-גרמני בישראל בשנת 1987. | כריסטינה מהלר

Während eines Aufbaulagers des Deutschen Jugendherbergswerks renovieren Jugendliche aus Deutschland im Jahr 1970 Jugendherbergen in Israel. | *Archiv Hauptverband des Deutschen Jugendherbergswerks*

בני נוער מגרמניה משפצים אכסניות בישראל בזמן מחנה בנייה של איגוד האכסניות הגרמניות בשנת 1970. |
Archiv Hauptverband des Deutschen Jugendherbergswerks.

Der Ministerpräsident von Nordrhein-Westfalen Johannes Rau tauscht sich 1994 in Jerusalem mit deutschen Jugendlichen aus Oberhausen. | ConAct

ראש ממשלת נורדריין-וסטפאליה יוהאנס ראו משוחח בירושלים ב-1994 עם בני נוער גרמנים מאוברהאוזן. | קונאקט

Deutsche und israelische Fachkräfte während des Fachkräfteseminars „Keep in Touch" für die Stärkung des deutsch-israelischen Jugendaustauschs vor dem israelischen Außenministerium in Jerusalem, Mai 2004. | *ConAct*

אנשי מקצוע גרמנים וישראלים בזמן הסמינר המקצועי "Keep in Touch" לחיזוק חילופי הנוער בין גרמניה לישראל, ליד משרד החוץ הישראלי בירושלים, מאי 2004. | קונאקט

Zum Antrittsbesuch des Bundespräsidenten Christian Wulff in Israel wird er von einer Gruppe deutscher Jugendlicher begleitet. Als Teilnehmende der Delegation nimmt Wulff seine Tochter Annalena mit. Damit setzt er ein Zeichen für den hohen Stellenwert der jungen Generationen für die Beziehungen zwischen beiden Ländern. | *Rebecca Görmann*

בביקורו הראשון בישראל ליוותה את נשיא גרמניה כריסטיאן וולף קבוצה של בני נוער מגרמניה. בין משתתפי המשלחת בתו של וולף, אנלנה. מכך עולה החשיבות הגדולה שהוא מייחס לדורות הצעירים עבור היחסים בין שתי הארצות. | רבקה גורמן

Jugendliche des Austauschprojekts der Evangelischen Akademie Iserlohn und des Jugendamts von Rishon LeZion auf einer Wanderung im Nationalpark Nahal En Gedi, 2004. | *Ev. Akademie Villigst/ eh. Iserlohn*

בני נוער בתוכנית חילופים של האקדמיה האוונגלית איזרלוהן ובין אגף הנוער של ראשון לציון בטיול בשמורת עין גדי
*Ev. Akademie Villigst/ eh. Iserlohn*. 2004.

Auf einer Veranstaltung des IJAB trifft im Jahr 1978 Willy Brandt, Vorsitzender der Sozialdemokratischen Partei Deutschlands (SPD), mit Jungpolitikern aus Israel zusammen. | *Hermann Sieben*

באירוע של שירות המבקרים וחילופי הנוער הבינלאומי (IJAB) בשנת 1978 נפגש וילי ברנדט, יושב ראש המפלגה הסוציאל-דמוקרטית הגרמנית (SPD), עם פוליטיקאים צעירים מישראל. | **הרמן זיבן**

Israelische Jugendliche aus Ein Vered besuchen die Stadt Witten im Ruhrgebiet im Jahr 1976. | *Kurt Karlheinz Dressel*

בני נוער ישראלים מעין ורד מבקרים בעיר ויטן בחבל הרוהר שבגרמניה בשנות 1976. | קורט קרל היינס דרסל

Deutsch-israelische Fachtagung „Gemeinsam erinnern – Engagement teilen – Vielfalt leben" anlässlich des 10-jährigen Bestehens von ConAct, Lutherstadt Wittenberg 2011. | *Ruth Zuntz*

כנס גרמני-ישראלי "לזכור יחד - לחלוק מעורבות - לחיות את הגיוון" בוויטנברג לרגל עשור לקונאקט, לותרשטאדט ויטנברג 2011. | רוות צונץ

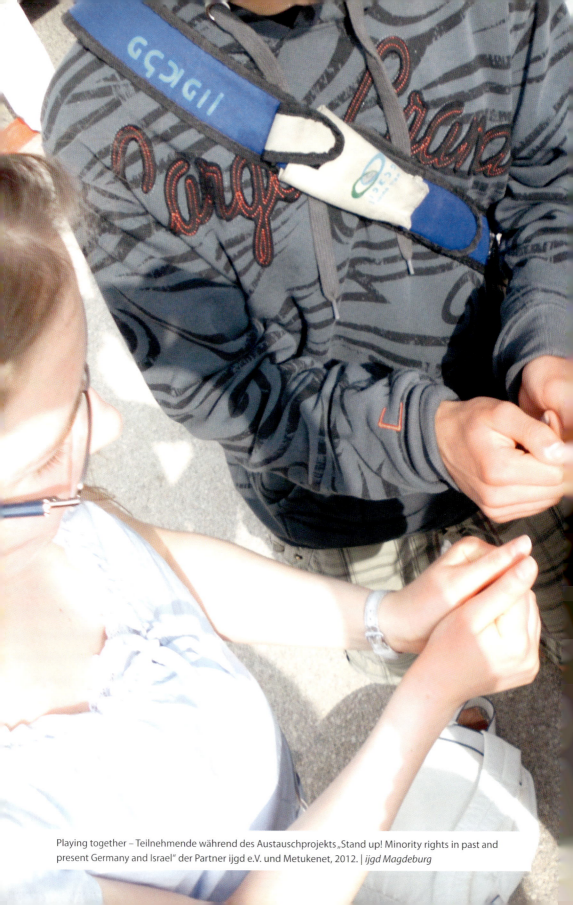

Playing together – Teilnehmende während des Austauschprojekts „Stand up! Minority rights in past and present Germany and Israel" der Partner ijgd e.V. und Metukenet, 2012. | *ijgd Magdeburg*

Playing together – „Stand up! Minority rights in past and present Germany and Israel" משתתפים בתכנית החילופים של הארגונים השותפים "שירות קהילות נוער בינלאומיות" (IJGD) ועמותת "מתוקנת", 2012 |
*ijgd Magdeburg*

Teilnehmende an einem Jugendaustauschprojekt zwischen dem Hochsauerlandkreis und der International Relations and Exchange Division der Jerusalemer Stadtverwaltung, 2014. | *Municipality of Jerusalem*

משתתפים בתכנית חילופי הנוער בין מחוז הוכזאוארלנד ובין מחלקת היחסים הבינלאומיים וחילופי המשלחות של עיריית ירושלים, 2014. | עיריית ירושלים

Wandern in der Wüste. Teilnehmende an einer deutsch-israelischen Jugendbegegnung „Unsere Vergangenheit – unsere Zukunft" über die Stiftung Gedenkstätten Niedersachsen in Israel, 2008. | *Anne Gajić*

טיול במדבר. משתתפים במפגש נוער בין גרמניה לישראל "העבר שלנו - העתיד שלנו" דרך עמותת אתרי ההנצחה בסקסוניה התחתונה. ברלין, 2008. | אווה גאייק

Vor dem Brandenburger Tor. Deutsch-israelische Jugendbegegnung „Unsere Vergangenheit – unsere Zukunft" über die Stiftung Gedenkstätten Niedersachsen in Berlin, 2008. | *Anne Gajić*

לפני שער ברנדנבורג. מפגש נוער גרמני-ישראלי "העבר שלנו - העתיד שלנו" דרך עמותת אתרי ההנצחה בסקסוניה התחתונה. ברלין, 2008. | אנה גאייק

Deutsche und israelische Teilnehmende an einer Jugendbegegnung zwischen Tel Aviv und Berlin-Pankow in Deutschland, 2013. | *Noga Livne*

משתתפים גרמנים וישראלים במפגש נוער בין תל אביב ובין ברלין-פנקו בגרמניה, 2013. | נגה ליבנה

Kanutour auf dem Jordan – Teilnehmer/innen der Jugendbegegnung zwischen Georgsmarienhütte und Ramat Hasharon, 2007. | *Stadt Georgsmarienhütte, Foto: Martina Möllenkamp*

שיט קאנו בירדן – משתתפים ומשתתפות במפגש הנוער בין גיאורגסמריינהוטה ובין רמת השרון, 2007. |
מרטינה מולנקאמפ

Junge deutsche und israelische Gruppenleiter/innen für Austauschprogramme während der Fortbildung „Projekte leiten – Begegnungen begleiten" organisiert von ConAct – Koordinierungszentrum Deutsch-Israelischer Jugendaustausch in Kooperation mit dem Council of Youth Movements in Israel, 2012. | ConAct

מדריכים גרמנים וישראלים צעירים של תכניות חילופים בזמן ההשתלמות "הדרכת פרויקטים - ליווי מפגשים" שארגן מרכז התיאום לחילופי נוער בין גרמניה לישראל קונאקט בשיתוף עם מועצת תנועות הנוער בישראל, 2012 בברלין. | קונאקט

Kick-off-Seminar für das Junior-Team Deutsch-Israelischer Jugendaustausch - mit Jugendlichen und jungen Erwachsenen aus Deutschland und Israel in Lutherstadt Wittenberg, 2012. | *Judith Kehl*
סמינר Kick-off לצוות הצעיר של חילופי נוער בין גרמניה לישראל – עם בני נוער וצעירים מגרמניה ומישראל בלותרשטאדט ויטנברג, 2012 | ג'ודית קאהל

Wünsche – Visionen – Perspektiven. Future Lab 2025. Fachtagung & Workshop zur Zukunft des Deutsch-Israelischen Jugendaustauschs in Berlin, anlässlich des 40-jährigen Bestehens deutsch-israelischer diplomatischer Beziehungen, September 2005. | *ConAct*

# MOVING MOMENTS CONNECTING FOR LIFE

**חילופי הנוער בין גרמניה וישראל**
הלכה למעשה

**הוציאו לאור:**

**ConAct – Koordinierungszentrum Deutsch-Israelischer Jugendaustausch**
Altes Rathaus – Markt 26, 06886 Lutherstadt Wittenberg
Fax: +49 (0)3491 – 4202-70    Tel.: +49 (0)3491 – 4202-60
E-Mail: info@ConAct-org.de    www.ConAct-org.de

בשיתוף עם הרשות הישראלית לחילופי נוער וצעירים

**ניהול:** כריסטינה מהלר
**עריכה:** כריסטינה מהלר, יונאס מ. האהן, אליזבת שנורר, חיה קול-אל אייכנראנד, דנה באדר
**שותפים לעבודה:** קתרינה שוברט, אלון שפיצר, מנואל יור
**עיצוב:** דורית ביאלר
**תרגום לעברית:** טלי קונס
**תרגום לגרמנית:** אולריקה הרניש, ניקולס ינטיאן
**הפקה:** Kessler Druck + Medien, אאוגסבורג
**תצלומים:** אות הכפרה והשלום, קונאקט - מרכז תיאום לחילופי נוער בין גרמניה לישראל, אגודת אכסניות הנוער הגרמניות, קרלהיינץ דרסל, האקדמיה האוונגלית פיליגסט, העיר גיאורגסמאיינהוטה, עיריית ירושלים, שירות קהילות נוער בינלאומיות (IJGD) מגדבורג, המועצה האזורית וירצבורג, רבקה גרמן, וולפגנג הייצר, נגה ליבנה, אנה גאיץ, הרמן זיבן, זיגוורד לנדונקר

ISBN 978-3-87576-784-1

תודתנו נתונה לכל כותבי המאמרים עבור הספר הזה ולכל האנשים והארגונים שהעמידו לרשותנו תצלומים מתכניות חילופים. אנו מודים לכל המשתתפים שסייעו לפרסום הספר על שיתוף הפעולה הגמיש ועל עבודתם המדוקדקת והקפדנית.

קונאקט - מרכז תיאום לחילופי נוער בין גרמניה לישראל הוא גוף של המשרד הפדרלי לענייני משפחה, אזרחים ותיקים, נשים ונוער בתמיכת מדינות גרמניה סכסוניה-אנהלט ומקלנבורג-פורפומרן - למען קידומם, ליוויים ופיתוחם של קשרי הנוער בין גרמניה לישראל. לקונאקט יש סניפים בכל רחבי גרמניה ופועל תחת ארגון הגג של האקדמיה האוונגלית סכסוניה-אנהלט.

© 2015 ConAct, Lutherstadt Wittenberg und NDV GmbH & Co. KG, Rheinbreitbach

# MOVING MOMENTS
# CONNECTING
# FOR LIFE

**חילופי הנוער בין גרמניה וישראל**
הלכה למעשה

הוצאה לאור לרגל שנת היובל ה-50
לכינון היחסים הדיפלומטיים
בין גרמניה וישראל
ולרגל 60 שנות חילופי נוער

**פרופ' דורון קיזל**
פתח דבר
7

**Moving Moments connecting for Life..**
פתח דבר
8

**כריסטינה מהלר**
שישים שנה של חילופי נוער בין גרמניה לישראל
מדימויים קוטביים לריבוי פרספקטיבות
ארבע תזות על החשיבות של חילופי הנוער בין גרמניה לישראל
9

**יונאס מ. האהן**
תולדות קשרי הנוער בין גרמניה לישראל
התפתחויות, ציוני דרך והמשכיות
16

**ד"ר נילי קרן**
גשר לעתיד
בני נוער ישראלים וגרמנים: ציפיות – חזון – אתגרים ותקוות
24

**רודי-קרל פאנקה**
ישראל וחילופי הנוער עם מדינות המחוז החדשות של מזרח-גרמניה לאחר שנת 1989
29

**ד"ר אלקה גריגלבסקי**
פרויקטים גרמנים-ישראלים העוסקים בהתמודדות עם הנאציזם והשואה שבעים שנה אחרי תום המלחמה
35

## ביאנקה אלי
מזרח מערב
סוגיה במפגשי הנוער בין גרמניה לישראל?
כתב הגנה מנקודת מבט מודעת לריבוי

40

## מיכל מרוז
חוויות צעירים ישראלים וגרמנים במשלחת נוער בגרמניה
ותפיסותיהם את המדינה השנייה לפני מפגש החילופין ואחריו

46

## יוליאנה ניקלאס
חיים ולימוד במסגרת החילופים – מבט שני

54

## ד"ר יוני איילון, פרופסור יצחק שנל
דימוי ומציאות – מפגשים לימודיים של נוער גרמני בישראל

60

## ד"ר סימון אולין הייל
שישים שנה של חילופי נוער בין גרמניה לישראל:
מחילופים אליטיסטיים לחילופים מגוונים

66

## Alma Lessing
Meeting the Other - Meeting the Self
The structure of a German-Israeli Student Exchange
*המאמר נמצא בצד הלועזי של הספר

89*

## ד"ר יוחאי נדן
מפגש זהויות:
חילופי הנוער כאמצעי לפיתוח מודעות חברתית-פוליטית
בחברה רב תרבותית

72

קונאקט בתמונות

77

# פתח דבר
## פרופ' דורון קיזל

50 שנים. לא יותר ולא פחות. 50 זה מספר שזוכרים בקלות, מספר שקל להכפילו. יחסים שנמשכים 50 שנה אפשר לתאר במצפון שקט כיציבים, ואפילו כמעוררים קנאה. הנושא כאן הוא יחסים בין שתי מדינות, יחסים השונים בתכלית מיחסים בין מדינתיים מקובלים. מדובר כאן דווקא על התקרבות הדדית בין אנשים בעלי עולמות מנוגדים לחלוטין, התקרבות הלובשת את צורתם של מוסדות מדינה ופועלת בחסות המדינות.

בעוד שבחברה הישראלית אחרי הטראומה של השואה היה ניסיון למצוא משמעות וזהות במדינה יהודית, חברי הרפובליקה הפדרלית של גרמניה החלו לעשות עבודת ניקוי חיצונית ופנימית. בסיטואציה כזאת לא רק שאי אפשר לחשוב על יחסים, אלא עצם המחשבה על האחר מעוררת בצד האחד בהלה ואבל ובצד האחר בושה או דחיית אשמה. בקיצור, הדעה הרווחת או אפילו השלטת לפני חמישה עשורים היתה שמזה כבר לא ייצא שום דבר. אך אז הגיעו בעלי החזון פורצי הדרך, שיצאו נגד השיתוק התבוסתני שאחז את שתי החברות והעזו לעשות את הבלתי אפשרי. אלה דיברו על גרמניה אחרת ובכך התכוונו לומר שהבינו דבר מה, ואלה הצהירו על נכונותם להתגאות בפני כולם במדינתם החדשה ובהישגיה.

אירופה נדמתה רחוקה והיו סיבות טובות רבות לרצות להגשים את חלום הציונות של חברה יהודית ודמוקרטית. "התחלות חדשות בתנאים קיצוניים", כך ניתן היה לקרוא למפעל הזה. דובר על מקריבים וקורבנות, על משתפי פעולה וניצולים, על הבנאליות של הרוע ועל הגיהינום של אושוויץ. לאמיתו של דבר, הכול נאמר והכול נעשה. לשם מה אפוא נדרשה עבודה מאומצת ומפרכת כל כך על היחסים מטעם המדינה? הכול התרחש בדומה להתרחשויות שאנו

מכירים ממערכות יחסים: קרבה וריחוק, הבנות ואי-הבנות, טינה וסקרנות, משיכה והיסוס או נסיגה. בסיטואציה כזאת מופנה המבט אל מי שמתוודעים אל העבר דרך סיפורים ואלבומי תמונות: בני הנוער. בני הנוער הם אלו שיוכלו ליישר את ההדורים כמושא השלכה עבור כל מה שנדמה היה שנבצר מן המבוגרים לעשות. כאן מתחיל הסיפור המופלא המתועד בספר הזה. בני נוער וצעירים משתי החברות רבים ואוהבים, נקשרים זה בזה בנרטיב ביוגרפי שבעצם אוסר עליהם לשתף פעולה. ו"אף על פי כן!"

הספר הזה עוסק בדרך להשגת מטרה שלא הוגדרה במפורש מעולם, מתאר את התנאים ליחסים מוצלחים ואת גבולותיו של אלו, ופותח בעזרת המחשבה הזאת אופקים חדשים במארג היחסים בין גרמניה לישראל.

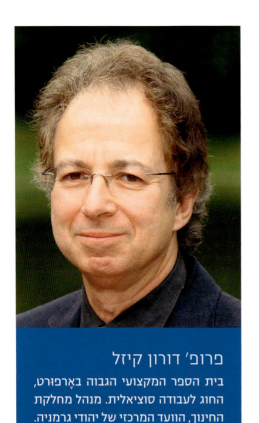

### פרופ' דורון קיזל
בית הספר המקצועי הגבוה בארפורט, החוג לעבודה סוציאלית. מנהל מחלקת החינוך, הוועד המרכזי של יהודי גרמניה.

# פתח דבר
## Moving Moments connecting for Life…

"אני חושב שחווינו יחד חוויה נהדרת. יצרנו משהו שילווה אותנו כל חיינו ושיאחד אותנו ברוחנו למרות שנחיה חיים נפרדים..."
(משתתף מבווריה בתכנית חילופי נוער, 1989-1990)

זה כשישים שנה יוצרים חילופי הנוער בין גרמניה לישראל מרחב שבו צעירים גרמנים וישראלים מתכנסים יחדיו ובונים גשרים מעל תהום העבר: יותר משישה מיליון יהודים נרדפו ונרצחו באירופה בידי הנאצים הגרמנים ועוזריהם. חיים יהודיים נהרסו - חיי משפחה, דת ותרבות יהודיים חדלו כמעט מלהתקיים. איך יוכלו ניצולי ההיסטוריה הזאת ומשפחותיהם לבוא אי-פעם שוב במגע עם גרמנים ועם גרמניה?

תשובה אפשרית לשאלה זו היא: להפגיש בין בני הדור הצעיר, ולאפשר את המפגש מתוך תמיכה פעילה. במהלך שישים השנים האחרונות השתתפו יותר מ-600,000 צעירים ובני נוער מישראל ומגרמניה בתכניות מאורגנות של חילופי נוער, במפגשי בתי ספר ובשירותים התנדבותיים. הם נפגשו ומוסיפים להיפגש למשך זמן קצר או ממושך יותר במסגרת מתכונות מפגש מגוונות. הם מבלים זמן יחד, מראים אלה לאלה את סביבת חייהם היומיומית, מתוודעים למוסכמות תרבותיות ולחיי הדת בארץ האחרת, עושים ספורט יחד, מתכננים פרויקטים אמנותיים, או עושים יחד מוזיקה. הם משוחחים ודנים על העבר ועל ההווה של החברה הגרמנית והחברה הישראלית. הם מסמליח וחיד טוב יותר, מייצגים, אם ירצו ואם לאו, את מולדתם או את הארץ שהם חיים בה - ולעתים, במופגן, את עצמם בלבד.

אילו ציפיות, מטרות ורעיונות אפיינו את העבודה בחילופי הנוער בין גרמניה לישראל בששת העשורים האחרונים? אילו נקודות ציון היסטוריות הטביעו את חותמן על שיתוף הפעולה בין הגורמים הישראליים לאלה הגרמניים שהפעילו תכניות חילופים, ואילו נקודות ציון קידמו אותן או הקשו עליהן? כיצד ניתן לתאר את הדינמיקות המאפיינות את מפגשי הצעירים הגרמנים והישראלים בצל עבר שעקבותיו ניכרים עד ימינו, ולאור תנאי חיים מאתגרים בהווה? כיצד אפשר לשלב את ההתפתחויות החברתיות החדשות בשתי המדינות בעבודה החינוכית כדי להתחשב במגוון ההולך וגדל של מוצאי המשתתפים ותרבויותיהם? מהי תרומתם של הצעירים הגרמנים והישראלים המשתתפים בחילופים ליחסים החברתיים בין שתי המדינות? חוקרים ואנשי מקצוע הממונים על תחום המפגשים בין גרמנים לישראלים מישראל ומגרמניה עונים על שאלות אלה. במאמרים נוקבים הם חולקים חוויות מעבודת החילופים ומציגים ממצאי מחקרים מפורטים. כך נוצר ספר עיון שאינו רק מתאר את העובדות, אלא גם פותח צוהר אל אופקי החוויה המשותפים לממונים על החילופים ולמשתתפים בהם. הרף החינוכי הגבוה הנדרש מעבודת חילופים זאת, ומושג מתוך כוונה, שב ומוכיח את ערכו הגדול לאין-שיעור של תכניות מפגשי הנוער בין גרמניה לישראל בהקשר של היחסים בין גרמניה לישראל וכן בהקשר של הברית בת הקיימא שבין שתי המדינות.

תודתנו נתונה לכל המשתתפים בספר זה, על מאמריהם המחכימים, הגלויים, הביקורתיים, מעוררי ההשראה ורבי הערך – הם כולם מעשירים את תחום חילופי הנוער בין גרמניה לישראל בעתיד.

**כריסטינה מהלר**
הנהלת קונאקט - מרכז תיאום לחילופי נוער בין גרמניה לישראל

# שישים שנה של חילופי נוער בין גרמניה לישראל

## מדימויים קוטביים לריבוי פרספקטיבות
### ארבע תזות על החשיבות של חילופי הנוער בין גרמניה לישראל

**כריסטינה מהלר**

זה עשרות שנים אנשים וארגונים רבים - בני נוער וצעירים, תנועות נוער ומקומות השמה עצמאיים בתחום החינוך החוץ-בית-ספרי - בונים גשרים במסגרת חילופי הנוער בין גרמניה לישראל: גשרים עבור הבנה ותקשורת, עבור התקרבות ושיתוף פעולה הדוק. המאמר שלפניכם חולק התרשמויות ודיווחים ומשקף את העבודה המעשית עם צעירים ועם אנשי מקצוע מגרמניה ומישראל במטרה לעמוד על ערכה של עבודת מפגשי הנוער בין גרמניה לישראל ולהציג את האפשרויות העומדות בפניה בעתיד.

### 1. חילופי הנוער בין גרמניה לישראל הוא הקשר מאתגר של עבודת חינוך היסטורית-פוליטית

חילופי הנוער בין גרמניה לישראל כותבים ומנסחים מחדש את המפגש בין צעירים משתי מדינות דמוקרטיות - גרמניה וישראל. צעירים ואנשי מקצוע מתחום עבודת הנוער בשתי המדינות - תהא אשר תהא זיקתם הלאומית, הדתית או התרבותית וזהותם האישית - הם משתתפים אפשריים בתכניות חילופים בין גרמניה לישראל, הזוכות לתמיכת המשרד הממשלתי הגרמני למשפחה, לאזרחים ותיקים, לנשים ולנוער מאז שנות ה-60 וללווי מקצועי מן הצד הגרמני מאז שנות ה-70.[1]

זה ארבעים שנה, בהתאם לתקנות הממשלתיות של גרמניה ושל ישראל, מתכנסת מדי שנה בשנה "הוועדה המקצועית המשותפת לחילופי נוער בין גרמניה לישראל", שחבריה מייצגים הן את מוסדות הממשלות והן את מקומות ההשמה העצמאיים בתחום עבודת הנוער והארגונים. הוועדה הדו-צדדית הזו הגדירה עוד בשנות ה-70 את מטרותיהן של תכניות חילופי הנוער בין גרמניה לישראל וניסחה כללים עבור העבודה והתוכנית החינוכית. חברי המועצה הסכימו פה אחד על הכללים התמטיים שלפיהם כל תכנית חילופים - בדרכה שלה - מחויבת לפעול.[2]

להכנה ולביצוע של תכניות החילופים שני פנים: בפן האחד על התכניות להרחיב את הידע ההיסטורי - לדון בתולדות הנידוי, הרדיפה והרצח של יהודים בידי גרמנים באירופה בתקופת הנאצים, בתולדות החיים היהודיים בגרמניה וכן בתהליך הקמתה של מדינת ישראל; כמו כן עליהן לסקור את התפתחותן של שתי מדינות גרמניה אחרי 1945 ואת איחודן וכן את תולדות הסכסוך במזרח התיכון.

בפן האחר, מיוחסת חשיבות רבה גם לחיים הפוליטיים, החברתיים והתרבותיים העכשוויים בשתי המדינות: במסגרת התכניות נידונים המבנים הדמוקרטיים בשתי המדינות, המגוון התרבותי וסוגיות במדיניות נוער. גם סוגיות כגון שוויון בין המינים, איכות הסביבה או זכויותיהם של מועסקים צעירים עומדות על הפרק בהתאם למקום ההשמה ולצביון הרעיוני של התכניות.

בקשות ותכניות של חילופים בין גרמניה לישראל הזוכות לתמיכה נענות לכללים המוזכרים לעיל ומקשרות במגוון דרכים את ההתפתחויות ההיסטוריות עם ההתרחשויות העכשוויות. בכך עונה עבודת החילופים בין

גרמניה לישראל על ההגדרה המקובלת לעבודת חינוך היסטורית-פוליטית, שלפיה מטרתה של עבודה כזו היא להעניק ידע היסטורי, לפתח מודעות פוליטית ולהפוך את המשתתפים בתכניות לבעלי יכולת פעולה.[3] העיסוק בהיסטוריה של השואה ובחשיבותה עבור ההווה מעניק ערך מרכזי לתופעות של נידוי, של יחס למיעוטים בחברות רב תרבותיות ושל פתיחות כלפי בעלי אמונה שונה, ומותיר את חותמו במשתתפים: "היום אני חושבת שצריך לשפוט אנשים לפי אופיים ולא לפי דתם, צבע עורם, מוצאם, תרבותם או אמונתם."[4] משפט כגון זה, שנאמר כהשקפה וכסיכום עם תום ההשתתפות במפגש גרמני-ישראלי, ממחיש מטרה מרכזית של עבודת החינוך ההיסטורית-פוליטית, דהיינו: ראייתו והכרתו של כל יחיד כאדם שווה-ערך ושווה-זכויות.

כאן כן עתה, מקומם של דיונים אודות התפתחויות פוליטיות עכשוויות בשתי המדינות אינו נפקד - וכן, כראוי לחינוך היסטורי-פוליטי, סקירת ההתפתחויות החברתיות והפוליטיות בסביבות החיים המיידיות ובחינת חשיבותן. עם זאת, אנשי המקצוע בתחום חילופי הנוער מוסיפים ומתלבטים בנוגע למקומו של דיון משותף בהתפתחויות עכשוויות במזרח התיכון במסגרת מפגשים של חילופי נוער בין גרמניה לישראל. עקב כך הגיעה קבוצת השתלמות של מדריכים צעירים גרמנים וישראלים בתחום חילופי הנוער בשנת 2013 למסקנה שטיפול דיסקורסיבי בעניין, כחלק מתהליך הדינמיקה הקבוצתית אינו חייב להיכלל בסדר היום המשותף, אם כי אין להתעלם מן החוויה הקונקרטית של ההווה ושל נוכחות הסכסוך במזרח התיכון בחיי היומיום בישראל. עצם ביקורם של צעירים גרמנים בישראל, החוויה הקונקרטית של אווירה מתוחה והשלכותיה או מקרי סכנה פתאומיים, ובעיקר המפגש האישי עם השותפים לחילופים פותחים צוהר להעמקת הידע ולהבנה של מצבים נפשיים. חווייתי החילופים היא במקרה זה בגדר השלמה חינוכית מאין כמוה לתהליכי הלימוד

התיאורטיים. היא מסייעת לרדת לחקרם של דימויים מקובעים ולאפשר ריבוי פרספקטיבות בסוגיה המורכבת של ישראל במזרח התיכון. ומובן שהדיונים המתעוררים מכך הם חשובים לאין ערוך: "בילתי עכשיו יותר מעשרים ימים עם קבוצת החילופים הגרמנית-ישראלית, ואפילו אחרי דיונים של שעות נראה לי בלתי אפשרי להחליט אם אני בעד הישראלים או בעד הפלסטינים. [...] ככל ששמעתי יותר, כך נדמה לי הסכסוך קשה ומסובך יותר. אני גם חושבת שבעתור אירופית יהיה יומרני מצדי לשפוט את הסכסוך."[5]

## 2. חילופי הנוער בין גרמניה לישראל פועלים נגד אנטישמיות ורגשי טינה אנטי-ישראליים

דיונים בגרמניה חושפים שוב ושוב עמדות אנטישמיות ו/או אנטי-ישראליות – סטריאוטיפים על יהודים ו/או ישראלים עולים בגלוי או בסמוי ומקבעים על דרך ההפשטה וההכללה את הדימויים השליליים. כך לדוגמה, מיני הסטייגויות דתיות ותרבותיות רווחות חוברות לביקורת אקטואלית על מדיניותה של ממשלת ישראל וגורמות להשתרשות של הכללות מזלזלות על "הישראלים". תופעות של השקפות אנטישמיות שמקורן היסטורי נגלות בעקביות בלב לבה של החברה הגרמנית במוצאה ומשפיעות בתוך כך לא פחות מהתבטאויות אנטי-ישראליות בהקשר של חברת הגירה שרבים מחבריה באים מארצות השרויות בסכסוך עם ישראל.[6]

מיגור הדעות הקדומות, או לכל הפחות שינוין, הוא אחד המניעים החינוכיים והפוליטיים העיקריים לעבודת המפגשים הבין-לאומית.[7] המפגש האישי יכול וצריך לגרום לערעורים של דימויים מושרשים של "האחר" (כביכול) ולבחינה מחודשת ומשותפת של סימני היכר בעלי קונוטציה שלילית שנוצרו והופצו בחברה ובציבור על ידי תהליכים סוציאליים-פסיכולוגיים. בהתבסס על שינויים בהשקפות אנטישמיות בעקבות מפגש אישי של לא-יהודים עם יהודים בגרמניה, אנו למדים שוב

ושוב שהקשר שנשקל בקפידה והכנה טובה של תכניות מפגשים כאלה הם מכריעים עבור הצלחתם - שכן הצלחתם של מפגשים בגרמניה מוטלת לעתים בספק בשל המלאכותיות שבה נוצר הקשר במסגרת המפגש. במקרה כזה יש יתר חשיבות ויתר סיכויי הצלחה לעבודת חינוך והסברה נגד דימויים מסולפים נפוצים.[8]

ואולם הדברים אחרים בחילופים הדו-לאומיים: מפגשים גרמנים-ישראלים הם חלק ממסגרות מוכרות של מפגשים בין-לאומיים, שבהם נפגשים בני אדם משתי מדינות הדוברות שפות שונות, מבוססות על תנאי חיים שונים ומתאפיינות במבני חינוך וחברה שונים. ההקשר ההיסטורי הנתון של היחסים בין גרמניה לישראל גורם לכך שבחזית המפגשים האלה עומדת בראש ובראשונה הלאומיות השונה - גרמנים וישראלים. אבל עבודת מפגשים טובה עשויה להבהיר עד מהרה שהחלוקה הלאומית לשתי מדינות מלווה במגוון משתנה של תהליכי הזדהות אישיים, משפחתיים, תרבותיים ודתיים של בני נוער וצעירים בקרב שתי החברות הרב-תרבותיות. המפגש וההתוודעות ההדדית מחדדים גם את המבנים האינדיבידואליים השונים של הזהות הלאומית ואף חושפים לעתים סימני היכר נוספים, חשובים יותר, של "האחר". סימן ההיכר האפשרי של השייכות הדתית והתרבותית ליהדות, לדוגמה, נחווה בישראל כ"מובן מאליו". טבעיותם של חיים יהודיים בישראל, כחברת-רוב בעלת מגוון של חיים יהודיים וסוגי שיח פנים-יהודיים, מביאה לא-פעם להתמוססות הדימויים המכלילים של "היהודים". ההתוודעות לישראלים יהודים בעלי רקע משפחתי שונה ומגוון סיפורי הגירה מאירופה, מרוסיה, מארצות ערב ומאפריקה, בעלי מנעד רחב של תחומי עניין ושל מוסכמות יומיומיות, הופכת את הדימוי הפשוט של "הישראלי" למורכב יותר. בתהליך המפגש עם משתתפים ערבים או דרוזים, המשולבים בתכניות חילופים רבות, הופך הדימוי הזה לעשיר ולרבגוני אף יותר.

גם קבוצות החילופים מן הצד הגרמני מנסות יותר ויותר לייצג באמצעות משתתפיהן את המגוון התרבותי והדתי של צעירים בגרמניה. תהליכי ההזדהות שלהם עם "לאום גרמני" אפשרי מגוונים לא פחות מיחסם האישי להיסטוריה הגרמנית, ובעקבות זאת גם גישותיהם למשמעות של יחסי ישראל-גרמניה. מטרה נוספת היא לכלול בחילופים דווקא את אותם צעירים שבשל חוויות אישיות או קשרים משפחתיים לארצות המצויות בסכסוך עם ישראל זה שנים רבות יש להם הסתייגויות או דימויים שליליים על ישראל ועל ישראלים.

הניסיון מלמד כי גם כאן יש להגדיל את מנעד הנרטיבים הקיימים על ההיסטוריה וההווה במזרח התיכון באמצעות הקניית ידע. עם זאת, המפגש האישי מאפשר בהקשר הזה דווקא לחוות חוויות לא צפויות ולהרחיב את האופק המחשבתי האישי: משתתפים מוסלמים צעירים, לדוגמה, פוגשים בביקורם בישראל ניצולי שואה, פגישה המותירה בהם רושם לאורך זמן; בעניין גדול הם מקשיבים לישראלים צעירים ממוצא ערבי-פלסטיני המדברים על חייהם ועל מעשיהם בתנועות הנוער הישראלית ולומדים על אפשרויות של דו-קיום שעד כה לא ראו בהן אפשרויות.[9] תכניות כאלה יש להכין וללוות במידה רבה של רגישות. הן עשויות לתרום תרומה נכבדת להפרכת הדימויים המסולפים האנטי-ישראליים, ובה בעת ליצור קשרים חדשים: "כגרמני ממוצא מרוקאי יכולתי להזדהות איתם מאוד. זאת גם סיבה לכך שהחילופים בין גרמניה לישראל הם בעלי חשיבות רבה לא רק לידידות בין גרמניה לישראל אלא גם לידידות בין ערבים לישראלים."[10]

3. חילופי הנוער בין גרמניה לישראל קושרים חברויות ארוכות שנים בזכות הדיון המשותף בהיסטוריה ובמשמעותה העכשווית של השואה

חותמו של העבר ניכר היטב בחילופי הנוער בין גרמניה לישראל. השלכותיה של ההיסטוריה נוכחות מכל עבר - בסיפורי משפחות, בזהויות,

בדינמיקות של מפגשים ובדיונים בחיינו בהווה.

עבודת החילופים מלווה לפיכך בכללים מסוימים: ראשית, "התקנות המשותפות" קובעות כי נושא ה"שואה" הוא מרכיב חשוב בהכנה ובביצוע של תכניות החילופים בגרמניה ובישראל. שנית, הניסיון מלמד כי המפגש עם ההיסטוריה הגרמנית ועם השלכותיה על החיים כיום מתרחש ממילא במוקדם או במאוחר בפגישותיהם של צעירים בגרמניה או בישראל: צלב קרס על קיר בית בגרמניה או שיחה בגרמנית של שני זקנים בישראל - יש שפע הזדמנויות להשגיח בנוכחותו של העבר בהווה.

בדינמיקת המפגש זהו פעמים רבות הרגע שבו השייכויות הלאומיות - מן הסתם אחרי ימים רבים של מפגש אינטנסיבי ועל רקע חברויות חדשות שנוצרו - זוכות שוב פתאום לחשיבות יתרה. בחיבור עם העבר, שבות ומופיעות ההפרדות ההדדיות ל"צאצאי הקורבנות" ול"צאצאי המבצעים."[11] ברגע הזה נדרשת עבודה חינוכית אינטנסיבית כדי להציב שאלות דחופות, לנסח חששות, לחשוף השלכות ולבחון גזרי דין נמהרים על "האחר" בהתבסס על ההיסטוריה שלו. פירוק החשיבה הקוטבית מתאפשר בזכות המפגש הישיר והאישי, שבמסגרתו ניתן ללבן בשיחה את השאלות העיקריות: מי אתה ביחס להיסטוריה המסוימת הזאת? היכן וכיצד חייתה משפחתך בזמן ההוא? מה אתה חושב על כך כיום?

ההתוודעות העצמית וההתוודעות לאחר הן אתגר והזדמנות בעת ובעונה אחת להעמיק את החשיבה על הזהות האינדיבידואלית והקולקטיבית (הלאומית) על רקע ההיסטוריה הזאת ובתוך כך ללמוד זה מזה וזה על זה: "הפחד המוזר שנבע ממושגים כגון 'אשמה' ו'קורבן' יצר מתח שרוסן עד השיחה הראשונה על השואה. ישבנו בחדר הכולוויזיה בביתנו, ואני שאלתי את השותפים הגרמנים שלי אם זה בסדר שאעלה את הנושא לשיחה. היה קשה מאוד להתחיל את השיחה. כולנו היינו עצורים מאוד ופחדנו לפגוע זה בזה. כתוצאה מכך שקלנו כל מילה ומילה. אבל במהלך השיחה דיברנו בגילוי לב וסיפרנו זה לזה את הסיפורים האישיים שהיו קשורים בזוועה והתחלנו להבין שסיפורינו דומים."[12]

דומה שגם שבעים שנה לאחר ההתרחשויות, נאציזם ושואה הם גורמים מרכזיים בהבניית זהות אישית וקולקטיבית הן בגרמניה והן בישראל. בתוך כך, גם צעירים בני הדור השלישי והרביעי מקשרים את רגשותיהם עם מושגים כגון "בושה", "אשמה" ו"אחריות". בה בעת מתברר שבעיקר ליווי חינוכי ראוי, המאפשר תהליך משותף באמת של עיסוק במשמעות העכשווית של ההיסטוריה, עשוי להביא עמו התקרבות של ממש באמצעות הזיכרון המשותף. החוויות והדיווחים מתכניות מפגשי הנוער בין גרמניה לישראל ממחישים את עבודתם היקרה מפז של כל המשתתפים בחילופים במשך עשרות שנים ואת תרומתם הרבה להתקרבויות הראשונות, לצמיחת האמון ולחברויות הנאמנות בהקשר הגרמני-ישראלי. עוד בשנים הראשונות סימל המפגש בין צעירים משתי הארצות את ההתקרבות בין שתי המדינות, שנחשבה לבלתי אפשרית כמעט. אותם צעירים היו ועודם מישורי השלכה של העבר ונושאי ציפיות העתיד בעת ובעונה אחת.[13] מפגשם הוא אותנטי, ובשהות המשותפת נוצרים רגשות ותובנות שזכרם נשמר לאורך זמן. "למרות הכול הכאב שלנו הוא משותף, והאובדן אמיתי. רק דרך החוויה אפשר להזדהות, ורק דרך ההזדהות אפשר לצמוח. [...] בעיניי, יש לשני הצדדים עניין משותף - הזיכרון וההזכרות בלי שהיהודים יאשימו את הגרמנים, ובלי שהגרמנים יאשימו את עצמם."[14]

מספרן הגדול של השקפות כאלה מצד צעירים משתי המדינות וההנחלה האישית של החוויות האלה בסביבות חייהם וניידותיו תורמים תרומה רבה להתקרבות ולידידות, מתוך התגברות על ההיסטוריה הקשה.

## 4. עתידם של חילופי הנוער בין גרמניה לישראל טמון ביכולת לשאת מציאויות בו-זמניות

העבודה המשותפת ההדוקה בין גרמניה לישראל מציבה עבור כל המשתתפים הפעילים והסבילים דרישה מאתגרת לשאת את המציאויות הבו-זמניות. בישראל, לדוגמה, מתמודדת האוכלוסייה עם הקשר-חיים הנע בלי הרף על הציר שבין יומיים שלֵו ובין איומי מלחמה. צעירים מגרמניה מגלים שחייהם של ישראלים צעירים דומים במובנים רבים לחייהם שלהם באורח החיים הגלובלי ובתרבות הבין-לאומית, ועם זאת נבדלים מהם באופן ניכר בשל שנות השירות הצבאי ומסלולי החיים האישיים המוכתבים בעטיין. אחת התוצאות היא שבדיונים על עולם שקט ושוחר שלום יביעו הצעירים בלא היסוס את רצונם בעתיד משותף בקרב חברות פתוחות ודמוקרטיות. עם זאת, יש להשלים עם העובדה שהאמצעים להשגת המטרה הזאת שונים בעיני צעירים בישראל, הנתונים לאיום מתמיד מבחוץ, ובעיני בני גילם מגרמניה, החיים באירופה השלווה ברובה. היכולת לשאת סתירות משמעותיות בסביבת חייהם היא דווקא אתגר גדול עבור צעירים. הרצון לאמירות, לדעות ולאמיתות חדות וחלקות הוא גדול – היכולת לשאת סתירות הוא דווקא מוגבל. חילופי הנוער בין גרמניה לישראל מציעים כך מרחב חווייתי שבו ההתוודעות לפרספקטיבות מנוגדות – שכולן מוצדקות ומובנות בה בעת – וההשלמה עמן הן חלק בלתי נפרד מהתכנית עבור כל המשתתפים.

חילופי הנוער בין גרמניה לישראל היו ועודם נדבך ביחסים מיוחדים וסגוליים בין גרמניה לישראל. האתגר העתידי הגדול ביותר הניצב בפניהם הוא ההתמודדות עם ערכן השווה של זהויותיהם הלאומיות והתרבותיות המגוונות של הצעירים משתי המדינות. ייחודם של היחסים בין גרמניה לישראל הוא בהתמודדות המודעת והפעילה עם ההיסטוריה. עם ריבוין הגדל של זהויות אישיות, דתיות ותרבותיות של צעירים משתי המדינות, עשוי להשתנות האופי

## כריסטינה מהלר

נולדה בשנת 1967, פסיכולוגית מוסמכת ומגשרת. תחומי המחקר שלה הם תולדות ההשפעה של השואה בגרמניה ובישראל. מֶהלֶר פעילה בתחום החילופים בין גרמניה לישראל זה עשרים וחמש שנה. שנים ארוכות הייתה יושבת הראש של פורום הנוער הגרמני-ישראלי וחברה בוועד המנהל של אגודת גרמניה-ישראל. כמו כן מילאה תפקידים בארגון "אות הכפרה והשלום" ו"אגודת מייסדי מרכז מפגשי הנוער הבינלאומי בזקסנהאוזן". משנת 2001 היא המקימה והמנהלת של המרכז לתיאום חילופי נוער גרמניה-ישראל "קונֶאקט".

המסיים הזה של הקשר החילופים. על מנת לשמר את הייחודיות של תכניות החילופים בהקשר הגרמני-ישראלי יש לשלב בעבודה החינוכית את הפעולה הבו-זמנית, הן של זהויות לאומיות (קולקטיביות) והן של הזהויות המגוונות (האינדיבידואליות). רק כשנצליע גישות הניתנות לשינוי ליחסים המיוחדים בין גרמניה לישראל נצליח לעניין מגוון צעירים משתי המדינות, ועם זאת לשמר את ייחודם של היחסים באופן משמעותי עבור העתיד.

1. להשוואת הנתונים על תולדות הוועדה לחילופי הנוער בין גרמניה לישראל: www.exchange-visions.de

2. תקנות משותפות לביצוע ולקידום של חילופי נוער בין גרמניה לישראל. גרסה עדכנית 2011. -www.ConAct-org.de

3. Rainer Ohliger: Integration und Partizipation (אינטגרציה durch historisch-politische Bildung והשתתפות באמצעות חינוך היסטורי-פוליטי) Fonds Erinnerung und Zukunft, Berlin 2006.

4. Bayerischer Jugendring: Leben und Lernen im Austausch. Der Jugend- und Schüleraustausch Bayern – Israel. Ergebnisse einer wissenschaftlichen Evaluation. (חיים ולימוד בחילופים. חילופי הנוער והתלמידים בוואריה-ישראל. תוצאות של מחקר מדעי.) München 2012.

5. Anne S., Teilnehmende der deutsch-israelischen 'Schreibwerkstatt, Israel in Worte fassen' (אנה ס., ממשתתפי סדנת הכתיבה הגרמנית-ישראלית "ישראל במילים"), ConAct – Koordinierungszentrum Deutsch-Israelischer Jugendaustausch 2009.

6. Messerschmidt, Astrid: „Bildungsarbeit in der Auseinandersetzung mit gegenwärtigem Antisemitismus" (עבודה חינוכית בהתמודדות עם אנטישמיות עכשווית), in: Antisemitismus. Aus Politik und Zeitgeschichte 28-30 (2014), S. 38 – 44.

7. Thimmel, Andreas: Pädagogik in der Internationalen Jugendarbeit – Geschichte, Praxis und Konzepte Interkulturellen Lernens (פדגוגיה בעבודת הנוער הבינלאומית - היסטוריה, מעשה ורעיונות של למידה בין-תרבותית), München 2001.

8. Vgl. Verein für Demokratische Kultur in Berlin e.V. (VDK) und amira – Antisemitismus im Kontext von Migration und Rassismus: Unsere Jugendlichen müssten mal Juden kennen lernen. Begegnungen mit Juden und Jüdinnen als pädagogischer Ansatz zum Abbau von Antisemitismus (בני הנוער שלנו צריכים להכיר יהודים. מפגשים עם יהודים ויהודיות כגישה פדגוגית למיגור האנטישמיות), Berlin 2010.

9. Kreuzberger Initiative gegen Antisemitismus (KIgA) e.V.: Israel, Palästina und der Nahostkonflikt. Ein Bildungs- und Begegnungsprojekt mit muslimischen Jugendlichen im Spannungsfeld von Anerkennung und Konfrontation (ישראל, פלסטין והסכסוך במזרח התיכון. פרויקט חינוך ומפגש עם בני נוער מוסלמים על הציר שבין הכרה ובין עימות), Film, Berlin 2011.

10. Vorstellung des Jugendaustauschprojekts Kreisjugendwerk der Arbeiterwohlfahrt Niederrhein – HaNoar HaOved WeHalomed (Arbeitende und Lernende Jugend) im Schloss Bellevue (עשור לקונאקט, סרט קצר. הצגת פרויקט חילופי הנוער בין מועצת הנוער המחוזית של ארגון רווחת הפועלים בחבל הריין התחתון ובין הנוער העובד והלומד בארמון בלוו בברלין), 10, 2011. Filmausschnitt in , Jahre ConAct', www.ConAct-org.de .

11. Vgl. Lessing, Alma: Remembering the Past, Enacting the Present – Creating the future? An Analysis of an Israeli-German Student Exchange, MA Thesis, Jerusalem 2004, bzw. Nadan, Yochay: German-Israeli youth exchange as a tool for longterm Peacebuilding. MA Thesis Alice Salomon University of Applied Sciences, Berlin 2006.

12. מור ג., ממשתתפי סדנת הכתיבה הגרמנית-ישראלית "ישראל במילים", קונאקט - מרכז תיאום לחילופי נוער בין גרמניה לישראל, 2009.

13. Mähler, Christine: „Vergangenheit – Gegenwart – Zukunft. Zum deutsch-israelischen Jugendaustausch" (עבר - הווה - עתיד. על חילופי הנוער בין גרמניה לישראל), in: Tribüne 173 (2005), S. 136 – 122.

14. משתתף ישראלי בסדנת הכתיבה הגרמנית-ישראלית "ישראל במילים", קונאקט - מרכז תיאום לחילופי נוער בין גרמניה לישראל, 2009.

## ביבליוגרפיה

- Bayerischer Jugendring: Leben und Lernen im Austausch. Der Jugend- und Schüleraustausch Bayern – Israel. Ergebnisse einer wissenschaftlichen Evaluation (חיים ולימוד בחילופים. חילופי הנוער והתלמידים בוואריה-ישראל. תוצאות של מחקר מדעי), München 2012.

- ConAct – Koordinierungszentrum Deutsch-Israelischer Jugendaustausch: Deutsch-Israelische 'Schreibwerkstatt, Israel in Worte fassen' (סדנת הכתיבה הגרמנית-ישראלית "ישראל במילים") – Textsammlung, Lutherstadt Wittenberg 2009.

- Exchange Visions – 60 Years German-Israeli Youth Exchange. Baustelle – Schaustelle Jugendaustausch (שישים שנה של חילופי נוער בין גרמניה לישראל. חילופי הנוער כתהליך וכזירה) www.Exchange-Visions.de

- Heil, Simone: Young Ambassadors. Youth Exchange and the Special Relationship between Germany and the State of Israel, München 2011.

- Verein für Demokratische Kultur in Berlin e.V. (VDK) und amira – Antisemitismus im Kontext von Migration und Rassismus: Unsere Jugendlichen müssten mal Juden kennen lernen. Begegnungen mit Juden und Jüdinnen als pädagogischer Ansatz zum Abbau von Antisemitismus (בני הנוער שלנו צריכים להכיר יהודים. מפגשים עם יהודים ויהודיות כגישה פדגוגית למיגור האנטישמיות), Berlin 2010

- ConAct-Koordinierungszentrum Deutsch-Israelischer Jugendaustausch: 10 Jahre ConAct, Kurzfilm. Vorstellung des Jugendaustauschprojekts Kreisjugendwerk der Arbeiterwohlfahrt Niederrhein – HaNoar HaOved WeHalomed (Arbeitende und lernende Jugend) im Schloss Bellevue (עשור לקונאקט, סרט קצר. הצגת פרויקט חילופי הנוער בין מועצת הנוער המחוזית של ארגון רווחת הפועלים בחבל הריין התחתון ובין הנוער העובד והלומד בארמון בֶּלוּו בברלין), Berlin 2011. www. ConAct-org.de .

- Nadan, Yochay: German-Israeli youth exchange as a tool for longterm Peacebuilding. MA Thesis Alice Salomon University of Applied Sciences, Berlin 2006.

- Kreuzberger Initiative gegen Antisemitismus (KIgA) e.V.: Israel, Palästina und der Nahostkonflikt. Ein Bildungs- und Begegnungsprojekt mit muslimischen Jugendlichen im Spannungsfeld von Anerkennung und Konfrontation (ישראל, פלסטין והסכסוך במזרח התיכון. פרויקט חינוך ומפגש עם בני נוער מוסלמים על הציר שבין הכרה ובין עימות), Film, Berlin 2011.

- Lessing, Alma: Remembering the Past, Enacting the Present – Creating the future? An Analysis of an Israeli-German Student Exchange, MA Thesis, Jerusalem 2004.

- Mähler, Christine: „Vergangenheit – Gegenwart – Zukunft. Zum deutsch-israelischen Jugendaustausch" (עבר – הווה – עתיד. על חילופי הנוער בין גרמניה לישראל), in: Tribüne 173 (2005), S. 122 – 136.

- Messerschmidt, Astrid: „Bildungsarbeit in der Auseinandersetzung mit gegenwärtigem Antisemitismus" (עבודה חינוכית בהתמודדות עם אנטישמיות עכשווית), in: Antisemitismus. Aus Politik und Zeitgeschichte 28-30 (2014), S. 38 – 44

- Rainer Ohliger: Integration und Partizipation (אינטגרציה) durch historisch-politische Bildung (והשתתפות באמצעות חינוך היסטורי-פוליטי), Fonds Erinnerung und Zukunft, Berlin 2006.

- Thimmel, Andreas: Pädagogik in der Internationalen Jugendarbeit – Geschichte, Praxis und Konzepte Interkulturellen Lernens (פדגוגיה בעבודת הנוער הבינלאומית – היסטוריה, מעשה ורעיונות של למידה בין-תרבותית), München 2001.

# תולדות קשרי הנוער בין גרמניה לישראל
## התפתחויות, ציוני דרך והמשכיות

### יונאס מ. האהן

בשנת 2015, לרגל שנת היובל לכינון היחסים הדיפלומטיים בין גרמניה ובין ישראל שודרג באופן מקיף אתר האינטרנט -Exchange Visions.de. האתר הוקם ב-2005 כפרויקט משותף של קונאקט ושל הרשות הישראלית לחילופי נוער וצעירים, כעת הוא מחודש ומעודכן. האתר החדש מזמין את המבקרים בו לגלות את תולדותיהן העשירות של שישים השנים שבהן התקיימו קשרי נוער בין גרמניה לישראל ולשתף אחרים בחוויותיהם, באנקדוטות, בתמונותיהם וברשמיהם.

האתר, העשוי כולו בשתי שפות, מתעד את ההתפתחויות ואת ההישגים ההיסטוריים של קשרי נוער בשישים השנים האחרונות. בנוסף תפקידו גם לאפשר ולקדם גם את הדיאלוג הבין-דורי ואת חילופי הפרספקטיבות בין מגוון היחידים והקבוצות המעורבים בחילופים. המסמכים והנתונים המוצגים אמורים כך לעודד פיתוח של תכניות חילופים עתידיות. העמודים הבאים מתארים התפתחויות מרכזיות, ציוני דרך ופרויקטים מחתמשיך של קשרי הנוער בין גרמניה לישראל במשך שישים השנים האחרונות בהתאם להצגתם באתר.

### שנות ה-50 - ראשית הדרך

רבים מתארכים את תחילת קשרי הנוער בין גרמניה לישראל לאמצע שנות ה-50 של המאה ה-20. אולם בנקודת הזמן ההיא עדיין לא היה אפשר לדבר על חילופים אמיתיים: גרמנים צעירים שחוו את מלחמת העולם השנייה על פי רוב כילדים או כבני נוער, שחותמן של שנות המלחמה טבוע בהם, נסעו לישראל כדי להתוודע אל מלאכת ההקמה של המדינה הצעירה ולפתח בגישושים ראשונים של התקרבות זהירה בין גרמנים ובין ישראלים.

עם הקבוצות הגרמניות הראשונות שניסו ליצור קשר עם בני נוער ישראלים נמנתה אגודת הסטודנטים הסוציאליסטים של גרמניה (SDS). בשנת 1953 ערכה קבוצה זו מגבית באוניברסיטאות גרמניות עבור סטודנטים חסרי אמצעים בישראל.[1] מאמצע שנות ה-50 התרבו הדיווחים על נסיעות של אנשים יחידים[2], ואחר כך גם של קבוצות בני נוער גרמנים לישראל. בשנת 1957, בהזמנת אגודת הסטודנטים הישראלית, סיירה משלחת בת ארבעה חברים מטעם ה-SDS במשך כמה שבועות ברחבי ישראל.[3] קבוצה מצומצמת נוספת של קבוצת המחקר הגרמנית-ישראלית (DIS), שנוסדה זמן קצר לפני כן ב"אוניברסיטה החופשית" בברלין, נסעה גם היא לישראל בסתיו של אותה שנה. במארס 1959 יזמה קבוצה ברלינאית של סטודנטים אוונגליים (ESG) נסיעת מחקר בת חודש לישראל.[4] בערך באותו הזמן, לפי ההיסטוריון שלמה שפיר, השתתפו חברי תנועת הנוער הסוציאליסטי הגרמני בסמינר להדרכת נוער בישראל.[5]

קשרי הנוער הראשונים בין גרמניה לישראל בשנות ה-50 היו טבועים במובהק בחותמם של פשעי הנאצים. לפיכך, באוזני המשתתפים בנסיעת ה-ESG המוזכרת לעיל הושמעה גם התזכורת הבאה: "המטען הכבד ביותר שאנו מביאים עמנו [...] הוא אשמתם של הגרמנים כלפי היהודים".[6] רודולף וקרלינג, אחד מיוזמי הנסיעה הזאת, גם ציין בדו"ח נסיעה שכתב בעקבותיה שביקורם של גרמנים צעירים בישראל היה "אתגר גדול עבור ישראלים רבים מאוד".[7] מתוך בושה, אבל גם בשל האווירה הכללית בישראל בשנות ה-50, ניסו אחדים מן הנוסעים הראשונים לישראל להסתיר את מוצאם הגרמני. הם טענו שהם מצרפת, משווייץ או מהולנד. ככלל, מספר המבקרים הגרמנים

הצעירים בישראל בשנות ה-50 לא היה גדול במיוחד. במהלך 1958, למשל, לנו 219 צעירים גרמנים באכסניות ישראליות.[8]

ביקוריהם של ישראלים צעירים בגרמניה במהלך שנות ה-50 היו מעטים אף יותר.[9] עם זאת, בשנת 1959 נרשמו 125 סטודנטים בעלי דרכון ישראלי ללימודים באוניברסיטאות גרמניות.[10] מרבית הצעירים הללו היו צאצאיהם של מהגרים ממוצא גרמני שהשתלמו בתחומי הכשרה ובמקצועות מיוחדים בגרמניה.[11]

### שנות ה-60 - התעניינות גוברת

במחצית הראשונה של שנות ה-60 הלך וגבר בהתמדה מספרן של קבוצות הנוער הגרמניות שביקרו בישראל. בשנת 1960 נספרו 40 קבוצות נוער, בשנת 1961 60 קבוצות, ובשנת 1963 ביקרו בישראל יותר מ-200 קבוצות.[12] קבוצה ראשונה בת אחד-עשר חברים מטעם ארגון אות הכפרה והשלום הגיעה לישראל באוקטובר 1961 כדי לעבוד חצי שנה בקיבוץ אורים.[13]

בתקופה הזאת החלו להישמע דרישות ליצירת קשרים רשמיים עם ישראל ולכינון יחסים דיפלומטיים בין שתי הארצות. בתחילת שנות ה-60 זכו הדרישות האלה לתמיכה בעיקר בקרב הדור הצעיר בגרמניה. באוגוסט 1962 קראו בברלין מספר ארגונים (חברי איגוד הסטודנטים הליברלי של גרמניה (LSD), קבוצות המחקר הגרמניות-ישראליות, תנועת הנוער הסוציאליסטי "די פאלקן" ("הבזים"), הליגה הבינלאומית לזכויות אדם וארגון אות הכפרה והשלום) לצאת להפגנה תחת הסיסמה: "למה אנחנו מחכים? יחסים דיפלומטיים עם ישראל".[14] לפי סקר שנערך במכון אלנסבאך ביולי 1963 היו 38% מן הגרמנים בעד כינון יחסים דיפלומטיים עם ישראל (26% היו נגד, 36% התקשו להחליט). בקרב בני 16 עד 29 הצביעו בסך הכול 46% בעד כינון היחסים. שיעור ההסכמה הגבוה הזה הפליא בלט במיוחד. ההיסטוריון מיכאל וולפזון מעיר בנוגע לסקר: "ככל שהיו צעירים יותר, כך תמכו יותר ביחסים".[15] כאשר כוננו היחסים הדיפלומטיים

בין גרמניה ובין ישראל במאי 1965 כבר ביקרו - לפי העיתונאי רולף פוגל - יותר מ-40,000 צעירים גרמנים בישראל.[16]

העניין הגובר של צעירי גרמניה בישראל עורר ספקנות בקרב חלקים גדולים מן החברה הישראלית ובחוגים פוליטיים מסוימים אף מורת רוח גלויה.[17] ב-1961 הציע הכומר הגרמני היינריך גרובר להקים ועדה לקידום יחסי הנוער בין שתי הארצות. באוגוסט של אותה שנה נדחתה הצעה זאת בידי משרד החוץ הישראלי בטענה שהדבר אינו עולה בקנה אחד עם האווירה הכללית בארץ.[18] קידום פעיל של קשרי הנוער יצא מכלל אפשרות, אבל ביקורים של גרמנים צעירים בארץ הורשו להתקיים. בסוף שנת 1961 פרסמה ועדת פנים-ממשלתית לניסוח כללים לקשר התרבותי עם גרמניה את ההנחיה הבאה: "יש להתיר ביקורים של אזרחים גרמנים, בעיקר של צעירים ובני נוער, תלמידים, סטודנטים, עובדים צעירים [...] כדי לאפשר להם להתוודע לתהליך בניית הארץ".[19]

בשנת 1961 נסעה לראשונה קבוצת צעירים ישראלים מטעם מפלגת מפא"י לגרמניה. הנסיעה אושרה בידי משרד החוץ הישראלי בתנאי שלא ישתתפו בה תלמידים בגיל בית ספר.[20] כעבור שנתיים, ב-1963, ליווה העיתונאי וחוקר הדתות שלום בן-חורין ורעייתו אביטל בן-חורין קבוצה נוספת של צעירים ישראלים בביקורם בגרמניה.[21] הקבוצה הזאת ביקרה בגרמניה בין השאר באקדמיה לפיקוד צבאי של הצבא הגרמני בהמבורג. במהלך ביקור זה התוודה גנרל גרמני באוזני שלום בן-חורין שגם הוא כבר הזדמן ל"אזור שלו". על שאלתו של בן-חורין "היית כבר בישראל?" ענה הגנרל: "לא, לא הייתי. הייתי עם רומל! הגענו עד מצרים." על כך ענה בן-חורין: "נו, אני שמח שאנחנו נפגשים רק עכשיו."

לפני כינון היחסים הדיפלומטיים היו נסיעות של צעירים ישראלים אל גרמניה נדירות למדי. אולם במחצית השנייה של שנות ה-60 הלכו והתרבו הביקורים. כבר בשנת 1965 נרשמו

2666 לינות של ישראלים צעירים באכסניות גרמניות.[22]

### שנות ה-70 – התמסדות

עם כינונם של יחסים דיפלומטיים בין גרמניה לישראל שוב לא הייתה מניעה במישור הפוליטי למיסוד של חילופי הנוער בין גרמניה לישראל. בתחילת שנות ה-70 ניכר היה גם במישור החברתי שהישראלים הצעירים רואים את גרמניה באור אחר מאשר דור הוריהם וניכרה מגמת התרככות ביחס כלפי גרמניה. כך מסכם מיכאל וולפזון את העליות הסטטיסטיות בתחילת שנות ה-70: "ככל שהם צעירים יותר, כך יש להם כוונות טובות יותר, קביעה התקפה לכל הסוגיות העקרוניות."[23]

בסוף שנות ה-60 התקיימו ישיבות משותפות ראשונות של מרכז השלטון המקומי הישראלי ושל המשרד לענייני נוער, משפחה ובריאות של גרמניה המערבית. בהן, שוחחו המשתתפים גם על קשרי נוער בין גרמניה לישראל. בתחילת שנות ה-70 מינה המשרד לענייני נוער את שירות המבקרים וחילופי הנוער הבינלאומי (IJAB) (כיום: המרכז לעבודת נוער בינלאומית של גרמניה הפדרלית) לקיים תכניות הדרכה בנושא סיוע לנוער עם צוותי הדרכה גרמנים וישראלים ולהרחיב את שיתוף הפעולה בדבר חילופים בין מקומות השמה גרמנים וישראלים. בצד הישראלי הוקמה ב-1972 "המועצה הציבורית לחילופי נוער וצעירים", שמאותו רגע הייתה הכתובת הרשמית של המשרד לענייני נוער, משפחה ובריאות של גרמניה המערבית בשאלות הנוגעות לחילופי נוער. עם הקמתה של "הוועדה המקצועית המעורבת לחילופי נוער בין גרמניה לישראל" קמה בשנת 1973 מועצה גרמנית-ישראלית שתפקידה לדון במשותף בסוגיות של קידום ועיצוב התכניות וכמו כן של בחירת המשתתפים, מבנה הקבוצות והכנתן למפגשי נוער בין גרמניה לישראל.[24] אחת הפעולות הראשונות של הוועדה המקצועית המעורבת הייתה לנסח בנובמבר 1974, ב"תקנונות משותפות עבור חילופי הנוער בין גרמניה לישראל", כללי פעולה לתכניות החילופים, התקפים לשני הצדדים. תוקפם של אלו נשמר עד היום בשינויים קלים.

במקביל למיסוד החילופים תמך הצד הגרמני מסוף שנות ה-60 בתכניות מפגשים גרמנים-ישראלים גם באמצעות תקציב מיוחד של תכנית הנוער הממשלתית של גרמניה המערבית (מ-1993: התכנית הפדרלית לילדים ולנוער). אחרי הפיגוע של הטרוריסטים הפלסטיניים באולימפיאדת מינכן בספטמבר 1972 ורצח חברי הנבחרת האולימפית הישראלית הוגדל התקציב המיוחד באופן משמעותי. כך יכלו כל המוסדות העוסקים בחילופי נוער להרחיב את מספר התכניות ואת תכניהן בשנים שלאחר מכן.[25]

מסוף שנות ה-60, בזכות התמיכה המיוחדת, גדלה נגישותם של חילופי הנוער בין גרמניה לישראל עבור מקומות השמה רבים בכל רחבי מערב גרמניה. כבר בתחילת שנות ה-70 השתתפו כל שנה כ-5,000 בני נוער וצעירים מגרמניה ומישראל במפגש נוער בארץ האחרת. עד סוף העשור עלה מספר המשתתפים לכ-6,000 עד 7,000 בשנה. בפרוטוקול של המשרד לענייני נוער, משפחה ובריאות מנובמבר 1971 צוין כי חלה התפתחות חיובית בייחוד במספרי המשתתפים הישראלים וכי בשנים 1969-1971 נרשם גידול בשיעור של כ-50% במספר המשתתפים הישראלים בתכניות המפגשים בגרמניה.[26]

### שנות ה-80 – שיאים סטטיסטיים

על רקע המחלוקת בין מנחם בגין להלמוט שמידט ב-1981 הצטננו היחסים בין גרמניה לישראל בתחילת שנות ה-80. אולם להתפתחויות הפוליטיות האלה לא הייתה כל השפעה על מספר המשתתפים בתכניות חילופי נוער בין גרמניה לישראל. מספר המשתתפים הגרמנים בתכניות מפגשים בישראל עלה במהלך שנות ה-80 באופן עקבי או שנשאר בשיעור גבוה.

בצד הישראלי השפיע בעיקר המצב הכלכלי המתוח בתחילת שנות ה-80 על מספר המשתתפים בתכניות בגרמניה. אחרי התמוטטות הבנקים בשנת 1983 נאבקה הכלכלה הישראלית בירידה ניכרת בערך השקל ובשיעורי אינפלציה גבוהים שהגיעו לכמעט 450% בשנת 1984. כחלק ממדיניותה נגד המשבר הזה הנהיגה ממשלת ישראל במאי 1985 מס מוגבה על נסיעה לחוץ לארץ בסך 300 דולרים וכן היטל מס בסך 20% על קניית כרטיסי טיסה. כדי למנוע קנייה נוספת של מטבע חוץ אף הוטל בקיץ 1985 איסור קצר-טווח כולל על נסיעתן לחוץ לארץ של קבוצות נוער ישראליות.27

ההשלכות הסטטיסטיות של המשבר היו עצומות. אם בשנת 1983 עדיין השתתפו כ-2000 ישראלים צעירים בתכנית בגרמניה שמומנה מכספי תכנית הנוער הממשלתית של גרמניה המערבית, בשנת 1984 צנח שיעור המשתתפים בכ-25%- ובשנה שלאחריה ב-50%-. אולם אחרי ששב והופחת מס היציאה מישראל בספטמבר/אוקטובר 198528 והמצב הכלכלי השתפר, התאושש מספר המשתתפים במהירות גדולה יחסית. בשנת 1987 שוב היה מספרם של משתתפים ישראלים בתכניות בגרמניה כמספרם לפני המשבר.

בדצמבר 1987 פרצה האינתיפאדה הראשונה. למרות זאת הגיעו מספרי המשתתפים במפגשי נוער גרמנים-ישראלים בסוף שנות ה-80 לנקודת השיא הסטטיסטית שלהם. מכספי תכנית הנוער הממשלתית של גרמניה המערבית מומנו בשנת 1989 כ-350 תכניות מפגשים, שבהן השתתפו כמעט 8000 משתתפים גרמנים וישראלים. שיעור זה הינו שיעור ההשתתפות הגבוה ביותר שמומן מכספי גרמניה בתחום זה. רק בתחילת העשור הראשון של שנות ה-2000 ישובו מספרי המשתתפים ויתקרבו לאיטם לשיא הזה.

שנות ה-90 - המשכיות והתחלה חדשה

עם תחילת תהליך האיחוד של גרמניה המזרחית וגרמניה המערבית, דנו גם הממונים על חילופי הנוער בגרמניה ובישראל על תפקידם העתידי של חילופי הנוער בין שתי הארצות. באמצע דצמבר 1989 התכנסה לליבק "הוועדה המעורבת לחילופי נוער בין גרמניה לישראל" לישיבתה השנתית. בפרוטוקול ישיבה מקדים הועלתה השאלה אם "מן האפשרויות החדשות האלה (נפילתה של חומת ברלין בנובמבר 1989) עשויה לצמוח השראה חדשה לתכניות בין גרמניה לישראל.29"

אחרי איחוד שתי הגרמניות, האתגר הגדול ביותר עבור תחום חילופי הנוער בין גרמניה לישראל היה יצירת תשתיות לחילופים גם במדינות גרמניה החדשות ושילובן בחילופים עם ישראל. בגרמניה המזרחית קבעה במשך שנים רבות תעמולה אנטי-ציונית את מדיניותה הרשמית של הארץ. יחסים דיפלומטיים בין גרמניה המזרחית ובין ישראל לא כוננו מעולם. מחקר הערכה שפורסם על ידי המשרד לנשים ולנוער בגרמניה המערבית בשנת 1992 בנושא חילופי נוער בין גרמניה לישראל מציין עם זאת, שבייחוד "במדינות גרמניה החדשות [...] הביקוש לתכניות חילופים בין גרמניה לישראל גבוה מאוד.30"

לכן, כדי לענות על הצורך של אותן מדינות "להשלים את החסר", העניקה הוועדה המקצועית המעורבת בשנים שאחרי נפילת החומה עדיפות לבקשות ממדינות גרמניה החדשות לתכניות חילופים עם ישראל.31 נוסף על כך, בשנת 2000 הוקם בברלין מכון "תמריצים חדשים" (Neue Impulse), שמשימתו העיקרית היא להכשיר אנשי הדרכה ממדינות גרמניה החדשות לחילופים עם ישראל על מנת לשלב מקומות השמה נוספים בחילופים.

שנות ה-2000 - הרחבת התשתיות

בפברואר 2000 נשא נשיאה הראשון של גרמניה המאוחדת, יוהאנס ראו, נאום בפני כנסת ישראל. במלות הסיום שלו הדגיש הנשיא ראו את האחריות המיוחדת המוטלת על הנוער להתפתחותה העתידית של היחסים בין גרמניה

לישראל: "אני מקווה למען הנוער של עמינו. אין לי ספק בכך: אם ננחיל לבני הדור הצעיר את הזיכרון ונעודד אותם להיפגש זה עם זה, כי אז אין לנו לדאוג לעתיד היחסים בין ישראל ובין גרמניה."[32] במשך שהותו בישראל הוחלט ביוזמתו של רַאו על הקמת משרד תיאום עבור חילופי הנוער בין גרמניה לישראל.[33] בגרמניה נפתח בעקבות כך באוקטובר 2001 מרכז התיאום "קונאקט" (פעולה משותפת) בעיר וִיטֶנבֶּרג. מושבו של המשרד במדינה מזרח-גרמנית והשיתוף עם מדינת סכסוניה-אנהלט נבחרו בכוונה תחילה. תפקידם הנו להוסיף ולחזק את שילובם של מקומות ההשמה וארגוני הנוער המזרח-גרמניים בחילופים עם ישראל. השותפה הישראלית של קונאקט היא הרשות הישראלית לחילופי נוער וצעירים (עד 2013: המועצה לחילופי נוער וצעירים בישראל), היושבת בתל אביב.

בתחילת שנות ה-2000 השפיעו החיכוכים בין ישראלים ובין פלסטינים על חילופי הנוער בין גרמניה לישראל בצורה ניכרת. פרוץ האינתיפאדה השנייה בספטמבר 2000 הביא לצניחה החדה ביותר במספר המשתתפים בתכניות מאז תחילת איסוף הנתונים בסוף שנות ה-60. המפגשים הגרמנים-ישראלים, הממומנים מתקציב תכנית הילדים והנוער של גרמניה הפדרלית (KJP), רשמו בשנת 2001 פיחות של 50% במספר המשתתפים בהשוואה לשנה הקודמת. זאת, בעיקר בתכניות המפגשים שהיו אמורות להתקיים בישראל. מפגשי הנוער בין גרמניה לישראל התאוששו מן המשבר הזה רק באמצע שנות ה-2000. בסוף העשור נמנו שוב מדי שנה כ-7000 משתתפים.

במהלך העשור הראשון של שנות ה-2000 חל שינוי ביחסם של צעירים ישראלים לגרמניה. לפי מחקר של קרן פרידריך אברט (FES) משנת 2010 השתנה "הדימוי של גרמניה" באופן חיובי מובהק. בהשוואה לשיעורים שנמדדו בשנת 1998 הגיע מחקר הנוער למסקנה הבאה:

"A significant improvement in the image or profile of modern Germany took place between 1998 and 2010. [...] The view that Germany today is one of the friendliest countries to Israel rose from 41.5 % (1998) to 60 % (2010); that Germany today is among the civilized countries of the world, from 61 % to 76 %; [...] Fewer and fewer respondents felt that Germany today resembles Nazi Germany (from 43 % to 32 %)."[34]

### שנת 2010 ואילך - מגוון גדל

מאז שנות ה-60 המוקדמות היה תחום שירותי ההתנדבות עומד תווך מרכזי בקשרי הנוער בין גרמניה לישראל. בשנת 2010 ובשנים לאחריה הגיעו לישראל מדי שנה עד 900 גרמנים. מרביתם צעירים שהגיעו על מנת להתנדב למשך תקופה ארוכה בישראל. אלו התנדבו ומתנדבים בקיבוצים, במוסדות רווחה, במוזיאונים, בארכיונים או באתרי הנצחה. תכניות ההתנדבות התקיימו באופן חד-צדדי. רק ישראלים צעירים מעטים מאוד יצאו לשירות התנדבות בגרמניה. עם הקמת תכנית המתנדבים הגרמנית-ישראלית עבור ישראלים צעירים בגרמניה "קום-מתנדב" בשנת 2010 נוצרה הדדיות גם בתחום ההתנדבות. אחד-עשר המתנדבים הישראלים הראשונים החלו בסתיו 2010 בשירות התנדבות בן אחד-עשר חודשים במגוון פרויקטים חברתיים בגרמניה.[35]

בשנים האחרונות נשמר שיעורם הגבוה של המשתתפים בתכניות נוער בין גרמניה לישראל באופן עקבי. כ-280 תכניות עם 7000 משתתפים מקבלות כעת תמיכה שנתית מתקציב תכנית הילדים והנוער של גרמניה. למרות תנאי המסגרת הפוליטיים הקשים במזרח התיכון, הפחד מפני אנטישמיות אנטי-ישראלית הולכת ומתחזקת בגרמניה ובאירופה ודיונים על תנאי החיים השונים של צעירים בגרמניה ובישראל, ההדדיות הגדולה במפגשי נוער אינה פוחתת והאמצעים העומדים לרשות התכניות אינם מספיקים כדי לתמוך במקומות

השמה בהתאם לכללים.

בבחינה של ההתפתחות הכללית של יחסי הנוער בין גרמניה לישראל בשישים השנים האחרונות אין ספק כי היא מרשימה. לפחות 600,000 צעירים ובני נוער השתתפו במשך הזמן הזה בתכניות מפגשים גרמניות-ישראליות מאורגנות.36 מבחינה מבנית וכלכלית החילופים בין גרמניה לישראל כיום טובים מתמיד. בהשוואה לניסיונות הגישוש הזהירים היחידים בשנות ה-50 ובשנות ה-60, כיום יש לצעירים ולבני נוער מגרמניה ומישראל אפשרויות מגוונות להיפגש ולהתוודע זה אל זה במסגרת מפגש נוער, שירות התנדבותי, חילופי תלמידים או חילופים בתחום ההכשרה המקצועית.

## יונאס מ. האהן

נולד בשנת 1985. בין השנים 2005–2006 שירת בישראל כמתנדב מטעם ארגון אות הכפרה והשלום. לאחר מכן למד לימודי יהדות ולימודי המזרח התיכון בהיידלברג, במסגרת לימודיו שהה באוניברסיטת ירדן שבעמאן בשנים 2010–2011 ובאוניברסיטת בן גוריון בנגב שבבאר שבע בשנים 2011–2012. משנת 2014 הוא נמנה עם אנשי הצוות הפדגוגי של ארגון קונאקט – מרכז תיאום לחילופי נוער בין גרמניה לישראל.

---

1. Albrecht, Willy: Der Sozialistische Deutsche Studentenbund (SDS). Vom parteikonformen Studentenverband zum Repräsentant der Neuen Linken (אגודת הסטודנטים הסוציאליסטית הגרמנית. מאיגוד סטודנטים המיישר קו עם המפלגה לנציג של השמאל החדש), Bonn 1994, 296.

2. Deutschkron, Inge: Israel und die Deutschen. Das besondere Verhältnis (ישראל והגרמנים. הקשר המיוחד), Köln 1983, 142; Krupp, Michael: Dreißig Jahre diplomatische Beziehungen zu Israel. Fast ein Stück Selbstbiografie (שלושים שנים של יחסים דיפלומטיים עם ישראל. כמעט אוטוביוגרפיה), in: Normal ist das Besondere. Streiflichter aus 30 Jahren deutsch-israelische Beziehungen (הנורמלי הוא המיוחד. נקודות ציון משלושים שנים של יחסים בין גרמניה לישראל), Schwalbach 1996, 11–15.

3. Albrecht, Willy: Der Sozialistische Deutsche Studentenbund, 296.

4. Gronauer, Gerhard: Der Staat Israel im westdeutschen Protestantismus. Wahrnehmung in Kirche und Publizistik von 1948 bis 1972 (מדינת ישראל בפרוטסטנטיות המערב-גרמנית. תפיסתה בכנסייה ובעיתונות בין השנים 1948-1972), Göttingen 2013, 130.

5. שפיר, שלמה: יד מושטת: הסוציאל-דמוקרטים הגרמנים ויחסם ליהודים ולישראל בשנים 1967-1945, תל אביב 1986, עמ' 130.

6. Weckerling, Rudolf: Salem und Schalom (סלאם ושלום) in: Rudolf Weckerling: Durchkreuzter Hass (שנאה מחוקה), Berlin 1961, 102.

7. Ibid. 99.

8. Katz, Walter: Brief vom Vorsitzenden des Israelischen Jugendherbergswerkes Walter Katz an Bundesinnenminister Ernst Benda (מכתב מאת יו"ר איגוד האכסניות בישראל ואלטר כץ אל שר הפנים הגרמני ארנסט בנדה), 25.9.1968, Archiv (ConAct).

9. באוקטובר 1955 השתתף חסון גולדברג בכנס ה-SDS בגרמניה כנציג של התאחדות אגודות הסטודנטים בישראל. (-Albrecht, Willy: Der Sozialistische Deut sche Studentenbund, 296).

10. Hansen, Niels: Aus dem Schatten der Katastrophe. Die deutsch-israelischen Beziehungen in der Ära Konrad Adenauer und David Ben Gurion (מצל הפורענות. היחסים בין גרמניה לישראל בעידן קונרד אדנאואר ודוד בן גוריון), Düsseldorf 2004, 515.

11. Jelinek, Yeshayahu A.: Deutschland und Israel 1945–1965 (גרמניה וישראל 1945-1965), München 2004, 395.

| | |
|---|---|
| Deutsch-Israelische Beziehungen, Berlin 1985, 108, 135–85. | 12 Vogel, Rolf: Deutschlands Weg nach Israel (דרכה של גרמניה אל ישראל), 117, Stuttgart 1967. |
| 27 Protokoll über die Sitzung des Arbeitskreises „Internationale Jugendarbeit" mit den westfälisch-lippischen Trägern deutsch-israelischer Jugendbegegnungen (פרוטוקול ישיבת קבוצת העבודה "עבודת נוער בינלאומית" עם מקומות ההשמה בווסטפאליה-ליפה במסגרת מפגשי הנוער בין גרמניה לישראל) Münster 4.9.1985 (Archiv Con-Act). | 13 Böhme, Jörn: Die Arbeit der Aktion Sühnezeichen/Friedensdienst (עבודתו של ארגון אות הכפרה והשלום בישראל) in Israel in: Karlheinz Schneider (Hg.), 20 Jahre Deutsch-Israelische Beziehungen (עשרים שנה של יחסים בין גרמניה לישראל), 108, 150-137, Berlin 1985. |
| 28 תשובת סגן שר האוצר עדיאל אמוראי לשאלתו של חבר הכנסת זידאן עטאשי, 4.6.1985. http://knesset.gov.il/tql/knesset_new/knesset11/HTML_27_03_2012_05-59-19-PM/19850604@19850604013@013.html | 14 Hansen, Niels: Aus dem Schatten der Katastrophe, 586. |
| | 15 Wolffsohn, Michael: Deutsch-Israelische Beziehungen. Umfragen und Interpretationen 1952–1983 (היחסים בין גרמניה לישראל. סקרים ופרשנויות 1952-1983), 54, München 1986. |
| 29 Belen-Vine, Barbara: Vermerk für das BMJFFG zur Vorbereitung der Sitzung des Gemischten deutsch-israelischen Fachausschusses vom 15.12.1989–10. in Lübeck (רשימות עבור המשרד הפדרלי של גרמניה לנוער, משפחה, נשים ובריאות להכנת הישיבה של הוועדה המקצועית המעורבת הגרמנית-ישראלית), Bonn 5.12.1989 (Archiv Con-Act). | 16 Vogel, Rolf: Deutschlands Weg nach Israel, 117. |
| | 17 בשנת 1964, למשל, הצהירו רק 12 מתוך 230 הקיבוצים על נכונותם לקלוט צעירים גרמנים. (להשוואה: Deutschkron, Inge: Israel und die Deutschen, 145). מרבית הקיבוצים שקלטו צעירים גרמנים השתייכו ל"איחוד הקבוצות והקיבוצים", איגוד שהיה מקורב למפא"י ואחר כך למפלגת העבודה (להשוואה: שפיר, שלמה, היד המושטת, עמ' 129) |
| 30 Lachenmair-Tüllmann, Bärbel: Die kurz- und langzeitigen Wirkungen deutsch-israelischer Begegnungen bei deutschen Jugendlichen im Jugendaustausch (השלכותיהם קצרות הטווח וארוכות הטווח של המפגשים הגרמניים-ישראליים על צעירים גרמנים בחילופי הנוער), 7, München 1992. | 18 Jelinek, Yeshayahu A.: Deutschland und Israel 1945–1965, 398. |
| | 19 Jelinek, Yeshayahu A.: Zwischen Moral und Realpolitik. Eine Dokumentensammlung (בין מוסר לריאל-פוליטיק. אסופת מסמכים), Tel Aviv 1997, Dokument 212, 592. |
| 31 ממשלת גרמניה הפדרלית: תשובה לממשלת גרמניה על שאלה קטנה בנושא "חילופי הנוער בין גרמניה לישראל". (Drucksache 12/2055), 11.2.1992, 6. http://dipbt.bundestag.de/doc/btd/12/020/1202055.pdf | 20 Jelinek, Yeshayahu A.: Deutschland und Israel 1945–1965, 398. |
| 32 נאומו של נשיא גרמניה יוהאנס ראו בפני הכנסת, ירושלים 16.2.2000. http://www.bundespraesident.de/SharedDocs/Reden/DE/Johannes-Rau/Reden/2000/02/20000216_Rede.html | 21 שפה) Nelskamp, Martin: Sprache als Heimat כמולדת (עבודת תזה באוניברסיטת לייפציג), Leipzig 2005, 100. http://www.cultiv.net/cultranet/1163280965SpracheAlsHeimat-Anhang.pdf |
| | 22 Vogel, Rolf: Deutschlands Weg nach Israel, 117. |
| 33 השרה לעניני משפחה, אזרחים ותיקים, נשים ונוער בגרמניה הפדרלית והשר לעניני חינוך, ישראל: הצהרת כוונות על הקמת מרכז תיאום עבור חילופי הנוער בין גרמניה לישראל, ירושלים 17.2.2000. http://www.conact-org.de/downloads/Absichtserklaerung.pdf | 23 Wolffsohn, Michael: Deutsch-Israelische Beziehungen. Umfragen und Interpretationen 1952–1983, 81. |
| | 24 Mähler, Christine: Vergangenheit – Gegenwart – Zukunft. Zum deutsch-israelischen Jugendaustausch (עבר – הווה – עתיד. לחילופי הנוער בין גרמניה לישראל) in:. Tribüne 173/2005, 136–122, 124. |
| 34 Hexel, Ralf/Nathanson, Roby (Hg.): All of the Above: Paradoxes of Young People in Israel. The 3rd Youth Study of the Friedrich-Ebert-Stiftung. Changes in National, Societal and Personal Attitudes, Herzliya 2010, 124. | 25 http://web.conact-org.de/materialien/jugendaustausch/eckdaten.html |
| 35 http://kom-mit-nadev.org/index.php/de/das-programm/kooperationen/freiwilligenzyklus-20102011 | 26 Haase, Irma: Deutsch-israelischer Jugendaustausch (חילופי נוער בין גרמניה לישראל), in: 20 Jahre |

# 23 חילופי הנוער בין גרמניה לישראל | הלכה למעשה

- ConAct – Koordinierungszentrum Deutsch-Israelische Jugendaustausch: Deutsch-Israelischer Jugendaustausch in Geschichte und Gegenwart – Kurzinformationen 2014 (חילופי נוער בין גרמניה לישראל בעבר ובהווה – דיווח קצר), (2014 Witten-berg 2014.

## ביבליוגרפיה

- Albrecht, Willy: Der Sozialistische Deutsche Studentenbund (SDS). Vom parteikonformen Studentenverband zum Repräsentant der Neuen Linken (אגודת הסטודנטים הסוציאליסטית הגרמנית. מארגון סטודנטים המיישר קו עם המפלגה לנציג השמאל החדש), Bonn 1994.

- Böhme, Jörn: Die Arbeit der Aktion Sühnezeichen/Friedensdienst in Israel (עבודתו של ארגון אות הכפרה והשלום בישראל), in: Karlheinz Schneider (Hg.): 20 Jahre Deutsch-Israelische Beziehungen, Berlin 1985, 137–150.

- Deutschkron, Inge: Israel und die Deutschen. Das besondere Verhältnis (ישראל והגרמנים. הקשר המיוחד), Köln 1983.

- Gronauer, Gerhard: Der Staat Israel im westdeutschen Protestantismus. Wahrnehmung in Kirche und Publizistik von 1948 bis 1972 (מדינת ישראל בפרוטסטנטיות המערב-גרמנית. תפיסתה בכנסייה ובעיתונות בין השנים 1948-1972), Göttingen 2013.

- Haase, Irma: Deutsch-israelischer Jugendaustausch (חילופי נוער בין גרמניה לישראל), in: 20 Jahre Deutsch-Israelische Beziehungen, Berlin 1985.

- Hansen, Niels: Aus dem Schatten der Katastrophe. Die deutsch-israelischen Beziehungen in der Ära Konrad Adenauer und David Ben Gurion (מצל הפורענות. היחסים בין גרמניה לישראל בעידן קונרד אדנאואר ודוד בן גוריון), Düsseldorf 2004.

- Hexel, Ralf/Nathanson, Roby (Hg.): All of the Above: Paradoxes of Young People in Israel. The 3rd Youth Study of the Friedrich-Ebert-Stiftung. Changes in National, Societal and Personal Attitudes, Herzliya 2010.

36

- Jelinek, Yeshayahu A.: Deutschland und Israel 1945–1965 (גרמניה וישראל 1945-1965), München, 2004.

- Krupp, Michael: Dreißig Jahre diplomatische Beziehungen zu Israel. Fast ein Stück Selbstbiografie (שלושים שנים של יחסים דיפלומטיים עם ישראל. כמעט אוטוביוגרפיה), in: Normal ist das Besondere. Streiflichter aus 30 Jahren deutsch-israelische Beziehungen (הנורמלי הוא המיוחד. נקודות ציון משלושים שנים של יחסים בין גרמניה לישראל), Schwalbach 1996, 11–15.

- Lachenmair-Tüllmann, Bärbel: Die kurz- und langzeitigen Wirkungen deutsch-israelischer Begegnungen bei deutschen Jugendlichen im Jugendaustausch (השלכותיהם קצרות הטווח וארוכות הטווח של המפגשים הגרמנים-ישראליים על צעירים גרמנים במסגרת חילופי הנוער), München, 1992.

- Mähler, Christine: Vergangenheit – Gegenwart – Zukunft. Zum deutsch-israelischen Jugendaustausch (עבר - הווה - עתיד. לחילופי הנוער בין גרמניה לישראל), in: Tribüne 173/2005, 122–136.

- Nelskamp, Martin: Sprache als Heimat (שפה כמולדת) (Magisterarbeit an der Universität Leipzig (עבודת מוסמך באוניברסיטת לייפציג)), Leipzig 2005.

- הסוציאל-דמוקרטים הגרמנים ויחסם ליהודים ולישראל בשנים 1945-1967, תל אביב 1986.

- Sieben, Hermann J.: Jugend als Zukunft – Versuche neu anzufangen (הנוער כעתיד - ניסיונות להתחיל מחדש), in: Tribüne 186/2008, 209–220.

- Vogel, Rolf: Deutschlands Weg nach Israel (דרכה של גרמניה אל ישראל), Stuttgart 1967.

- Weckerling, Rudolf: Salem und Schalom (סלאם ושלום), in: Rudolf Weckerling: Durchkreuzter Hass (שנאה מסומנת בצלב), Berlin 1961, 97–102.

- Wolffsohn, Michael: Deutsch-Israelische Beziehungen. Umfragen und Interpretationen 1952–1983 (היחסים בין גרמניה לישראל. סקרים ופרשנויות 1952-1983), München 1986.

# גשר לעתיד
## בני נוער ישראלים וגרמנים: ציפיות – חזון – אתגרים ותקוות

### ד"ר נילי קרן

בשעה שהדברים שלהלן נכתבים, חיים כ-30,000 צעירים ישראלים, בני הדור השלישי ואפילו הרביעי לשואה בברלין, ובאותה עיר עצמה - בירת הרפובליקה הפדרלית - מתמודד מועמד ממוצא פלסטיני לראשות העיר. ברלין, שהייתה בעבר בירת המדינה הנאצית, וגם בימינו אינה מניחה לעצמה לשכוח את עברה ואת קורבנותיה, היא העיר המסמלת יותר מכול את הפיוס, הפתיחות, הליברליות והתקווה.

איך קרה שבתוך חמישים שנה התחולל שינוי קיצוני כל כך במערכת היחסים הישראלית-גרמנית המורכבת כל כך? והאם באמת מעל התהום שהייתה פעורה בין שתי חברות אלו, נבנה גשר כה חזק ומוצק, כפי שהוא נראה כיום?

אחד ההסברים הראשונים והמידיים למציאות זאת הוא מפעל חילופי הנוער הישראלי-גרמני שהחל עשר שנים לפני כינון היחסים הרשמיים בין ישראל למערב גרמניה. האתגר של מפעל זה היה להבקיע את החרם הסמוי, אך גם הגלוי, שהטילה החברה הישראלית על מערב גרמניה, אותה המדינה שסימלה בעיניה את דור המרצחים הנאצים. ניצולי השואה היו הראשונים שסיפרו את סיפור השואה במדינת ישראל, ובאמצעות סיפוריהם נוצרו תדמיות "הארי" ו"היהודי", שנצרבו בתודעת הדור השני ובמידה רבה גם הדור השלישי בישראל, ואפילו אצל ה"צברים" בני הצברים שלא חוו את השואה. ביטויים כגון "החיה הנאצית" הביאו להטמעת הדימויים הדמוניים האלה של הגרמנים בתודעתם של הישראלים.

הביטוי החזק ביותר להזדהות עם הקורבנות היה הסלידה מכל מה שהוא גרמני. הרגשות האנטי-גרמניים העזים נחשפו כל אימת שהתקיים דיאלוג כלשהו עם גרמניה: האווירה הציבורית סביב הסכם השילומים בשנות החמישים, עסקת הנשק עם גרמניה, ובשלב מאוחר יותר ההחלטה על קיום יחסים דיפלומטיים בין ישראל למערב גרמניה. ישראלים רבים נדרו שלא לרכוש לעולם מוצרים גרמניים, אחרים נשבעו שכף רגלם לא תדרוך על אדמת גרמניה; מוסדות להנצחת השואה כגון בית לוחמי הגטאות, "יד מרדכי" ו"מורשת" סירבו לארח מבקרים גרמנים, ובכללם קבוצות גרמניות של בני הדור השני.

בשנות השישים, משהחלו להגיע לישראל קבוצות של מתנדבים צעירים לא-יהודים ממדינות שונות לסייע בקיבוצים, היו קיבוצים לא-מעטים שסירבו לקבל מתנדבים גרמנים, אף שהיו אלה בני הדור השני, צעירים שנולדו לאחר המלחמה. גם צעירים גרמנים שהקימו את ארגון "אות הכפרה" וביקשו לכפר על פשעי הנאצים באמצעות פעולות התנדבות בישראל – נותרו מבודדים למדי, ולא התקבלו באהבה גדולה, בלשון המעטה.

בעולם שהתגלה בין חורבות מלחמת העולם השנייה גדלו הגרמנים בני הדור השני ועל מצחם אות קלון. משא האשמה שהורישו להם דור ההורים, הסבים והסבתות היה כבד מנשוא, ובעל כורחם היה עליהם לשאת באחריות המוסרית לעוולותיהם של אבותיהם ואבות אבותיהם. "אבות אכלו בוסר ושיני בנים תקהינה", כדברי הנביאים ירמיהו ויחזקאל, ושיניהם של בני הדור השני בגרמניה אכן קהו מאוד.

המפגש הטעון בין בני הדור השני - ישראלים וגרמנים - היה אפוא שלב הכרחי בתהליך עיצוב הזיכרון הפרטי והקולקטיבי של צעירים אלה. לתוכו היה חשוב לצקת ערכים אנושיים-

אוניברסליים משותפים, מתוך כיבוד זכר העבר, למצוא את המכנה המשותף האנושי בין כובד המשא שהוטל על כתפי הצעירים הישראלים שלא ברצונם לבין אותו נטל אשמה שרבץ על כתפי הגרמנים הצעירים בשל פשעים שביצעו הדורות הקודמים.

הגרמנים ביקשו לטפח את הדיאלוג הזה ויזמו יחסי קרבה וידידות בין ערים ישראליות לגרמניות וכן בין מוסדות חינוך ישראליים לגרמנים, תוך מימון מלא ואירוח של הישראלים בגרמניה.

בתקופה הראשונה התקיימו המפגשים רק בגרמניה, משום הקושי שבמציאת גורמים מארחים בישראל. באמצעות הצעירים הישראלים, ביקשה גרמניה להציג את מה שנקרא אז "גרמניה האחרת", גרמניה שלאחר המלחמה, העושה כל שביכולתה לכפר על פשעי העבר של התקופה הנאצית.

אבל מאז שנות החמישים של המאה הקודמת, צעד אחר צעד, הלך והתפתח תהליך מרתק ביחסים בין הדורות הצעירים בשתי המדינות. מפעל חילופי הנוער צבר תאוצה, התרחב והכיל יותר ויותר מוסדות חינוך, ארגוני נוער וצעירים. מישראל החלו להשתתף בקבוצות חילופי הנוער גם צעירים ערבים - נוצרים ומוסלמים.

בקרב הצעירים הישראלים התעצמה מאוד תודעת השואה, הודות לתוכנית הלימודים בהיסטוריה שכללה את לימודי השואה בבתי הספר כלימודי חובה, וכן בעקבות התגברות זרם המשלחות של בתי הספר מישראל לסיורים בפולין. סיורים אלה נתנו מקום להיבטים הרגשיים של ההתייחסות לשואה. שני התהליכים האלה בישראל מצד אחד, ואיחוד גרמניה מן הצד האחר, תרמו רבות למפנה שחל במפעל חילופי הנוער הישראלים-גרמנים. מעניינת, ואולי אף מפתיעה, העובדה שככל שגברה תודעת השואה בקרב הנוער הישראלי, כך הלכו והתרחבו המפעלים המשותפים לנוער ישראלי וגרמני. מפעלים אלה חיברו בין תזמורות נוער, להקות מחול והתמחויות שונות בבתי ספר מקצועיים ואחרים, מתוך חיזוק הערכים האוניברסליים, דרך עבודה חינוכית בין-לאומית. כך, הקשרים האישיים בין הצעירים שהשתתפו בפעילויות אלה התהדקו מאוד, ותכלית המפגשים והעניין המרכזי שלשמו נועדו המפעלים המשותפים האלו הלכו ונדחקו לשולי העשייה המשותפת, כדי שלא "לקלקל" את האווירה הטובה ששררה בין השותפים הצעירים.

תהליך זה זכה לתפנית חשובה מאז איחוד גרמניה, משאתרי מחנות הריכוז בכל רחבי המדינה שינו את פניהם בהדרגה למוזיאונים ולמרכזים חינוכיים, בראש ובראשונה עבור גרמנים צעירים, בעיקר ממזרח גרמניה, שהרי בתקופת השלטון הקומוניסטי לא עסקו שם בשואת העם היהודי ובהיבטים האוניברסליים של פשעי הנאצים. תמורה נוספת קשורה ביכולתו של הדור השלישי בישראל, שהוא כיום רוב רובו של הקהל הצעיר המשתתף בחילופין, לראות באירועים הנחווים במשותף בזכר העבר, בלי להפוך את הדור הצעיר הגרמני לאשם. אירועי רצח עם שהתחוללו ברחבי העולם לאחר השואה, וכן התגברות המגמות של גילויי שנאת זרים בעולם בכלל והתעצמותה של גזענות מסוג חדש באירופה - כל אלה שימשו לאורך השנים כר אקטואלי נרחב לעיסוק מחודש באירועי השואה, מתוך דיון מעמיק של השותפים כולם, כצאצאי קורבנות ומבצעים כאחד, שכן אותן שאלות מוסריות אינן יורדות מהפרק ונעשות רלוונטיות גם לחיים בהווה.

במשך שנים של עבודה משותפת בין אנשי חינוך גרמנים לישראלים למען חיזוק איכותן ומשמעותן של תוכניות החילופין בין בני הנוער, עברו על שתי החברות הללו שינויים חברתיים ותרבותיים ניכרים. הן גרמניה והן ישראל ידועות כחברות רב-תרבותיות, וכל אחת מהן מורכבת מקבוצות אתניות, דתיות, תרבותיות שונות ומגוונות. השותפים לתוכניות החילופין מבינים את האתגרים החינוכיים-חברתיים שמעמידה הרב-תרבותיות של כל

אחת מהקבוצות אל מול התהליכים שחווים הצעירים משתי המדינות במהלך פעולות החילופין. אחת הסוגיות הרגישות ביותר היא מקומה של ההתמודדות עם העבר הנאצי והשואה במסגרת התוכנית החינוכית-חברתית של הקבוצות השותפות. עברו כבר 70 שנה מתום המלחמה, אך לפחות בקרב השותפים הישראלים - תודעת השואה והמחויבות לשימור זכר הנרצחים מתחזקות עם השנים. אלא שלא כבעבר, כאמור, אין כלל סתירה בין יצירת קשרים חדשים ומפגשים המתקיימים בצל משקעי העבר. ההפך הוא הנכון: הרגישות והאחריות שמאפיינות את גרמניה הפדרלית בהתמודדותה עם עברה ניכרות היטב בכל רחבי גרמניה. ההתמודדות החינוכית עם פשעי העבר והמאמץ הבלתי פוסק להניף את דגל המאבק בגזענות באשר הוא והמאבק בניאו-נאציזם ובשנאת הזרים ניכרים במערכת החינוך ובפעולות תרבותיות וחברתיות אחרות. גרמניה מודעת היטב להיותה ארץ מקלט ומדינית- אם לבני לאומים רבים שהיגרו או ברחו אליה והתערו בתרבותה. אלו אינם נושאים בעברם את מורשת התקופה הנאצית, כפי שנושאים אותה הגרמנים שמשפחותיהם חיות בה דורות רבים. וגם אם אירועי השואה והתקופה הנאצית אינם חלק מזהותם כקבוצה אתנית, אין הם יכולים לחמוק מהתמודדות עם העבר הזה, כחלק מהזהות הקולקטיבית שאליה הם שואפים להשתייך.

ישראל אינה מדינה רב-לאומית מבחינה אתנית, שכן למהגרים אליה מכל עֵבֶר יש מכנה משותף לאומי כיהודים, אשר הופך אותם לשותפי גורל, הן לעבר היהודי והן לעתיד. עם זאת, החברה הישראלית כוללת גם מיעוטים שאינם יהודים: ערבים מוסלמים, נוצרים, דרוזים, צ'רקסים ואחרים. בני הקבוצות הללו הם חלק מהחברה הישראלית, ומשום כך גם בניהם ובנותיהם משתתפים במפעל החילופין בין בני הנוער. מציאות זו העלתה בעבר שאלות רבות, ואפילו מתיחויות, בנוגע לביקורי קבוצות באתרים לזכר השואה ובהכנת פעילויות הנצחה

משותפות. השותפים הישראלים הלא-יהודים מתמודדים עם סוגיות רגישות אלו גם בתוך מדינת ישראל, שכן מתוקף חוקי המדינה חלים על כלל תושביה דרכי התנהגות ביחס לזכר השואה, ובראש ובראשונה - ביום הזיכרון לשואה ולגבורה.

הצורך להתמודד עם הקשיים הללו הביא את העומדים בראש תוכניות החילופין משתי המדינות לגבש תהליכים חינוכיים ופעולות הנצחה התורמים לעבודה משותפת החשובה לחיזוק עמדות מוסריות הומניסטיות אוניברסליות העולות מתוך זכר העבר ואקטואליות גם בימינו, וביחוד כשמדובר ביהודים ובגרמנים, בישראל ובגרמניה. מפעל החילופין יוצר בהתמדה הזדמנויות חברתיות וחינוכיות לעבודה יחד למען העצמת ערכים הומניסטיים בקרב האוכלוסיות שמהן מגיעים אותם צעירים. יותר ויותר בוגרים של תוכניות אלה נמצאים במרכזי העשייה החברתית, פעילים בארגונים הנאבקים בגזענות ובשנאת זרים ומתנדבים בקרב קהילות חלשות יותר במדינותיהם.

בשנים האחרונות חזרה אל רחובות הערים באירופה תופעת ההפגנות האנטי-ישראליות, המעלות מחדש גילויים של אנטישמיות וגזענות כלפי יהודים, ובייחוד כלפי ישראל. החידוש שבתופעות אלה הוא שהן נישאות על ידי ארגונים אסלמים קיצוניים על רקע תחושות קיפוח חברתיות ותרבותיות השוררות בקרבם באותן מדינות שהוריהם מצאו בהן מקלט, ושבהן הם מתגוררים בהן כאזרחים שווי זכויות. דווקא בגרמניה, מסיבות פוליטיות, תרבותיות וחינוכיות, תופעות אלה הן בשוליים, אם בכלל. גם אם מדיניותה של ישראל אינה מקובלת על אזרחים אירופים ועל ממשלותיהם, חשוב להדגיש כי ההשקעה בבניית הקשרים בין צעירים ישראלים לגרמנים ניכרת באופן שהם מתייחסים לישראל ולישראלים. הצעירים הגרמנים למדו להכיר את ישראל מנקודות מבט שונות ומורכבות יותר, והישראלים מצדם אינם רואים בכל ביקורת על מדיניות ישראל במזרח

התיכון בהכרח ביטוי לאנטישמיות או לשנאה.

כאמור בראשית המאמר, כ-30,000 ישראלים צעירים חיים כיום בברלין. ניתן להעריך כי רבים מהם כבר ביקרו בעבר בברלין או במקומות אחרים בגרמניה, ואפשר אפילו להעז ולקבוע שאלפים השתתפו בתוכניות של חילופי נוער ישראלים-גרמנים. רבים מהם נמנים עם הדור השלישי לניצולי השואה, ולסבים וסבתות שהיו אזרחי מדינות אירופה עוד לפני מלחמת העולם השנייה. בני דור זה הם לפיכך בעלי זכות לדרכון של אותה מדינה, ויש בכך מידה של העברת "זכות השיבה" מדור הניצולים לנכדיהם. כך או כך - המציאות העכשווית מלמדת כי גרמניה בכלל וברלין בפרט נעשו מוקד משיכה לחיים טובים, ראויים ומלאי תקווה לישראלים.[1]

שיעור גדול מהסבים והסבתות וכן מבניהם ומבנותיהם חרתו על דגלם חרם על כל דבר שהוא גרמני. לפיכך היה צפוי שגם בני הדור השלישי לשואה יראו בגרמניה מקום שאין ליהודי שום סיבה לשוב ולהשתקע בו, ולא כל שכן להרגיש בו נוח ובטוח. אלא שהבחירה בגרמניה נראית בעיני הצעירים הללו טבעית, הם מתייחסים אליה כאל מקום רגיל לחלוטין, ואפילו מועדף, לאור העובדה שהם יכולים לבנות בה בסיס כלכלי ותרבותי לילדיהם. צל העבר אמנם מרחף תמיד בשמי גרמניה, ובברלין בעיקר, אבל הצעירים הללו חשים כי אין כל סתירה בין זכר העבר ושימורו לבין בניית עתיד וקיום להם ולילדיהם. אפילו המשפחות בישראל כבר אינן מגיבות בהתנגדות כה גדולה לנוכח בניהם השמחים באשר הם, מאושרים ואף בטוחים כלכלית. רבים מהה הורים מתרצים, מוחלים על אותם עקרונות שחרתו על דגלם אי-שם בעברם, ומסכימים לבוא ולבקר את ילדיהם ונכדיהם במדינה שהייתה עד אז מוקצית בעיניהם.

### אחרית דבר

כישראלית, יש לי סיבות רבות להיות מודאגת מתופעת העזיבה של צעירים אלה את מדינת ישראל. ככל אזרח במדינתו, הייתי רוצה לראות לנגד עיניי את מדינתי מושכת ואטרקטיבית לכל הצעירים הבונים את חייהם ואת עתידם. לצעירים הישראלים המשרתים בצבא והנאלצים להשתתף במלחמות, ואף להיפגע לעתים פיזית ונפשית, יש זכות לחיים שלווים ובטוחים במדינתם. על כן, עזיבתם בוודאי כואבת. אך למרות האמור לעיל, אולי אפשר למצוא בכך מקור לתקווה ולאמונה שאכן נבנה גשר לעתיד, לפחות בין ישראלים לגרמנים, גשר שיהווה בסיס לגשרים נוספים - בגרמניה עצמה ובישראל, בין מגוון קבוצות אתניות ותרבותיות, ואף ישמש דוגמה לתהליכים כאלה בין צעירים בני עמים אחרים - בוודאי באירופה, אך גם במזרח התיכון.

היכולת להתגבר על משקעי העבר התגבשה בהדרגה, במשך 60 שנה, וידעה עליות ומורדות והרבה כאב. אלא שהתבוננות אובייקטיבית על הישגי תהליך החברות הזה בין בני הנוער הישראלים לגרמנים מראה כי המאמץ היה כדאי, וכי אין ספק שההישג העיקרי - שהוא הכרחי לבניית קשרים בין בני אדם באשר הם - אכן הושג: יכולת ההכלה של הצעירים הללו אלה את אלה, עם כל הקושי שבדבר והכאב הגדול, ויצירת דיאלוג אמיתי, משוחרר מן העבר אך בו בזמן מחויב לו.

יכולת ההכלה של האחר שהתחזקה דרך תוכניות החילופין, מתוך הבנת הרקע ההיסטורי-חברתי-תרבותי של השותפים, היא אחד ההישגים החשובים ביותר של חילופי הנוער. התוצאות המדברות בעד עצמן הן מקור לתקווה שריבוי תוכניות כאלה, הפצתן באירופה כולה ותגבורן גם בגרמניה, שם ממילא הן מתקיימות, ייצרו חברה טובה יותר, הומניסטית ומוסרית יותר.

מאמר זה אינו מתיימר לבחון את הסיבות שבעטיין עוזבים ישראלים את ישראל, ויש לומר כי צעירים ישראלים בוחרים לגור במדינות רבות אחרות, ורובם מתגוררים בארצות הברית. אלא שתופעת הבחירה בגרמניה כמקום להתפתחות אישית ומקצועית, לגדל ילדים ולחנכם אינה מובנת מאליה, ובזה היא שונה מהותית מבחירה בכל מדינה אחרת.

### ביבליוגרפיה

- גלעד מרגלית, יפעת וייס (עורכים), זיכרון ושכחה – גרמניה והשואה, הקיבוץ המאוחד, 2005.
- פניה עוז-זלצברגר, ישראלים, ברלין – כתר, 2001.

[1]

## ד"ר נילי קרן

ילידת הארץ, חוקרת ומלמדת את תולדות השואה וזיכרון השואה. כתבה את עבודת הדוקטורט שלה בתחום פיתוח חינוך השואה בישראל. משמשת מרצה בסמינר הקיבוצים, המכללה לחינוך בתל אביב, ומנהלת את מרכז החינוך לשואה במכללה. לשעבר, חברה במרכז המחקר של "יד ושם". משתתפת בפרויקטים בין-לאומיים ושימשה יועצת מדעית לערכת החינוך הגרמנית-ישראלית "לזכור יחד – לבנות גשרים". מרצה אורחת בקתדרה ללימודי השואה ורצח העם במכללה ע"ש ריצ'רד סטוקטון, ניו ג'רסי, ארה"ב.

# ישראל וחילופי הנוער עם מדינות המחוז החדשות של מזרח-גרמניה לאחר שנת 1989

## רודי-קרל פאנקה

### 1. כשהחומה נפלה

עם נפילת החומה בין שתי המדינות הגרמניות, ב-9 בנובמבר 1989, מרצית אזרחי גרמניה המזרחית יצאו מגדרם משמחה. "הדיקטטורה הגרמנית השנייה" במאה ה-20 הגיעה סוף-סוף לקצה, ועידן חדש החל. אבל לא כולם הבינו כך את ההתרחשויות אז - יש המתאבלים על אובדנה של גרמניה המזרחית עד היום, ומעלים אותה בזיכרונם בצבעים עליזים, כגרמניה הטובה יותר.

מכל מקום, עבור רוב אזרחי גרמניה המזרחית היו המאורעות משמחים. כעת היה אפשר לנסוע, לדוגמה, למקום שתמיד רצית לנסוע אליו ועד כה לא הורשית. אזרחי מזרח-גרמניה הרבו עתה בנסיעות. נדמה היה שאפשר סוף-סוף לשאוף שאיפת אוויר עמוקה, ורבים מהם חשו צורך עז להשלים את מה שהחמיצו. גם ישראל הייתה ליעד נסיעה. משרדי נסיעות וחברות נסיעות הציעו לאזרחי גרמניה החדשים להתוודע לישראל, ארץ הקודש, ארץ התנ"ך.

ב-1990, זמן קצר לאחר נפילת החומה, פרסם ה"פולקסקאמר" (הפרלמנט) של גרמניה המזרחית הצהרה לגבי "אחריות הגרמנים בגרמניה המזרחית לעברה ולעתידה", ובה התנצל בפני מדינת ישראל על מדיניותה של גרמניה המזרחית כלפיה והתחייב לפתוח כעת דף חדש ביחסים עמה. בהצהרה זו נכתב בין השאר: "אנו מבקשים מחילה מן היהודים בכל העולם. אנו מבקשים מחילה מן העם בישראל על הצביעות ועל העוינות במדיניותה הרשמית של גרמניה המזרחית כלפי מדינת ישראל ועל רדיפתם וביזוזים של אזרחים יהודים בארצנו גם אחרי 1945 (...). אנו מצהירים בזאת כי בכוונתנו להשתדל למען כינון יחסים דיפלומטיים וקשרים מגוונים עם מדינת ישראל."[1] ההצהרה התקבלה פה אחד. אלא שכעבור שישה חודשים חדלה גרמניה המזרחית להתקיים.

אחרי המהפכה השקטה הייתה הפעילות הגדולה הראשונה של הנוער האוונגלי במדינות המחוז החדשות של גרמניה נסיעה לישראל עם משלחת של כ-20 איש - כמרים ועובדים סוציאליים. בזמן ההוא הביעו כמה עמיתים מגרמניה המערבית את תמיהתם על כך ויעצו להם שלא לנסוע. הם שאלו: למה דווקא לישראל? למה עכשיו? אין דברים חשובים יותר לעשות? אחרים עזרו להוציא את התכנית לפועל ותרמו רבות. לדוגמה אלפרד דֶבּוּס, הממונה דאז על עבודת הנוער הבין-לאומית של קבוצת הלימוד של הנוער האוונגלי (AEJ).

חרף הרמת הגבה הוחלט להגיע לישראל כבר ביוני 1990 - עדיין עם דרכון מזרח-גרמני. אותה נסיעה של מזרח-גרמנים החברים בארגון עבודת הנוער האוונגלית הייתה מוצלחת ופורייה עד מאוד - שכן מיד לאחריה כוננו יחסים וקשרים במגוון מישורים.

ישראל סאבו, מנהל בית רוטנברג בחיפה, קיבל את פניהם של אזרחי המדינות החדשות. הוא היה סקרן מאוד ורצה לשמוע על החיים בגרמניה המזרחית, ועל מה שיקרה כעת, גם בנוגע לכינון היחסים בתחום חילופי הנוער בין גרמניה לישראל. הוא התגלה כחבר אמת, והחברות הזאת נותרה בעינה עבור כמה מהמשתתפים עד סוף ימיהם.

גם בגרמניה המזרחית היה ברור לכולם שבין גרמניה המערבית לשעבר ובין ישראל כבר צמח במשך זמן רב מארג אמיתי של יחסי גומלין בזכות מעורבותו של ארגון אות השלום והכפרה, בזכות ההסכמות הדו-לאומיות,

בזכות כמאה בריתות בין ערים תאומות, שיתופי פעולה בין איגודי עובדים בגרמניה ובין ההסתדרות בישראל, שותפויות בין תנועות נוער וספורט, בתי ספר ואוניברסיטאות וגם בזכות יחסים כלכליים. שמא הגיעו המזרח-גרמנים המעוניינים והפעילים מאוחר מדי?

ואולם הן המערב-גרמנים לשעבר והן הישראלים קיבלו את אזרחי המדינות החדשות בפתיחות, הצביעו על דרכים אפשריות ועודדו התפתחויות. נציגי המועצות המקצועיות בגרמניה המערבית ובישראל הבינו מיד שאזרחי המדינות החדשות חייבים להשתלב – ושכעת יהיה עליהם לחדש את הדיון בשאלות מסוימות. מן הראוי לציין כאן בייחוד את נציגי המועצה הציבורית לחילופי נוער – Public Council – את נציגיהם של משרדי הממשלה (לדוגמה, אלווין פְּרוֹסט, דיטֶר שִׁינֶן, קַתרינָה שֶׁלְגֶן או ד"ר ריינהרד יואכים ואבניץ), את נציגי ה-IJAB – שירות המבקרים וחילופי הנוער הבין-לאומי (לדוגמה, הרמן זיבן, ברברה בֶּלְן-וַין) – ואת אגודת ישראל-גרמניה (DIG), בין השאר הילדגרד רדהאואר).

כך לדוגמה, סמינרים ומשרדים לתיאום שותפויות בגרמניה ובישראל פתחו את דלתותיהם בפני אזרחי מדינות המחוז החדשות של גרמניה המזרחית, ואלה אפילו היו שותפים מלאים בניסוח המחודש של הכללים עבור חילופי הנוער למרות חוסר השוויון ביניהם ובין הארגונים הוותיקים. בתוך כך היו גם בגרמניה המערבית לשעבר עמדות וגישות שונות לעבודה בתחום חילופי הנוער, והיו שאף מתחו ביקורת חריפה על ישראל ועל מדיניותה.

## 2. הרקע בגרמניה המזרחית

בנובמבר 1991 הוזמנה הוועדה המקצועית המשותפת לחילופי נוער בין גרמניה לישראל לנהריה. נציג הפעילות האוונגלית בתחום הנוער מטעם איגוד הכנסיות האוונגליות בגרמניה המזרחית, שהיה בין הנוסעים, דיווח בפגישה על בעיות ועל שאלות שעלו בקרב בני הנוער המזרח-גרמנים וכן על אפשרויות וקשיים

בהכללת בני נוער מזרח-גרמנים בחילופי הנוער בין גרמניה לישראל.

ישראלים רבים רצו להבין את העומק את המתרחש בגרמניה המזרחית ובגרמניה כולה כדי לדעת כיצד להעריך את מצב העניינים הכללי. עם המעוניינים בהידברות לאלתר נמנו לדוגמה אלישע בירנבאום ממשרד החינוך, ישראל סאבו, מנהל בית רוטנברג בחיפה, ואורי דגול מאגודת אכסניות הנוער בישראל. סוגיה חשובה בשיחה הייתה מצבם של בני הנוער במדינות גרמניה החדשות. הידיעות על ניאו-נאציזם ועל מעשי אלימות נגד זרים היו מדאיגות.[2] היו שהביעו בקול רם את החשש שהנסיעה עם ישראלים צעירים לפעילויות של חילופי נוער במדינות המחוז החדשות של גרמניה כרוכה בסיכון, ואינה מומלצת כלל וכלל.

המגמה האנטי-ישראלית של מזרח גרמניה הייתה ידועה בישראל. שליטי גרמניה המזרחית, שכעת נחלקה למדינות מחוז חדשות, אף שיתפו לעיתים פעולה עם ארגוני טרור ערבים פלסטינים – וכעת צמחה שם בגלוי תופעת הניאו-נאציזם המפחידה. רבים סברו שיש להשגיח כעת על גרמניה בשבע עיניים.

הנוכחים הגרמנים השתדלו להתייחס בכובד ראש לחששות כאלה, ולא להמעיט בערכם – אך עם זאת למקם אותם בהקשר הרחב יותר. הם ציינו, לדוגמה, את מספרם הגדול של בני הנוער במדינות גרמניה החדשות שהיו שותפים למהפכה השקטה ב-1989, וגם את הזרמים השונים בעד דמוקרטיה ונגד צמיחת התנועה הניאו-נאצית, דווקא ובמיוחד בקרב הנוער הדתי. אף על פי כן נדמה היה לכולם שבשילוב בני הנוער המזרח-גרמנים יש משום אתגר גדול עבור תחום חילופי הנוער בין גרמניה לישראל.

גם בפועל הבהירו המפגשים והתפיסה השונה של המציאות הישראלית שיש צורך לפעול למען החינוך וההכשרה – הן של אנשי המקצוע העובדים עם הנוער והן של מולטיפליקטורים ומדריכי מפגשים. חוקרים ואנשי מעשה בתחום עבודת הנוער נאלצו להיווכח שוב ושוב

בשיחות ובמפגשים במדינות המחוז החדשות, כי זרע העוינות הטבוע במדיניותה הרשמית של גרמניה המזרחית נגד ישראל נבט בקרב רבים מתושבי המדינה. ואולם מנגד ניכרה גם סקרנות, ורבים מהם היו מוכנים לפתוח דף חדש ביחסים האלה, שכעת היו אפשריים.

אחדים במדינות המחוז החדשות הוסיפו לשאול בביקורתיות: "מדוע ישראל?" ו"מה יש לנו שם?", והסבירו שמדיניותה של ישראל בעייתית מאוד ושאין לשתף עמה פעולה. גם המשתתפים בעבודת הנוער והכנסיות לא תמיד היו מודעים לכך שגרמניה המזרחית תמכה בארגוני טרור העוינים את ישראל. בתעמולה הפוליטית היומיומית של גרמניה המזרחית נחשבה ישראל לראש-גשר של האימפריאליזם האמריקני. בתוך כך נשכחה מן התודעה הפוליטית העובדה שבשנותיה הראשונות של גרמניה המזרחית (עד 1952 בערך) היו הדיווחים על ישראל חיוביים מאוד.[3] ישראל נחשבה בזמן ההוא לארץ מתקדמת באזור פיאודלי, כלומר התנועה הקיבוצית והקבוצות הסוציאליסטיות בארץ הובנו ברוח הסוציאליזם, כדגמים הראויים לחיקוי. בשנים 1952-1953, יחד עם המפנה האנטישמי של סטאלין ושל האיחוד הסובייטי, השתנתה ההערכה הזאת מקצה לקצה. גרמניה המזרחית יישרה קו עם המדיניות הסובייטית והפנתה עורף לישראל. ממסמכים של המשטרה החשאית (ה"שטאזי") עולה כי מקרים אנטישמיים בגרמניה המזרחית – אף שהיו ידועים לשטאזי – לא זכו לכל טיפול רציני.

לי עצמי מתחוור יותר ויותר ההבדל היסודי והתהום העמוקה הפעורה בין מזרח למערב גם בתחום הזה.[4] בשנות ה-60, לאחר משפטו של אייכמן בירושלים, התפרסמו בגרמניה המערבית, למרות מחאות אחדות, דיווחים ציבוריים על המשפטים המתנהלים נגד פושעים נאצים ורופאים נאצים. בעקבות זאת התעורר בהדרגה דיון ציבורי, והחל תהליך של עיבוד ביקורתי ביחס לעבר. כל זאת עד למהומות הסטודנטים באותו עשור. גרמניה המזרחית,

מנגד, רחצה בניקיון כפיה. "הנאצים היו במערב, מאחורי החומה – והמשפטים שם הועילו לדימויים העצמי, להמחזה העצמית, לתעמולה, להתבדלות האידיאולוגית ולאינדוקטרינציה."[5] עד שנותיה האחרונות של גרמניה המזרחית היה דימויה העצמי הרשמי: אנחנו המדינה הגרמנית האנטי-פאשיסטית, הנאצים הם שם בגרמניה המערבית – והחומה היא חומת המגן האנטי-פאשיסטית. גרמניה המזרחית מיגרה כביכול את הברבריות הנאצית. העובדה שהתקופה הנאצית והמשטר הנאצי הם מורשת משותפת, הן של המערב והן של המזרח, טושטשה בתעמולה ובשקרים לבנים. כך נטען כי האנשים, המשפחות, האבות, הפרופסורים, מקורבי המפלגה, הפועלים והעובדים השכירים לא היו נאצים, שאת כל זה "מיגר האנטי-פאשיזם של גרמניה המזרחית" – ולכן גם לא היה טעם לשאול מה האנשים ידעו, מה עשו, מה הסתירו. חלקם של אזרחי גרמניה המזרחית במלחמת העולם השנייה ובפשעי המלחמה של הנאצים היה טאבו.

סופרת אחת וסופר אחד מגרמניה המזרחית הפרו את הטאבו הזה ועוררו דיונים סוערים. כריסטה וולף מתארת בספרה "ילדות לדוגמה", כיצד הייתה שבוייה כילדה באידיאולוגיה הנאצית ובמציאות המניפולטיבית והסוגסטיבית של הנאצים – עד שחשה "אושר של תמימות דעים" כשציתתה ל"פיהרר". פרנץ פוהמן התוודה על עברו ביומן הנסיעה שלו להונגריה "22 ימים או מחצית מחיי" – וידוי רדיקלי, מחושב וישיר מאוד. בשיחות עמו היה שואל את עצמו שוב ושוב שאלות ביקורתיות ומספק מידע גלוי על דרכי חייו העקלקלות: כיצד כנער רגיל למדי הפך לנאצי, לאיש אֶס-אָה, לאנטישמי, לגזען. רק במחנה השבויים ששהה בו בתקופת המלחמה החל להעריך מחדש את חייו ואת כיוונם עד אז, ולפתוח דף חדש בחייו.

תהליך כזה לא התרחש אצל רוב אזרחי גרמניה המזרחית. רובם לא שאלו את הוריהם, את מוריהם, את משפחותיהם, את מקורבי המפלגה, את הכמרים, את הפרופסורים,

את החוקרים או את השכנים. רובם לא הלכו לבקר אותם בבתיהם או בסדנאות המלאכה שלהם. לא היה צורך בכך, שכן להם היה ברור: "אנחנו אנטי-פאשיסטים". וכעת, עם המהפכה השקטה, ניצב בפניהם האתגר הזה, שדרש מהם לחשוב אחרת, לחשוב מחדש: ישראל, חילופי נוער בין ישראל לגרמניה, וכסוגיה שאין לחלוק עליה: ישראל והפלסטינים. לא ידענו די הצורך, וכך החל תהליך למידה נרחב. לעתים, באחת השיחות בבית רוטנברג שבחיפה, היה מתוודה צעיר גלוי לב ופעיל מגרמניה המזרחית, שעד 1989 לא ידע כי ישראל קשורה איכשהו ליהודים - ולשואה. וידוי כזה עורר תמיד השתאות - והיה בו משום ניגוד חריף לאלה שעסקו בתחום שנים רבות - אם בשל סקרנות אישית, ואם בזכות תוצאותיה של עבודת הנוער הכנסייתית.

הודות למפגשים עם עדי התקופה הנאצית בישראל, חל שינוי עצום בתפיסתם של אזרחי מדינות המחוז החדשות את גרמניה ואת גרמניה המזרחית.[6] התהליך שהחל כעת התאפיין בתובנות ביקורתיות חדשות ובשאלות רבות: על הקמתה של מדינת ישראל, על קיומה המתמיד ולמוד הקרבות, על הסכסוך הישראלי-פלסטיני, על בני נוער בישראל ובפלסטין, החיים בצל השואה, תפקיד הדתות, הסתירות החברתיות, "jewish diversity", אפשרויות לתהליך שלום, צבא ועימותים צבאיים, חינוך, תנועות נוער ועבודת נוער, פחדים ואגרסיות וחיים רגילים של הדור הצעיר. מדי יום ביומו נוצרו הבנות חדשות וגרמו לא פעם לתיקונים רדיקליים של התפיסות המושרשות.

### 3. השלכות וניסיונות לנסח רעיונות חדשים עבור חילופי נוער עתידיים

בעקבות התובנות והאתגרים המרובים התקבלה ההחלטה לפתח קורס הכשרה שיעניק למשתתפים ידיעות בסיסיות בנוגע לעבודתם בחילופי הנוער. הקורס התעתד להקיף היבטים רבים - היסטוריה, דת, תרבות וגם בעיות פוליטיות, בייחוד בכל הנוגע לדור הצעיר. גם השפעת השואה על חיי המבוגרים והצעירים ומצב האיום המתמיד על ישראל נמנו עם הסוגיות שיש להציף. דגש מיוחד הושם על הקניית היכולות הנדרשות לעבודה חינוכית, להנחיית דינמיקה קבוצתית ולניהול אדמיניסטרטיבי.[7]

בשנת 2000 הוקם בברלין המכון לתמריצים חדשים (Neue Impulse), ובו פותחה יחד עם מומחים בתחום שיטת לימוד ששילבה את המשימות שנדונו לעיל. המשרד לענייני משפחה, אזרחים ותיקים, נשים ונוער של גרמניה וכן איגוד האקדמיות האוונגליות בגרמניה תמכו ברעיון וצידדו בהקמת המכון. היוזמה הוכתרה בהצלחה, ולאחר שינויים מועטים יושמה גם בנסיבות אחרות. יותר מ-75 מולטיפליקטורים הוכשרו מאז הקמת המכון. מרבית המשתתפים הגיעו ממדינות המחוז החדשות, אבל בקרב המשתתפים היו גם בעלי עניין ממדינות מחוז ישנות. הידיעות והחוויות שנרכשו בקורסים יושמו בדרכים מגוונות - בחילופי הנוער, בעבודה הבין-תרבותית במקום ההשמה, בחילופים בין בתי ספר ובעבודתם של מולטיפליקטורים בהקשר הרחב יותר. קורסי ההכשרה יצרו אפקט של כדור שלג. התמריצים הגיעו ליעדם, התקבלו והוסיפו להשפיע בהקשרים שונים וחדשים.

גם הצד הישראלי שיתף פעולה בדרך יצירתית. שותפים חשובים היו דוד קראוס, נפתלי דרעי, אריאלה גיל וירון אברמוב. כריסטינה מהלר מקווואנקט שימשה מן ההתחלה במועצה המייעצת של המכון ותמכה בכל שלבי העבודה. משהסתיימו הפרויקט הניסיוני של הקורס הראשון, הותאמו התמריצים, אומצו כמודלים, וכיום הם משמשים בין השאר את קווואנקט בשינויי צורה ודגשים בהמשך עבודתו.

משימת הכשרתם של מולטיפליקטורים לא הסתיימה כמובן, וחילופי הנוער בין גרמניה לישראל מוסיפים להתפתח, למרות ואולי בגלל כמה תרחישים מאיימים במזרח התיכון. זהו בסיס לידידות בין גרמניה לישראל ועמוד תווך בעבודת הנוער והשלום הבין-לאומית של גרמניה.

## רודי-קרל פאנקה

נולד בשנת 1943 בברלין. משנת 1956 היה חבר בתא הנוער הנוצרי האוטונומי הלא-חוקי "הנס שול" בברלין-פרידריכסהיין ולימים היה למנהיגו. ב-1970 סיים את לימודי התיאולוגיה באוניברסיטת הומבולדט בברלין. בשנים 1972-1981 היה כומר וכומר לנוער בפרנצלאואר ברג בברלין, מרצה לעבודה סוציאלית של הכנסייה וממתנגדי המשטר בגרמניה המזרחית. בשנים 1988-1992 היה ממונה על עבודת הנוער האוונגלית בגרמניה המזרחית. בשנים 1992-2000 היה ממונה על הלימודים באקדמיה האוונגלית של ברלין-ברנדנבורג. ב-1997-1998 עבד והשתלם בישראל, ומשנת 2000 מכהן פאנקה כמנהל המכון "תמריצים חדשים". משנת 2005 הוא משמש מרצה אורח בבית הספר הגבוה של פוטסדאם בתחום החינוך הבין-תרבותי והבין-לאומי. אב לשלושה ילדים וסב לתשעה נכדים ממשפחות מרובות הורים.

1. Voigt, Sebastian: DDR – Israel (גרמניה המזרחית – ישראל), Newsletter der Bundeszentrale für politische Bildung, 28.3.2008.

2. Deutschkron, Inge: Israel und die Deutschen (ישראל והגרמנים), Köln 2000, 455ff. or 464ff.

3. Diehl, Michael: Zwischen Sympathie und Distanz. Das Israelbild der Freien Deutschen Jugend zwischem 1948 und 1953 (בין אהדה למרחק. דימויה של ישראל בעיני "הנוער הגרמני החופשי" בשנים 1948-1953), in: Helga Gottschlich (ed.): Links und links und Schritt gehalten (שמאל ושמאל והמשך לצעוד), Berlin 1994, 114ff.

4. Behnke, Klaus/Fuchs, Jürgen(Hg.): Zersetzung der Seele (שחיקת הנפש), Rotbuch 1995, 178ff.

5. Pahnke, Rudi-Karl: Nicht nur in Stasiakten steht es geschrieben (לא רק לפי הנתונים הסטטיסטיים), epd-Dokumentation 1993.

6. Gremliza, Hermann L.: Hat Israel noch eine Chance (האם לישראל יש עדיין סיכוי), Hamburg 2001.

7. Pahnke, Rudi-Karl: Vertraue (nur) denen, die nach der Wahrheit suchen (בטח (רק) במי שמחפשים את האמת), e-publi 2013, or Ibid.: Über Abgründen gemeinsam in die Zukunft (חציית תהומות יחד אל העתיד), Karuna-Zeitdruck-Verlag 1999.

### ביבליוגרפיה

- Behnke, Klaus/Fuchs, Jürgen(Hg.): Zersetzung der Seele (שחיקת הנפש), Rotbuch 1995.

- Benz, Wolfgang: Handbuch des Antisemitismus (מדריך לשאלת האנטישמיות), Berlin 2008.

- Deutschkron, Inge: Israel und die Deutschen (ישראל והגרמנים), Köln 2000.

- Diehl, Michael: Zwischen Sympathie und Distanz. Das Israelbild der Freien Deutschen Jugend zwischem 1948 und 1953 (בין אהדה למרחק. דימויה של ישראל בעיני "הנוער הגרמני החופשי" בין השנים 1948-1953), in: Helga Gottschlich (Hg.): Links und links und Schritt gehalten (שמאל ושמאל והמשך לצעוד), Berlin 1994.

- Bar-On, Dan: Verarbeitung der Shoah in Israel und Deutschland. Ein Gespräch mit Dan Bar-On (ההתמודדות עם השואה בישראל ובגרמניה. שיחה עם דן בר-אור), In: Identität und Erinnerung, Hanau 1990.

- Bar-On, Dan: Die Last des Schweigens (משא השתיקה), Frankfurt/Main 1993.

- Gremliza, Hermann L.: Hat Israel noch eine Chance (האם לישראל יש עדיין סיכוי), Hamburg 2001.

- Leo, Anette: Mythos Antifaschismus (מיתוס האנטי-פאשיזם), Berlin 1999.

- Pahnke, Rudi-Karl: Nicht nur in Stasiakten steht es geschrieben (לא רק לפי הנתונים הסטטיסטיים), epd-Dokumentation 1993.

- Pahnke, Rudi-Karl: Über Abgründen gemeinsam in die Zukunft (חציית תהומות ביחד אל העתיד), Karuna-Zeitdruck-Verlag 1999.

- Pahnke, Rudi-Karl: Arabisch/palästinensische Israelis im Jugendaustausch Deutschland – Israel (ישראלים ערבים/פלסטינים בחילופי הנוער בין גרמניה לישראל), Institut Neue Impulse 2005.

- Pahnke, Rudi-Karl: Vertraue (nur) denen, die nach der Wahrheit suchen (בטח (רק) במי שמחפשים את האמת), e-publi 2013.

- Staffa, Christian (Hg.): Vom Protestantischen Antijudaismus und seinen Lügen (על האנטי-יהדות הפרוטסטנטית ושקריה), Magdeburg 1997.

- Führmann, Franz: 22 Tage oder die Hälfte meines Lebens (22 ימים או מחצית מחיי), Rostock 1999.

- Voigt, Sebastian: DDR – Israel (גרמניה המזרחית – ישראל), Newsletter der Bundeszentrale für politische Bildung, 28.3. 2008.

- Wolf, Christa: Kindheitsmuster (ילדות לדוגמה), Berlin 2007.

# פרויקטים גרמנים–ישראלים העוסקים בהתמודדות עם הנאציזם והשואה שבעים שנה אחרי תום המלחמה

## ד"ר אלקה גריגלבסקי

מפגשים גרמנים-ישראלים בהשתתפות בני נוער ומבוגרים יעסקו במגוון דרכים בהשלכות הנאציזם והשואה. כאז כן עתה, נוכחים פשעי הנאצים בהתרחשויות פוליטיות עכשוויות. כך למשל, מפלגות בגרמניה ובישראל יוצרות זיקות לעבר בשיח הפוליטי ועורכות השוואות ואנלוגיות כדי להוכיח או לחזק את טיעוניהן.

זיקות אלה בולטות בייחוד ביחסים הפוליטיים בין גרמניה לישראל. פוליטיקאים גרמנים למשל, מדגישים דרך קבע שביטחון מדינת ישראל הוא חלק מן האחריות ההיסטורית של גרמניה. דוגמה נוספת היא המחלוקות החוזרות ונשנות בשל ההיסטוריה על אודות השאלה אם ובאיזו צורה צריכים או רשאים גרמנים לחוות את דעתם בנוגע למדיניות ישראל או לסכסוך במזרח התיכון.

במהלך הזמן חלו שינויים שהשפיעו על פעילות הזיכרון המשותף במפגשים גרמנים-ישראלים. במאמר שלפניכם ייבחנו שני היבטים מרכזיים הנוגעים הן להשלכות הנאציזם והשואה על שתי החברות והן לפרויקטים העוסקים בזיכרון והנצחה משותפים לגרמנים ולישראלים.

### החברות ההטרוגניות בישראל ובגרמניה

בראש ובראשונה יש חשיבות רבה להשלכות ה"מורגשות", הקונקרטיות ביותר, בקרב ניצולים ומשפחותיהם וגם בקרב משפחותיהם של הפושעים. השלכות אלו נכרות לעתים גם בדור הרביעי. נציגי הדור השני והשלישי עיבדו באופן ספרותי ואמנותי את חוויית הגדילה כילדים או כנכדים של ניצולי שואה או את שאלת ההתמודדות של הוריהם וסביהם עם האשמה אחרי 1945.[1] בביקור בגרמניה או במפגש עם "גרמנים" עשויים צעירים ישראלים לבטא את ההשלכות האלה, שבחיי היומיום כמעט ואינן משחקות תפקיד, אך במסגרת המפגשים הגרמנים-ישראלים מקבלות יתר משמעות.

במהלך ביקור בגרמניה בסיורים באתרי זיכרון לפשעי הנאצים מתעוררות על פי רוב תגובות רגשיות חזקות בקרב בני נוער וצעירים. לעתים קרובות נובעות תגובותיהם מן ההיסטוריה המשפחתית. אבל גם בלא יחס משפחתי ישיר מתעוררות תגובות אלו. להן, גורמים לא פעם הדיון בנושא בבית הספר, הנרטיב הלאומי וייצוגים התרבותיים של ההיסטוריה (כמו למשל בסרטים עלילתיים).[2] אלו גורמים להשלכת דימויים מסוימים ורגשות עזים גם במקומות שאינם טעונים היסטורית. כאשר ההקשר החינוכי משתנה, יכולות תגובות אלו "לדעוך". תופעה זו עלולה לבלבל מאוד את המשתתפים האחרים.

בני נוער גרמנים שיש להם קשר משפחתי ל"חברת המבצעים" (Tätergesellschaft) יכולים גם הם לחוות רגשות חזקים. בעיסוק היומיומי עם הנאצים ועם השואה מתעוררת אצל בני נוער רבים - בלי קשר למוצאם - תופעת ה"היטלריזם",[3] כלומר: תליית כל אשמת פשעי הנאצים בדמותו של אדולף היטלר. אצל בני נוער גרמנים מתווסף פעמים רבות גורם המיתיזציה בכל הנוגע לכוונות של בני משפחתם להתנגד למשטר הנאצי.[4] הגישה הרווחת היא של עמדה מתבדלת. פרט לכך, בשיח הכללי עולה מהר מאוד הטענה שבעיסוק עם העבר יש לדבר לא על אשמה אלא על אחריות. טענה זו אינה שגויה מבחינה עקרונית, אך היא גורמת בסופו של דבר לכך שלבני הנוער

לא ניתן כמעט מקום לחשוב ולדבר על רגשות בושה ואשמה שעלולים להיווצר בהתמודדות עם העבר.⁵

בכל הנוגע להשלכות הנפשיות של השואה ממלאים השינויים שחלו בחברות בגרמניה ובישראל תפקיד מרכזי ומאתגר. שתי החברות מתאפיינות היום בהטרוגניות. ההטרוגניות בישראל היא דבר מובן מאליו. לעומת זאת בגרמניה, היא מוצגת בשיח הפוליטי כמציאות אך פעמים רבות היא אינה מורגשת ואינה נחווית בשגרה החברתית. מצד שני, כאשר מדובר בהתמודדות עם העבר בשיח החברתי - בגרמניה ובישראל - עדיין רווח לעתים קרובות הדיבור על "חברת המבצעים" הנפגשת במפגשי הנוער עם "חברת הקורבנות". הקוטביות הגסה כשלעצמה, המתאפיינת בראייה של שחור ולבן, לא הייתה הולמת עוד בשנת 1945 וגם לא לאחר מכן. לכל אורך הדרך היה נכון יותר לבחור בגישות מרובות-פרספקטיבות בפרויקטים היסטוריים. לדוגמה, הגירת העבודה אל גרמניה משנות ה-50 ואילך ממדינות שסבלו תחת הכיבוש הגרמני. באמצעותה הפכו יותר ויותר אנשים לחלק מחברה שאנשיה - פרט למבצעים ולצופים הסבילים הגרמנים ופרט לקבוצה המצומצמת של שותפים לפשעים - היו גם הם קורבנות או מתנגדים בזמן המשטר הנאצי. בהקשר של המפגשים הגרמניים-ישראליים ההיאחזות בניגודים הישנים עלולה להפוך לקריטריון נידוי של משתתפים שאין להם שום קשר משפחתי ישיר לשואה.

### מרחק הזמן ונרטיבים חדשים

גורם מכריע נוסף הוא מרחק הזמן מן ההתרחשויות, המלווה בשינוי הנרטיבים.

כיום קשה יותר ויותר לפגוש ניצולים במסגרת התכניות הגרמניות-ישראליות כדי לדון בעבר. אפילו ה-"child survivors" - הילדים שניצלו, כבר זקנים מאוד ונאלצים לא פעם לבטל שיחות שנקבעו מראש בשל מצבם הבריאותי. בני נוער מגרמניה ומישראל מתמקדים בהיבטים שונים כאשר יש להם הזדמנות לדבר עם

קרובי משפחה, שכנים או מכרים. עבור בני נוער גרמנים הפרספקטיבה המרכזית היא זו של "עדי התקופה", שחוו את תום המלחמה כילדים. כאשר אלה מתבקשים לספר על חוויותיהם האישיות בתקופת המשטר הנאצי - הם מבטאים בהכרח רק את סבלם הפרטי - הפצצות, מנוסה, רעב. עבור בני הנוער מישראל חוויות ממקור ראשון של "עדי תקופה" הן על פי רוב מנקודת המבט של מי שנולדו מיד אחרי המלחמה, שחוו את הטראומות של הוריהם ושל סביבם בלי להכיר את הקשרן המדויק. אלה הם בני "הדור השני", שגדלו עם הסיוטים ועם ההתנהגות ה"משונה" לעתים של הוריהם ועל פי רוב לא זכו לכל הסבר.⁶

נוסף על כך, בשתי החברות - בשל מרחק הזמן - ממלאים החיברות בבית הספר או השיח הפוליטי תפקידים חשובים בגיבוש ההתייחסות כלפי העבר.

בגרמניה, למשל, הדיון הציבורי וההחלטות להתמודדות עם סוגיות המנוסה והגירוש הם שהביאו בין השאר בסופו של דבר להקמת מרכז נגד גירושים פוליטיים בשנת 2000. אולם חשיבות מרכזית הייתה ועודנה לדיונים בדיקטטורת ה-SED (מפלגת השלטון הקומוניסטית בגרמניה מזרחית), בפגיעות חדשות בזכויות אדם אחרי 1945 ובמישור האירופי - בפשעים הסטאליניסטים. נרטיבים של "הדיקטטורה הגרמנית השנייה"⁷ או קביעת ה-23 באוגוסט כיום הזיכרון האירופי לקורבנות הסטאליניזם והנאציזם עלולים ליצור אצל בני הנוער תמונה היסטורית מסולפת, שכבר אינה מביטה על הדברים במונחים של סיבה ותוצאה ושמקשה לאמוד את ממדיה של מדיניות הרדיפה הנאצית.

מטרת הביקורת על השיח הזה אינה להטיף, להוקיע ולהאשים בנאציזם ובשואה. מטרתה לאפשר לבני נוער לפתח דימויי עצמאי ומבוסס באמצעות מתודיקה חד-משמעית מבחינה מושגית ובעלת יכולת הפרדה מבחינה תוכנית. כדי להבין את הייחוד של כל שיטה חברתית

יכולים קישורים תוכניים לעזור כפעולה משלימה בעריכת השוואות בעלות משמעות. דומה שהשיח הגרמני שוכח פעמים רבות שעל כל דור חדש להתמודד עם ההיסטוריה הזאת מחדש ולעבור את השלבים שדורות רבים אחרים כבר עברו לפניו (הכרה, אֲבֶל במקרים מסוימים, עיבוד שיטתי, הנחלה). כתוצאה מכך, אנשי חינוך רבים מחפשים דרך קבע שיטות חדשות, הנחוצות על מנת ללמד את בני הנוער את ההיסטוריה.

גם בישראל יש לשיח הפוליטי השלכות על תפיסתם של בני נוער את השואה. בשל קוצר היריעה לא נבחן לעומק את כל המחלוקות המעניינות ונציין כאן בעיקר את הוויכוח על אודות לקחי העבר, ולייתר דיוק על אופן הייצוג של תולדות ההקמה של מדינת ישראל – הקשור בכך קשר הדוק. מטעמים מובנים מושם הדגש בייצוגי הרדיפה הנאצית על השואה. כתוצאה מכך, בני נוער רבים אינם מכירים את תולדות התפתחותה של הדיקטטורה הנאצית ואינם מודעים לקבוצות נרדפות אחרות. ידיעותיהם מתמקדות על פי רוב ברדיפת האוכלוסיה היהודית משנת 1939 ואילך. המשכה הלוגי של נקודת המבט הזאת הוא ההכרח שבהקמת מדינת ישראל, מאחר שבמסקנה המתבקשת – "אסור שדבר כזה יקרה לנו שוב" – יש למדינה תפקיד מכריע כמקום מפלט.[8]

אך שבני נוער אינם מסוגלים לרוב לעקוב באופן מעמיק אחר דיונים מחקריים הם מבינים שפוליטיקה קשורה לעבר. דוגמא לכך היא ההסבר של פוליטיקאים מסוימים את הנחיצות שבמדיניות צבאית חזקה נגד האוכלוסייה הפלסטינית בגלל ההיסטוריה. הסברים אלו יכולים להיות בעלי השלכות על יכולת ההערכה של בני הנוער. אם משום שהם עלולים לאמץ את העמדה הזו בלא חשיבה עצמאית ואם משום שהם עלולים להסיק מכך שהאוכלוסייה הפלסטינית אדישה באופן עקרוני כלפי הנאציזם והשואה.

## התמודדות משותפת עם העבר למרות הטרוגניות ומרחק הזמן

עם זאת, אל להטרוגניות של שתי החברות ולמרחק הזמן למנוע מבני הנוער להתמודד בצוותא עם העבר או "להגביל" את התמודדותם לביקור באתרי הנצחה.

נהפוך הוא: תופעות מעניינות עשויות להיות הזדמנויות לשיחות ולתובנות חדשות. לדוגמה, האופנה האחרונה בישראל לקעקע על הזרוע את מספר העצור במחנה של הסבים[9] או הפקות תיאטרון מפתיעות ושנויות במחלוקת בנושא ההתמודדות עם העבר בגרמניה ובישראל כגון "הדור השלישי" מאת יעל רונן.[10] העיסוק המשותף במחלוקות האמורות יכול גם לייצר מסקנות עצמאיות חשובות שעשויות להוות בסיס ליחסי אמון בקרב בני הנוער המשתתפים בתכניות המפגשים, ולאורך זמן – גם בין שתי החברות.

אין משתמע מכך שעל כל מפגש להיות לעסוק בהיסטוריה ובתרבות הזיכרון. אולם חשוב שאנשי חינוך יהיו בקיאים בהיקף ההשלכות של הנאציזם וישכילו ליצור במסגרת המפגשים מרחב-דיון בעל משמעות או זיקה להיסטוריה הזאת מכל ההיבטים התוכניים האפשריים. אם אין מעניקים להם את היחס הראוי, כל אותם נושאים, הקשרים ויחסים של העיסוק בעבר בחברה הגרמנית והישראלית עלולים להיוותר כצללים המרחפים בחלל החדר ולהשפיע על המשתתפים באופן שלילי. זאת גם כאשר מתרחש מפגש בין ספורטאים.

נוסף על כך, יש לתת מקום לכל "סיפורי המשפחה" בקרב שתי החברות. זאת גם אם בישראל השואה היא מרכיב מייצר-משמעות של זהות משותפת במידה רבה הרבה יותר. סיפורים אלה הם הסיבה לגישות ולפרספקטיבות השונות לעבר. אקט זה אינו רק אמצעי של הכרה חשובה בכל המשתתפים, אלא הוא מאפשר גם מחשבה לטווח ארוך על שאלת החשיבות ההיסטורית. היכולת לחשוב בצורה כזאת היא תנאי לכך שבני נוער אכן

יוכלו להבין ולנסח עבור עצמם מדוע בהקשר הגרמני-ישראלי של השואה ושל השלכותיה יש להגדיר משמעות שאינה מוגבלת לניסוח סממאות בלבד.

לסיכום, עלינו להבין כי בני נוער עוברים תהליכים דומים של עיבוד העבר, כשם שאנחנו עצמנו עברנו - על פי רוב לפני שנים רבות. אז לא נופתע מכך שהם זקוקים פעמים רבות לטקסים או לאירועי זיכרון כדי שיוכלו לעבד את הרגשות שהתעוררו בקרבם. במקרה הזה יש להקפיד במפגשים גרמניים-ישראליים על יצירת תנאי מסגרת שבהם יוכלו כל המשתתפים לסכם ולקבוע בצוותא את סדר היום. לעניין זה נודעת חשיבות יתרה מאחר שבני נוער מגרמניה עלולים בנסיבות מסוימות להגיב בהיסוס לטקסי זיכרון. בה בעת טקסי זיכרון הם מרכיב בלתי נפרד מתרבות הזיכרון בישראל ובני נוער ישראלים הנם מנוסים מאוד בהתמודדות עם צורות כאלה. עם זאת אין להסיק מכך דבר על השתתפותם הפנימית. כדי להשתמש בטקסים כמרכיבים מעשירים נוספים בעיסוק בנאציזם ובשואה יש לשתף בהכנתם את כל המשתתפים באופן משמעותי.[11]

---

1  כדוגמה יצוינו כאן רק הסרט "בגלל המלחמה ההיא" מאת יהודה פוליקר ויעקב גלעד ויצירותיו של הסופר אתגר קרת. קרל פרוכטמן, שאחרי שהותו במחנות – בין השאר במחנה הריכוז דכאו – היגר לפלשתינה ב-1937, עסק בהשלכות החוויות על חיי היומיום של ניצולים ושל צאצאיהם עוד ב-1987 בסרטו "אדם פשוט". עם זאת, סרטו זכה בעיקר להכרה בקרב אנשי מקצוע, ואילו סרטו של פוליקר ושל גלעד קיבל תהודה חברתית נרחבת יותר. ספרו של ניקלאס פרנק משנת 1987 "האב: פריעת חשבון", שבו הוא עוסק בפשעי אביו בצורה רדיקלית ופרובוקטיבית מאוד, היה חריג למדי. מאמצע שנות ה-2000 התפרסמו סרטים וספרים רבים, למשל: "שניים או שלושה דברים שאני יודע עליו" (2005) מאת מלטה לודין או "האחים הימלר: סיפורה של משפחה גרמנית" (2005) מאת קתרין הימלר (תורגם לעברית בידי דפנה עמית, הוצאת מטר, 2007).

2  כן, למשל, בני הנוער הישראלים המבקרים במסגרת מפגשי נוער בין גרמנים לישראלים באתר "7xjung" – "Trainingsplatz für Zusammenhalt und Respekt" (צעירים 7 X – שטח אימונים להתמדה ולכבוד) של

3  Zülsdorf-Kersting, Meik: Sechzig Jahre danach: Jugendliche und Holocaust. Eine Studie zur geschichtskulturellen Sozialisation (שישים שנה אחרי: בני נוער והשואה. מחקר על חברות היסטורי-תרבותי), Berlin 2007.

4  Welzer, Harald u.a. (Hrsg.): Opa war kein Nazi. Nationalsozialismus und Holocaust im Familiengedächtnis (סבא לא היה נאצי. נאציזם ושואה בזיכרון המשפחתי), Frankfurt a. M. 2002.

5  במסגרת פרויקטים רבים השבחתי שבני נוער רגישים מפתחים רגשות אשמה ובושה לנוכח ממדי הפשעים שבוצעו. רק כאשר ניתן להם מרחב לנסח את רגשותיהם במילים אפשר לדבר על כך שהם עצמם מובן אינם אשמים ולחשוב יחדיו כיצד לפי דעתם צריכה חברה לעסוק בעבר.

6  פסיכולוגים דנים בנושאים הללו באופן שיטתי מאמצע שנות ה-80 ואילך. כפרסום מן הזמן האחרון יוזכר כאן רק הספר "ילדי הקורבנות. ילדים המבצעים. פסיכואנליזה ושואה": Martin S. Bergmann, Milton E. Jucovy, Judith S. Kestenberg (Hrsg.): Kinder der Opfer. Kinder der Täter. Psychoanalyse und Holocaust, Fischer Taschenbuch Verlag, Frankfurt a. M. April 1998. גם מוסדות כגון "עמך – תמיכה נפשית וחברתית בניצולי שואה ובמשפחותיהם", המגישים תמיכה פסיכולוגית לניצולים ולמשפחותיהם לשם עיבוד הטראומות שלהם, קיימים על פי רוב רק מאז שנות ה-80.

7  המונח הזה היה במידת מה סמל למחלוקת על משמעות הנאציזם וגרמניה המזרחית. בהקשר הרחב היתה המחלוקת הזו חלק מן הדיון בטוטליטריזם ובהשוואת הדיקטטורות. לסקירה מאת פרופ' דטלף שמיכן-אקרמן: http://docupedia.de/zg/Diktat-urenvergleich.

8  על מחלוקת זו ראו: http://www.einsteinforum.de/fileadmin/einsteinforum/downloads/victims_elkana.pdf

9  http://www.fr-online.de/politik/holocaust-kz-nummer-als-tattoo,1472596,21629506.html

10  https://www.schaubuehne.de/de/produktionen/dritte-generation.html

11  ר' את חוברת ההדרכה שהוציא קווקאקט בשיתוף עם מועצת הנוער הבווארית "Gemeinsam Erin-nern – Brücken bauen". באתר ההנצחה והחינוך בית ועידה ואנזה בברלין עורכים יותר ויותר קבוצות נוער גרמניות-ישראליות ימי עיון בנושא "תכנון

עמותת "Gesicht zeigen" (להראות פנים), השוכן מתחת לגשר הרכבת העירונית בפארק טירגרטן בברלין, מקשרים בקביעות את רעש הרכבת העירונית העולה באוזניהם עם רכבות הגירושים לאושוויץ.

וארגון רצח-עם – שלבים בתהליך ההשמדה". עם הזמן התברר שלאחר העיסוק המשותף במקורות ההיסטוריים המשקפים את נקודות המבט של המבצעים, הצופים הסבילים והקורבנות, יש למשתתפים בימי העיון צורך בטקס משותף. על רקע זה מוצעת כעת לקבוצות המעורבות האפשרות להכין טקס כזה. במסגרת זו הקבוצה נוסעת לאחר הסמינר לבית ועידת ואנזה לתחנות הגירוש לשעבר רציף 17 ועורכת שם את הטקס שתוכנן בצוותא. המשתתפים מעריכים את האירוע הזה תמיד כמרכיב חשוב ומרכזי עבורם במפגש.

### ביבליוגרפיה

- Bayrischer Jugendring/ConAct – Koordinierungszentrum Deutsch-Israelischer Jugendaustausch/Stadt Jerusalem (Hgg.): Gemeinsam erinnern – Brücken bauen. Handbuch für Erinnern und Gedenken in deutsch-israelischen Jugend- und Schülerbegegnungen, München 2014.
- Municipality of Jerusalem/ConAct/Bavarian: Youth Council לזכור יחד - לבנות גשרים מאדם לאדם בין עבר לעתיד, מינכן 2014.
- Ben-Dor Niv, Orna: Wegen dieses Krieges (Film), Israel 1988 [90 min.]. (בן דור ניב, ארנה, בגלל המלחמה ההיא. סרט. ישראל 1988)
- Bergmann, Martin S./Jucovy, Martin S./ Kestenberg, Judith S. (Hg.): Kinder der Opfer. Kinder der Täter. Psychoanalyse und Holocaust, Frankfurt a. M. 1998
- (ברגמן מרטין, יעקובי מרטין, קסטנברג יהודית, ילדי הקורבנות. ילדי המקרבנים. פסיכואנליזה והשואה. פרנקפורט 1998)
- Elkana, Yehuda: I need to forget, Haaretz 2.3.1988. (אלקנא יהודה: אני צריך לשכוח, הארץ, 1988)
- Online zugänglich unter: http://www.einsteinforum.de/fileadmin/einsteinforum/downloads/victims_elkana.pdf (letzter Zugriff am 23.01.2015
- Frank, Niklas: Der Vater. Eine Abrechnung, München 1987. (ניקלאס פרנק, האבא, חשבון. מינכן 1987)
- Fruchtmann, Karl: Ein einfacher Mensch (Film), BRD 1987 [105 min]. (פרוכטמן קרל, אדם פשוט (סרט) [BRD 1987 [105 min])
- Grimm, Rico: KZ-Nummer als Tattoo, Frankfurter Rundschau 3.2.2013. (גרים ריקו, מספר מחנה ריכוז כקעקוע Frankfurter Rundschau 3.2.2013)
- Online zugänglich unter: http://www.fr-online.de/politik/holocaust-kz-nummer-als-tattoo,1472596,21629506.html (letzter Zugriff am 23.01.2015

## ד"ר אלקה גריגלבבסקי

נולדה בשנת 1965. היא התמחתה במדע המדינה וכתבה את עבודת הדוקטורט שלה בתחום החינוך בנושא יחסם של בני נוער ברלינאים ממוצא טורקי וממוצא ערבי-פלסטיני לנאציזם ולשואה. משנת 1995 היא נמנית עם הצוות המדעי-חינוכי של אתר ההנצחה והחינוך לבית ועידת ואנזה. במסגרת זו היא מתכננת ועורכת סמינרים בנושאים שונים בתחום ההיסטוריה של רדיפת יהודי אירופה ורציחתם וההתמודדות עם פשעי הנאצים אחרי 1945. כמו כן היא מארגנת בקביעות תכניות של שיתוף. פעולה בין גרמניה לישראל בהשתתפות בני נוער ומבוגרים בתחום זיכרון בחברה מגוונות.

# מזרח מערב
## סוגיה במפגשי הנוער בין גרמניה לישראל? כתב הגנה מנקודת מבט מודעת לריבוי[1]

### ביאנקה אלי

בעבודת הנוער הבין-לאומית מתקיים דיון ער בשאלה כיצד יכול להצליח ניסיון של פדגוגיה המודעת לריבוי תרבותי, לאור מגוון ההשתייכויות הקולקטיביות. בתוך כך, קו ההפרדה הפנים-גרמני בין מזרח למערב נותר פעמים רבות מחוץ לדיון. המאמר שלהלן מבקש להראות כי מפגשי נוער בין-לאומיים - ובעיקר מפגשי נוער בין גרמניה לישראל - עשויים להיות מקום לימוד הולם לעיסוק בסוגיה כגון מוצא ממזרח גרמניה או ממערב גרמניה, ברוח פדגוגיה מודעת לריבוי תרבותי, וכן להפרכת דעות קדומות משני צדי המתרס.

אם בשל שיעורי ההשתתפות הנמוכים בבית הנבחרים הארצי, אם בשל ה"שטאזי" או אם בשל הימין הקיצוני במדינות הפדרליות המזרח-גרמניות - הרפובליקה הדמוקרטית הגרמנית (DDR) והשפעותיה המשוערות נוכחות עד היום בשיח הציבורי. אלא שצורת הדיון דומה לא פעם לחילופי מהלומות, המשמרים דימויים סטריאוטיפיים של "מזרחי" ו"מערבי" ושל מזרח-גרמניה. מנגד, יש מרחבים ספורים המזמנים דיון ביחסים העכשוויים בין מזרח למערב. במרחבים אלה, הדיבור על מדינת גרמניה המזרחית, על מזרח-גרמניה ועל האופן שמשפחות במזרח ובמערב חוו את התקופה שלאחר נפילת החומה נובע מסקרנות, מפתיחות ומעניין כן בעולם, בחוויה ובניסיון של אחרים. במסגרת זו דומה שראוי

בהחלט לשוחח על היחסים שבין מזרח-גרמניה למערב-גרמניה. זמן רב לאחר איחוד גרמניה, עדיין נשמרים דימויים שליליים משני צדי המתרס: קבוצת המחקר של וילהלם הַייטמַאיֶר (Heitmeyer) מצביעה בסדרה "מצבים גרמניים" (Deutsche Zustände) שפרסמה בשנת 2009 על סטריאוטיפים מושרשים, הן במזרח והן במערב ( Heitmeyer 2009, עמ' 21). השתמרותם העיקשת של סטריאוטיפים אלה מעידה על נחיצותם הגדולה של תכניות חילופים. בעיקר בני הדור הצעיר דורשים זאת: צעירים - ממזרח-גרמניה וממערב-גרמניה - שחוו את נפילת החומה כילדים או שנולדו לאחר נפילת החומה. "הימים ההם" משפיעים עליהם גם בהווה, ולא פעם הם אינם יודעים רבות על חייהם של הוריהם ושל סביהם במדינת גרמניה המזרחית ועל התקופה שלאחר נפילת החומה, מפני שגם בחוג המשפחה נמנעים משיחה על כך (לדוגמה, שטמלר 2011 Staemmler).

מאמר זה מבקש למלא חלל בשיח על-אודות הפדגוגיה המודעת לריבוי תרבותי. ברצוני להציג נקודות חיבור אפשריות לעיסוק בקו ההפרדה "מזרח-מערב" במפגשי הנוער בין גרמניה לישראל. בהמשך אנסה להבהיר כי דברים רבים נותרים נסתרים מן העין ובלתי מובנים כאשר - נוסף על דברים רבים אחרים - אין מביאים בחשבון גם את קו ההפרדה "מזרח-מערב". מפגשים בין גרמנים לישראלים מעלים מיד דימויים "על האחר" ושאלות על זהויות קולקטיביות ולאומיות. כמעט בכל המפגשים בין גרמניה לישראל שהשתתפתי בהם הועלו סוגיות הנוגעות לשאלה מי זוכר מה וכיצד, ומהו הקשר של זיכרון זה לחוויות ביוגרפיות אישיות וקולקטיביות. דימויים פשטניים והנחות מסולפות המשפיעות בלי משים על החלוקה הפנים-גרמנית ועל השלכותיה על תכניות החילופים בין גרמניה לישראל עד עצם ימינו. כדי שלא להוסיף ולחזק, אציין כאן בקווים כלליים בלבד כמה דימויים שנתקלתי בהם שוב ושוב: "בניגוד לגרמניה המזרחית, גרמניה המערבית הצליחה להתמודד עם זכר

הדיקטטורה הנאצית. הדבר משפיע עד ימינו על איכותן השונה של תכניות חילופי הנוער במזרח-גרמניה ובמערב-גרמניה". או: "מכיוון שלגרמניה המזרחית לא היו יחסים דיפלומטיים עם ישראל, אפשר גם בימינו לחוש במדינות הפדרליות במזרח גרמניה רתיעה גדולה יותר ביחס לישראל". וכן: "בשל הדימוי הגרוע של מזרח-גרמניה ותנאי המחיה הירודים יותר, מעדיפים ישראלים לנסוע לתכניות חילופים במערב גרמניה". המשותף לדימויים ולאמירות הללו הוא פישוטה הגס של המציאות. האם לא היה מן הראוי להעניק לחילופים עם ארגונים שותפים במזרח-גרמניה ובבחירת תכניהם יותר תשומת לב, השקעה והערכה, אם הם מתקיימים בתנאי מסגרת קשים יותר? האם אכן יש שני הקשרים היסטוריים שהחילופים בין גרמנים לישראלים מתקיימים בסימנם ושיש להביאם בחשבון בדיון המשותף? לפי ניסיוני, השאלות האלה לרוב אינן ממלאות תפקיד מרכזי. כך מתבקש להניח שהדימויים וההנחות על "המזרח וקשייו" חושפים בראש ובראשונה את הבנתם העצמית של אלה המשמרים את הדימויים הללו באמצעות אמירותיהם ודעותיהם. אותן הנחות מקשות על ההתוודעות האישית ועל הדיון הביקורתי במבחר ההקשרים ההיסטוריים. הן חותרות כך תחת הכוונה המקורית של עבודת הנוער הבין-לאומית. כיצד התנהלו חיי היומיום במדינת גרמניה המזרחית? באילו דרכים מגוונות התמודדו תושבי גרמניה המזרחית עם שלטון המפלגה הקומוניסטית, ה-SED? כיצד העלו את זכר התקופה הנאצית בגרמניה המזרחית? מה היה ההבדל בין דרך ההנצחה הזאת ובין דרך ההנצחה בגרמניה המערבית הישנה? האם גזענות ואנטישמיות אכן נפוצות יותר כיום במזרח-גרמניה מאשר במערב-גרמניה? בנושאים האלה שוררת בורות גדולה - גם בקרב מזרח-גרמנים. ואולם שאלות אלה ודומות היו יכולות לסייע בחקירת ההקשרים ליצירת דימויים עכשוויים על "המזרח" ועל "המזרח-גרמנים". לכן, מפגשים בין גרמניה לישראל

הם הזדמנות מצוינת דווקא לדון גם בסוגיית מזרח-מערב, התקפה בייחוד לחילופים של המשתתפים בקבוצה הגרמנית, אך לא רק להם. המאמר הזה הוא אפוא הזמנה להמשך הדיון ולחילופי רשמים.

## מזרח-מערב: חלל ריק בעבודת הנוער הבין-לאומית המודעת לריבוי תרבותי

עבודת הנוער הבין-לאומית כשדה פעולה פדגוגי מתאפיינת במגוון תכניות חילופים בין בני נוער, שירותי התנדבות ומסגרות הכשרה לאנשי מקצוע. חשיבות גדולה נודעת לתחום כחלק ממדיניות החוץ התרבותית והחינוכית - לא רק מבחינה פוליטית אלא גם מבחינה פדגוגית. למרבה השמחה, בשנים האחרונות גדל מספרן של הגישות המודעות לריבוי תרבותי בתחום עבודת הנוער הבין-לאומית. מטרת הגישות האלה, המבוססות על שלושת עמודי התווך של אי-אפליה, אינטרסקציונליות והתמקדות בסובייקט (Reindlmeier 2010), היא לפתוח פתח מרחבי למידה שיאפשרו לראות ולחוות קווי הפרדה מגוונים - למורכבותם, להתקיימותם הבו-זמנית ולאמביוולנטיות שלהם. מבחינה מעשית, יש להבין זאת כגישה רפלקסיבית הנוגעת לא רק לבחירת השיטות החינוכיות אלא בעיקר להבנת תפקידיהם של המדריכים (Eisele et al. 2008). בהנמקתה התיאורטית, הפדגוגיקה המודעת לריבוי תרבותי מסתמכת בין השאר על שיח האינטרסקציונליות במרחב הדובר גרמנית. הכוונה בכך בעיקר למחקרים סוציולוגיים המתמקדים - לאורך "קווי הפרדה" - בקטגוריות חברתיות היוצרות אי-שוויון.[2] בהקשר של עבודת הנוער הבין-לאומית קובעים אייזלה ואחרים: "בייחוד לאורך קו ההפרדה מזרח-מערב, מצב כלכלי, מעמד חברתי, צבע עור, תרבות או דת (...) יש להניח מראש (...) דימויים נוקשים, המשפיעים באופן לא מודע על תהליך הלמידה והמפגש." (Eisele et al., עמ' 18, ההדגשה שלי). הם אינם מסיקים מקביעתם מסקנות קונקרטיות ביחס לפעולה פדגוגית בהקשר של מזרח-מערב, ואולם ייאמר

לזכותם שקו ההפרדה מזרח-מערב מוזכר כאן באופן כללי. על פי רוב אין זה כך - כפי שחוקר החינוך אוֹלִיבֶר טְרִיש (Trisch) מציין בהתייחסו לספרות המקצועית (Trisch 2013, עמ' 141). גם המחברות בַּאיֶרסדוֹרף (Beyersdorff) והֶמֶה-זֶרְקֶה (Höhme-Serke) כבר הראו לפני כמה שנים כי סוגיית מזרח-מערב אינה מופיע כלל בשיח הפדגוגי. הן אף מדברות על טאבו האוסר להעלות לדיון את הדפוסים ואת עולמות החוויה השונים בהקשר של מזרח-מערב. דבר זה נכון אפילו לגבי עמיתים הרואים את עבודתם כמודעת במפורש לריבוי תרבותי. כאן עדיין ניכר יתר על המידה חותם התקופה שלאחר נפילת החומה, אז גויסו כל הכוחות ל"איחוד מחודש" ולהדגשת הצדדים המשותפים (Beyersdorff/Höhme-Serke 2008, עמ' 160).

### "לאום" כפותח צוהר לדיון

בעבודת הנוער הבין-לאומית, בניגוד לרוב התחומים החינוכיים, העיסוק בשייכות הלאומית והקולקטיבית של המשתתפים מתבקש מאליו. בשל מבנה התכניות, המפגישות בין קבוצות נוער משתי מדינות (לפחות), קו הפרדה "הגעה ממדינות שונות" הוא על פי רוב הבולט ביותר (Reindlmeier 2010, עמ' 3). גישה מודעת לריבוי תרבותי עשויה לסייע במניעת הומוגניזציה אפשרית של קבוצות-אנחנו לאורך קו ההפרדה "שייכות לאומית" ולתרום להכללת מאפייני זהות נוספים החשובים למשתתפים. המסגרת הפדגוגית מתאימה להפליא להעמקת הדיון במאפיינים אלה. בהתאם להרכב הקבוצות, אפשר להעלות בהן סוגיות כגון השתייכות לאומית כפולה, סוגים של אישורי שהייה, הגירה, גזענות ודרכי התייחסות שונות לסמלים לאומיים. גם מוצא ממזרח-גרמניה או ממערב-גרמניה יכול להידון בהקשר זה. אלא שנוכחותם של משתתפים מזרח-גרמנים ומערב-גרמנים בתכנית אינה גורמת בהכרח להכללת קו ההפרדה מזרח-מערב בתכניה של התכנית. ואכן, לרוב יש צורך בתמריץ פדגוגי מפורש כדי לאפשר דיון זה (Trisch 2013, עמ' 132). שאלות קונקרטיות עשויות לעודד משתתפים בחילופים לחקור את יחסם האישי לסוגיות כגון מדינת גרמניה המזרחית, חלוקת גרמניה ומזרח-גרמניה כיום. הניסיון מלמד כי שאלות המכוונות ישירות לקו ההפרדה מזרח-מערב עשויות לעורר דו-שיח מרתק. כך יש אפשרות להגיב להתעוררות עניין שתיתכן בקרב בני הנוער ולשלב את סוגיית מזרח-מערב בתכנון התכנית בעתיד. אפשר לדוגמה להעלות על הדעת קבוצת חילופים שמחליטה עבור עצמה שלא לדחוק את סוגיות חלוקת מערב גרמניה ומזרחה למסגרת התכנית התרבותית אלא לשלב אותן בתכנית הרשמית.

### "היסטוריה" כפותחת צוהר לדיון

בין מפת הגופים התומכים בעבודת הנוער הבין-לאומית בגרמניה ובין ההיסטוריה הגרמנית קיים קשר הדוק (Thimmel 2001). מובן שהכללים הדו-צדדיים לחילופי הנוער בין גרמניה לישראל מדגישים את חשיבות ההיסטוריה של מלחמת העולם השנייה ושל השואה. כך לדוגמה, כמעט בכל מפגשי הנוער הגרמניים-ישראליים יש בתכנית לפחות אתר הנצחה אחד או חטיבת תוכן דומה העוסקת בעבר הנאצי. בייחוד כשמבקרים באתרי הנצחה במדינות הפדרליות המזרח-גרמניות בעלות "העבר הכפול", דוגמת בוכנוואלד או זכסנהאוזן, מתבקש הדיון גם בדרכי ההתמודדות של מזרח-גרמניה ומערב-גרמניה עם התקופה הנאצית. אפשר להבהיר שייצוגי ההיסטוריה במזרח ובמערב היו שונים מאוד מזה עד איחוד גרמניה, זאת בעיקר באמצעות מקומות כגון אתרי הנצחה שבארכיטקטורה או בכיתובים שלהם ניכרת התמודדותן של כל אחת משתי המדינות עם ההיסטוריה (Trisch 2013, עמ' 140). אמירות על התפתחותה של תרבות הזיכרון בגרמניה מתייחסות בדרך כלל לשיח הזיכרון המערב-גרמני. לטוחיח רחוקות יותר מתקיים דיון באופן הזיכרון בגרמניה המזרחית ובאופן שסרטים או ספרים שפורסמו שם השפיעו על השיח ביחס למלחמת העולם

השנייה ולמשטר הנאצי. אלא שדווקא אלו מעידים לא פעם על הבנה עמוקה יותר גם של סיפורי משפחות במזרח-גרמניה כיום. אזכורו של הזיכרון ה"מחולק" מאפשר לצעירים המשתתפים בחילופים להבין שהיסטוריה ניתנת לראייה בצורות רבות ומגוונות, ושמדיניות היסטורית עשויה להשתנות. כך מתחוור להם שהדיבור על ההיסטוריה טומן בחובו גם אמירות על יחסים עכשוויים ועל הבנה עצמית.

נוסף על כך, הנושא "היסטוריה" בכלליותו פותח פתח להעשרת התכנים במפגשי נוער בעזרת חוויות ביוגרפיות משפחתיות שהמשתתפים עצמם מביאים עמם. לדוגמה, "שיטת ציר הזמן"[3] מאפשרת להציב אלה לצד אלה נקודות מבט מגוונות על ההיסטוריה, מבחר מישורים של זיכרון ונרטיבים ביוגרפיים משפחתיים, בלי להעמידם בדרך שיפוטית זה מול זה. המטרה אינה ליצור יריבות בין הקשרים היסטוריים שונים, אלא דווקא להבין במהלך המפגש איך התרחשויות היסטוריות שונות משפיעות על ההבנה העצמית ועל תפיסת העולם. מפגשי נוער מספקים הזדמנות להכיר במסגרת מוגנת את ה"היסטוריות" של האחרים ואת משמעותן. כך נעשה מפגש הנוער למקום המאפשר התנסות בגישה האמפתית והמעריכה לסיפורים, לחוויות ולהגדרות עצמיות של אחרים. רק התמודדות אמיתית יכולה לאפשר הפרכה של אנלוגיות פשטניות - כגון בין חומת ברלין ובין גדר הביטחון הישראלית - ולשימן בהקשר הראוי. באמצעות גישה זאת אפשר גם להעלות חללות ריקים בשיח, שלעתים קרובות אינם מקושרים כלל למזרח-גרמניה. לדוגמה, הגירת העבודה לגרמניה המזרחית והגירוש של רבים ממהגרי עבודה אלה עם נפילת החומה. סוגיות אלה מתאימות למשל לדיון ביקורתי בשאלה, אילו היסטוריות הן בעלות נוכחות ציבורית ותקשורתית בולטת ואילו אינן. הם גם מתאימים לדיון בשאלות אקטואליות של הגירה גלובלית ושל זכויות היתר והחובות המלוות את "היות-לבן" ואת "הצפון הגלובלי".

## ביאנקה אלי

ביאנקה אלי נולדה ב-1979 במזרח ברלין. היא בעלת תואר בסוציולוגיה ובמדעי המדינה ופעילה בתכניות החילופים בין גרמניה לישראל זה שנים רבות. בין השאר, הקימה בבית הספר הגבוה על-שם אליס סלומון בברלין תכנית לשיתוף פעולה לימודי ומחקרי עם בית הספר לעבודה סוציאלית באוניברסיטת חיפה. כיום במסגרת המזכירות הכללית של הצלב האדום בגרמניה, היא מנהלת פרויקט מחקר על התפנית בהתארגנות אזרחית לשמירה על ביטחון האוכלוסייה. ביאנקה אלי היא יושבת הראש של עמותת בני הדור השלישי של מזרח-גרמניה "פרספקטיבה דור שלישי" ונמנית עם מייסדי העמותה.

## סיכום

הצורך בדו-שיח בסוגיות שלאורך ציר ההפרדה הפנים-גרמני מזרח-מערב הוא גדול. דו-שיח כזה יכול לתרום לחיזוק היחסים ולהבנה ההדדית בין מזרח למערב לאורך זמן. מובן שאין הכרח לשלב את סוגיית מזרח-מערב בכל מחיר בכל חילופי נוער. גם אין הכרח בהדגשה מלאכותית או בהפרזה של שוני. כמו-כן, אין לעודד גישה כללית וחסרת דקויות בנוסח "האם איננו קצת מופלים", שממגמדת תנאי מחיה וחוויות אפליה של שחורים ושל "People of Color" ולכן סופגת ביקורת מוצדקת מצד עמדות אנטי-גזעניות.[4]

כמו לגבי קווי הפרדה אחרים בשיח הסוציולוגי, אפשר לומר גם על קו ההפרדה הפנים-גרמני מזרח-מערב שההבדלים בין המזרח-גרמנים גדולים מאשר אלה שבין מזרח-גרמנים ובין מערב-גרמנים. ואולם המטרה היא דווקא להשאיר את עצמנו ואת תכני התכנית "פתוחים" ולהעמיד את המסגרת הפדגוגית לרשות הדיון. כדי לעשות זאת ברוח עבודת נוער בין-לאומית המודעת לריבוי תרבותי עלינו לחשוב בראש ובראשונה על עמדותינו שלנו: מה מחבר אותי עם ההיסטוריה של גרמניה המזרחית? כיצד חוויתי את נפילת החומה? כיצד אני רואה כיום את המצב במזרח-גרמניה? מה הדימוי שיש לי על מזרח-גרמניה או על מערב-גרמניה כיום? לאיזה הקשר מקומי וזמני אנו מתייחסים, כשאנו מדברים על "ההיסטוריה"? הגיע העת לדון מחדש בדימויים הרווחים על מזרח ומערב משני צדי המתרס ולגייס בעת הצורך את האומץ הדרוש כדי לעשות את השינויים הנחוצים. עד כה לא נעשה ניסיון להעלות מעל לפני השטח היסטוריות וחוויות מגוונות במזרח-גרמניה ועם מזרח-גרמניה. מן הראוי להבהיר אילו נקודות חיבור מגוונות מציעה עבודת הנוער הבין-לאומית לדיון בקו ההפרדה מזרח-מערב.

---

1 המסמך הוא גרסה מעובדת של המאמר שלהלן: Ely, B.: (2014): Die innerdeutsche Differenzlinie Ost-West in der diversitätsbewussten Pädagogik – Beispiel Internationale Jugendarbeit. In: Drücker, A.; Reindlmeier, K.; Sinoplu, A.; Totter, E. (Hrsg.): Diversitätsbewusste (internationale) Jugendarbeit. Eine Handreichung. Düsseldorf/Köln, 77-80. ברצוני להודות לכריסטינה מֶהלֶר על הערותיה לגרסה הראשונה של המאמר.

2 "את המונח 'אינטרסקציונליות' יש להבין כחוסר יכולת לדון בקטגוריות סוציאליות כגון מגדר, אתניות, לאום או מעמד בנפרד זה מזה, ולפיכך כצורך לנתחם בנקודות החיבור או ההצטלבות שלהן." (Walgenbach 2012).

3 השיטה מבוססת על משימה הניתנת למשתתפים, שבמסגרתה הם מתבקשים לציין התרחשויות היסטוריות או אישים חשובים במשפחתם ולסדרם על פני ציר זמן. כמו-כן הם יכולים להציב זה מול זה אירועי מפתח ונקודות מפנה בסוגים שונים של שיח זיכרון.

4 לדוגמה ריינדלמאיר, קארין (2007): "הרי כולנו קצת מופלים!" גישות של ריבוי תרבותי בעבודת החינוך הפוליטית. בתוך: Widersprüche. Zeitschrift für sozialistische Politik im Bildungs- Gesundheits- und Sozialbereich. Heft 104, „Alles schön bunt hier". Zur Kritik kulturalistischer Praxen der Differenz. Kleine Verlag, 25-36.

### ביבליוגרפיה

- Beyersdorff, Sabine/Höhme-Serke, Evelyne: Verhältnis zwischen Ost und West – einem Tabu auf der Spur (היחס בין מזרח למערב – בעקבות טאבו), in: Wagner, Petra (Hg.): Handbuch Kinderwelten. Vielfalt als Chance – Grundlagen einer vorurteilsbewussten Bildung und Erziehung (מדריך לעולם הילדים. גיוון כהזדמנות – יסודות של השכלה וחינוך בלי דעות קדומות), Freiburg im Breisgau 2008, S. 160-170.

- Eisele, Elli/Scharathow, Wiebke/Winkelmann, Anne Sophie: ver-viel-fältigungen. Diversitätsbewusste Perspektiven für Theorie und Praxis der internationalen Jugendarbeit (ריבוי גוונים. התיאוריה והפרקטיקה של העבודה הבין-לאומית עם בני נוער במבט לעתיד תוך מודעות לגיוון), Jena 2008.

- Heitmeyer, Wilhelm (Hg.): DeutscheZustände (מצבים גרמניים), Frankfurt am Main 2009.

- Reindlmeier, Karin: „Wir sind doch alle ein bisschen diskriminiert!" Diversity-Ansätze in der politischen Bildungsarbeit ("כולנו קצת מופלים לרעה!" גישות לגיוון בחינוך הפוליטי), in: Widersprüche. Zeitschrift für sozialistische Politik im Bildungs- Gesundheits- und Sozialbereich. Heft 104, „Alles schön bunt hier". Zur Kritik kulturalistischer Praxen der Differenz ("איזה יופי, כל הצבעוניות הזאת". על הביקורת של פרקטיקות הגיוון התרבותי), Kleine Verlag 2007, S. 25-36.

- Reindlmeier, Karin: create your space. Impulse für eine diversitätsbewusste internationale Jugendarbeit. Eine Handreichung für Teamer/innen der internationalen Jugendarbeit (create your space רעיונות לעבודה בין-לאומית עם בני נוער המודעת לגיוון. ערכה למנחי קבוצות נוער בין-לאומיות), 2010. Online zugänglich unter: http://www.karinreindlmeier.de/create%20your%20space.pdf (letzter Zugriff am 14.08.2013)

- Staemmler, Johannes: Wir, die stumme Generation (אנו הדור האילם), ZEIT Online 18.8.2011. Online zugänglich unter: http://www.zeit.de/2011/34/S-Generation-Ost (letzter Zugriff am 14.08.2013).

- Thimmel, Andreas: Pädagogik der internationalen Jugendarbeit. Geschichte, Praxis und Konzepte des Interkulturellen Lernens (תורת החינוך של העבודה הבין-לאומית עם בני נוער. ההיסטוריה, הפרקטיקה והרעיונות של הלימוד הבין-תרבותי), Schwalbach 2001.

- Trisch, Oliver: Der Anti Bias Ansatz. Beiträge zur theoretischen Fundierung und Professionalisierung der Praxis (גישת האנטי-ביאס. כלים לביסוס תיאורטי ולהתמקצעות של הפרקטיקה), Hannover 2013.

- Walgenbach, Katharina: Intersektionalität - eine Einführung (מבוא לאינטרסקציונליות), 2012. Online zugänglich unter: http://portal-intersektional-itaet.de (letzter Zugriff am 11.11.2014)

# חוויית צעירים ישראלים וגרמנים במשלחת נוער בגרמניה ותפיסותיהם את המדינה השנייה לפני מפגש החילופין ואחריו

## מיכל מרוז

### תקציר

במשך עשורים רבים מדינת ישראל והרפובליקה הפדרלית של גרמניה ניסו להתמודד עם ההיסטוריה המשותפת - כל אחת מצדה היא. כך, מאז הוקמה מדינת ישראל, התהוותה לה מערכת יחסים מורכבת אך מיוחדת במינה עם גרמניה – אז מערב גרמניה. מערכת יחסים דו-ערכית המתאפיינת בדחייה ומנגד בהתקרבות, בחוסר אמון ועם זאת בסקרנות וכן בנורמליות בלתי אפשרית לצד נרמול גובר (הקסל, 2009).

### מטרת המחקר

מטרת המחקר היא לבחון את פלטפורמת חילופי משלחות הנוער ישראל-גרמניה. לשם כך ליווה המחקר בשנת 2010 משלחת נוער של צעירים גרמנים וישראלים שנפגשה בפעם הראשונה בברלין.

ממשלת גרמניה וארגונים חברתיים רבים משקיעים מדי שנה כ-1.5 מיליון אירו בסבסוד משלחות וחילופי נוער גרמנים וישראלים. כל זאת, במטרה לקרב לבבות, לייצר שיח ערכי ולנסות לכפר על מאורעות העבר ההיסטוריים. זה יותר מ-55 שנה, משלחות ישראליות וגו מניות נפגשות, אם בגרמניה ואם בישראל, להשגת מטרות אלו (Mähler, 2005). המחקר הנוכחי בחן את התהליך שעובר על בני נוער ישראלים וגרמנים המשתתפים במשלחת החילופין, ובדק את השפעות המפגש עליהם. לשם כך בחן המחקר כיצד חווים בני נוער ישראלים את המפגש הראשוני עם בני נוער גרמנים, ולהפך. במסגרת המחקר נבדק אילו סטריאוטיפים רווחים בקרב בני הנוער, וכן נבדקה מידת השינוי בתפיסותיהם מתוך חוויית המפגש.

### שאלות המחקר היו:

1. כיצד חווים בני הנוער הישראלים את המפגש הראשוני עם בני הנוער הגרמנים, ולהפך, במסגרת תוכנית החילופין?

2. כיצד נתפסת המדינה שמנגד בעיני בני הנוער המשתתפים בתוכנית: אילו סטריאוטיפים הם אוחזים, והאם תפיסותיהם משתנות במהלך המפגש?

### שיטת המחקר

כדי למדוד חוויות אלו, וכיאה למחקר אתנוגרפי, נערכו בתקופת המחקר תצפיות על שתי קבוצות האוכלוסייה המשתתפות במשלחת, מתחילת תהליך ההכנה למפגש הקבוצות בברלין ועד למפגש הסיכום שלאחריו. תקופה זו כוללת את זמן שהותה של המשלחת בברלין. בשלוש נקודות הזמן - לפני מפגש החילופין, במהלכו ולאחריו – נערכו ראיונות עומק פתוחים עם 12 בני נוער, שישה מהקבוצה הגרמנית ושישה מהקבוצה הישראלית. בסך הכול, בשלוש נקודות הזמן יחד, נערכו 36 ראיונות.

### ממצאים ומסקנות

ממצאי המחקר מראים בבהירות כי הקבוצות מגרמניה ומישראל הגיעו אל המפגש מצוידות בתפיסות ובסטריאוטיפים. התהליך שעובר על משתתפי המפגש משתקף בשינוי בתפיסות ובסטריאוטיפים תוך כדי גיבוש דעה על סמך היכרות אישית הן הקבוצה הישראלית והן הגרמנית עברו תהליכים וחוו חוויית מפגש אחרת, ולרוב השוני בין חוויית שתי הקבוצות הוא אי-סימטרי. נקודות השוני והאי-סימטריה

בין הקבוצות נמצאו בארבעה רבדים שונים: בתהליך ההכנה למשלחת, בציפיות, בבחירת הצוות המוביל ובייצוגיות.

## מבוא: יחסי ישראל-גרמניה

בין הרפובליקה הפדרלית של גרמניה ובין ישראל התקיימו לא מעט ניסיונות ליצירת קשרים מחודשים. הקשר בין ישראל לגרמניה כונה בפי דיפלומטים ופוליטיקאים, עיתונאים ואקדמאים קשר "מיוחד", ואפילו "א-נורמלי". חרף הקשיים, ניכר כי עם השנים נרקמו בין גרמניה לישראל שיתופי פעולה רבים על פני יריעה רחבה של תחומים, ובייחוד באלה הכלכליים, המדעיים ובמסגרת החילופים הבין-תרבותיים. עם זאת, ולמרות עשרות השנים שחלפו מאז ביסוס היחסים בין המדינות ופוריותם של שיתופי הפעולה בקשר בין המדינות, מערכת היחסים עודנה שומרת בעקביות על מקומה כ"מיוחדת" (Pallade, 2004).

כל מדינה מבססת את הזהויות שלה על עברה ההיסטורי, ובתוך כך מתקיימים קונפליקט מתמיד ביחס לתכנים של כל אחת משתי המדינות מעוניינת לקדם ולזכור וכאלה שהיא מבקשת לשכוח (Olick, 1992). לאחר מלחמת העולם השנייה, כל הסכם לקביעת מדיניות בגרמניה היה במובן מסוים תגובה או פועל יוצא הנובעים מהמציאות הרת האסון שהמיטה גרמניה בשנים הגורליות ההן (Olick and Levy, 1995). עם השנים, הצליחה גרמניה לחנך את הדורות הבאים להכרה ולהתגברות על דעות קדומות, לאחריות אזרחית ולדמוקרטיה (Renn,1987). במדינת ישראל, סמלים וטקסים רבים משקפים את הטראומה החברתית שבעקבות השואה, והם מהווים מרכיב חשוב בבניית הזיכרון הקולקטיבי והזהות הישראלית (שפירא, 1996). במציאות הישראלית, האיום החיצוני מהווה גורם מגבש ומלכד, ועל כן ערך הלאומיות נעשה חלק בלתי נפרד מהזהות הלאומית המצרפית (יעלון, 2009).

במשך השנים נעשו מאמצים רבים משני הצדדים להתקרבות בין המדינות. משלחות הנוער הן מרכיב מרכזי בתהליך ההתקרבות בין גרמניה וישראל כבר יותר מחמישים שנה, ומספר בני הנוער שכבר השתתפו בפרויקט החילופין חצה רף של 500,000 נערים ונערות משתי המדינות (Mähler, 2005). הארגונים האחראים על תחום המשלחות הישראליות והגרמניות הם שניים: מהצד הגרמני – ConAct, הארגון המוביל בתחום משלחות הנוער מתמקד בתיאום בין המשלחות של גרמניה ושל ישראל, ובכל שנה ממומן עשרות משלחות נוער. הארגון הוא חוד החנית והיוזם המרכזי בבניית תחום משלחות הנוער והחילופין בין המדינות. מהצד הישראלי – מטעמים תקציביים עדיין לא הוקם משרד תיאום דומה, חרף ההחלטה להקים רשות ציבורית לחילופי נוער ומשלחות (חוק הרשות הישראלית לחילופי נוער וצעירים, התשס"ח 2008). במקום זאת, מונתה המועצה הציבורית לחילופי נוער וצעירים, המשמשת כמשרד תיאום לכלל משלחות הנוער אל מדינות העולם שלישראל יש יחסים עמן. המטרות המוגדרות של משלחות הנוער מפורטות במסמך שגובש בשנת 2010, ובו נכתב שממשלות ישראל וגרמניה רואות בדיאלוג בין בני נוער צעירים מגרמניה וישראל חלק מרכזי בתהליך ההיכרות וההתקרבות בין שתי המדינות, וכי המדינות מאמינות בעיצוב המודעות המשותפת של בני נוער וצעירים דרך שיח הנובע מהתחשבות במשקעי העבר, ומתמקד במבט אל העתיד (ההנחיות המשותפות לביצועם ולקידומם של חילופי נוער וצעירים ישראל-גרמניה, 2010).

## מטרת המחקר: מתודולוגיה ורציונל

המטרה העיקרית של המחקר הייתה לתאר את חוויותיהם של בני הנוער המשתתפים בתוכנית החילופין בין גרמניה לישראל, ולברר אילו תהליכים התרחשו בין בני הנוער בקבוצות עצמן וכן במהלך האינטראקציה הבין-תרבותית בין בני הנוער משתי הקבוצות. המחקר בוצע בשיטה האיכותנית, שכן זו הגישה המתאימה ביותר לתפיסה של חוויית המציאות, במקרה

זה בקרב משתתפי המחקר (שקדי, 2003). אוכלוסיית המחקר בעבודה זו הייתה משלחת חילופי נוער משותפת למחוז פנקוב ברלין ולעיריית תל אביב-יפו. המשלחת מנתה 13 בני נוער מברלין ו-12 בני נוער משני בתי ספר בתל אביב. המחקר ליווה את בני הנוער לאורך המפגש הראשון של הצעירים משתי המדינות באוגוסט 2010 בברלין. המפגש נמשך כעשרה ימים. ניתוח המחקר נערך לאחר סיום התוכנית, עם סיום איסוף החומרים. הניתוח כלל 36 ראיונות, תוצרים של הקבוצות, כתבים, הקלטות ותמונות.

מסקנות המחקר עשויות לשמש כלי עזר עבור קובעי המדיניות ומקבלי ההחלטות בממשלות ישראל וגרמניה, במתן מידע אמין וחשוב. מסקנות אלו יוכלו להשפיע על אופן התכנון והניהול של משלחות בפלטפורמת החילופין הישראלית-גרמנית בפרט ושל משלחות דומות בפלטפורמת החילופין הבין-לאומית בכלל.

### הצגת הממצאים: דיון וניתוח

הן הקבוצה הגרמנית והן הקבוצה הישראלית חוו מבחר חוויות במסגרת תוכנית החילופין. בפרק זה יתואר התהליך שעבר על כל אחת מהקבוצות, על פי סוגיות רלוונטיות לכל קבוצה, שעלו במהלך המחקר. בסוגיות אלו נכללים נושאים מגוונים, כגון אופן הכנת המשלחת, הציפיות מהמשלחת, אופי הצוות המוביל בכל אחת מהקבוצות והיחס הערכי לעניין ייצוג המשתתפים את מדינתם

### 1. חוויית הקבוצה הגרמנית

הקבוצה הגרמנית הורכבה מ-13 נערים ונערות, המתגוררים בשכונת פנקוב בברלין, ומשתי מלוות התוכנית, המשתמשות באלמנטים של החינוך הבלתי פורמלי. המלוות עושות את עבודתן בהתנדבות זה שנים מספר, והן חדורות אמונה בחשיבותה. הן צברו ניסיון עשיר בתוכנית החילופין, וכמו-כן הן בעלות ידע רב על ישראל. המתעניינים בהצטרפות לתוכנית עוברים שלב ראיונות ראשוני עם

המלוות, ובו מבררים את מניעיהם להשתתף בתוכנית. הקריטריון להשתתפות מבוסס על מידת סקרנותם ביחס לתוכנית בין-תרבותית. במסגרת ההכנות למפגש ההיכרות בין הקבוצה הגרמנית לישראלית בברלין, נערכו שלושה מפגשים, לרבות מפגש היכרות וסמינר הכנה של שלושה ימים, שבו המשתתפים את ההיכרות ביניהם ועסקו בתכנים הקשורים לזהות אישית, קבוצתית וחברתית בגרמניה; הם ביררו מהי זהות יהודית, ערכו היכרות קצרה עם התרבות הישראלית, ושוחחו בשאלה, מיהו יהודי לעומת מיהו ישראלי.

בעיני מלוות הקבוצה הגרמנית, מטרות המשלחת כוללות שאיפה ליצירת קשר בין-תרבותי עם ישראל ועם ישראלים, מתוך הבנת משמעות הקשר בצל העבר המשותף. מהראיונות במהלך סבב הראיונות הראשון, לפני מפגש המשלחות בגרמניה, עלה כי בני הנוער מצפים להכיר חברים חדשים, לבלות עמם ולהכיר תרבות חדשה. הישראלים תוארו על ידי רוב בני הנוער כ"חמים וים-תיכוניים". הדבר שבני הנוער העלו באופן הבולט ביותר היה הציפייה שבני הנוער הישראלים ידמו להם, כצעירים מתבגרים מארץ אחרת, ושיחד יוכלו למצוא הרבה מן המשותף.

במהלך סמינר הסיכום נשאלו שוב בני הנוער לגבי חוויותיהם, ומהראיונות עלה כי הציפיות שתיארו הצעירים לקראת המפגש לא התממשו. בניגוד לציפיות, גילו בני הנוער את השוני ביניהם, וככל שההיכרות בין שתי הקבוצות העמיקה, הם הבחינו יותר ויותר בפער התרבותי ביניהם.

במהלך הראיונות הראשוניים, בני הנוער הגרמנים הביעו את חשש חששותיהם מן המפגש. ניכר כי הם חשו מבוכה ואי-נוחות סביב השיחה בעניין העבר. הנערים הביעו את חששם משיח הנוגע לשואה עם רוב הנוער הישראלים. חשש נוסף שעלה, וניכר בכל המשתתפים, נבע מאירוח בני נוער בלתי מוכרים בביתם למשך תקופת שהותה של המשלחת. הובע חשש

49 | חילופי הנוער בין גרמניה לישראל | הלכה למעשה

שהם "לא יסתדרו ביניהם".

## 2. חוויית הקבוצה הישראלית

במשלחת הישראלית נמנו 12 משתתפים משני בתי ספר בתל אביב-יפו - האחד בדרום העיר והאחר בצפונה. בכל שנה מלוות מורות אחרות את התוכנית, כך שאין להן היכרות קודמת עם התחום. במפגשי ההכנה למשלחת למדו בני הנוער עם המורה להיסטוריה על גרמניה בתקופת המלחמה, לעומת גרמניה כיום. התהליך התמקד בהקניית ידע פורמלי, בהכנה ביטחונית לקראת המסע, ובהכנת הקבוצה לשיח בעניין ההסברה הישראלית בחו"ל.

במדינת ישראל, כאמור, ערך מרכזי בזהות הלאומית הקולקטיבית הוא הלאומיות (יעלון, 2009), ונראה כי הדומיננטיות של ערך זה באה לידי ביטוי ביתר שאת במסגרת תוכניות החילופין. כבר בשלב הראיונות הראשון דיברו מרבית בני הנוער על האחריות ועל המחויבות שהם חשים הן כלפי מדינת ישראל והן כלפי בית הספר, בהתנהגותם ובשמירה על ייצוג חיובי. תחושת המחויבות התפתחה בקרב התלמידים כבר בתהליך ההכנה, לאחר שהוסבר להם במבחר דרכים על מעמדם הייצוגי, כ"שגרירים של ישראל". כבר מהשלב הראשוני של הקבלה למשלחת ניכר בנקודות רבות שייצוג המדינה ו"עבודת השגרירות" נוכחים ביום-יום של המשתתפים, כאמור. ערך הייצוגיות נוכח במשך כל תקופת מסעה של המשלחת, והיווה רכיב מרכזי במפגשים בכל שלב. ערך זה נכח גם בקרב המורות המלוות, ואלה דאגו להזכיר לבני הנוער במגוון דרכים את חשיבות מעמדם כמייצגים את מדינת ישראל. במהלך המפגש בברלין, המורות המלוות אף העירו לבני נוער על התנהגותם, כשהרגישו כי זו אינה הולמת או אינה ייצוגית. ההערות הועברו מהמורות לתלמידים בשיחה קבוצתית בצד, או בלחישה בעברית בו במקום, בפורום הקבוצתי הרחב. המורות ביקשו מהתלמידים לזכור "לא לבייש את המדינה", והזכירו לתלמידים לדבר על ישראל באור חיובי. הציפייה העצומה של המורות מבני הנוער הישראלים לייצג את המדינה דרך המשלחת אכן חלחלה אל בני הנוער, אלא שעם זאת היא טשטשה את המטרות והייעוד המקוריים, הנוגעים לקשר המיוחד שבין המדינות וליצירת קשר בין-אישי ובין-תרבותי.

הציפיות של בני הנוער מהשתתפות בתוכנית המשלחת הסתכמו בעיקר בהנאה מהביקור בגרמניה. האסוציאציות שעלו אצלם ביחס לגרמניה התאפיינו בדימויים של מדינה קרה ואנטישמית. אפיון מייצג של תושביה הגרמנים היה: "אדם קר ובלונדיני" ואפילו "גרמני נאצי". במהלך הראיונות העלו הצעירים הישראלים חששות מגילויי אנטישמיות, אבל החשש הגדול ביותר שהעלו היה בעניין האירוח בבתיהם של בני המדינה האחרת. לאורך מסעה של המשלחת - בעוד שחששות בני הנוער ביחס לגילויי אנטישמיות הלכו והתבדו - החשש מפני חוויית אירוח כושלת נכח במשך כל תוכנית המשלחת. לאורך תוכנית המשלחת יכלו בני הנוער הישראלים לבחון מחדש את השקפותיהם על גרמניה ועל גרמנים, ואכן האסוציאציה של "גרמני נאצי, בלונדיני וקר" כבר לא נמצאה במרכז תודעתם. כשבני הנוער הישראלים נשאלו שוב לגבי האסוציאציות שלהם כלפי גרמניה, בשיחה שלאחר סיום תוכנית המשלחת, ניכר שינוי בתפיסתם את גרמניה, ונראה כי חוויית ההשתתפות במשלחת השפיעה על האסוציאציות העולות בדעתם כשמזכירים את גרמניה ואת הגרמנים. בניגוד לקבוצה הגרמנית, בקבוצה הישראלית גילו להפתעתם כי בני הנוער הגרמנים דומים להם הרבה יותר מאשר שיערו לפני מפגש החילופין. החוויה בכללותה קירבה אותם אל עולם מושגים חדש שנקשר אסוציאטיבית בהכרח להשתתפות במשלחת ולשהייה בעיר ברלין.

### סיכום הממצאים

מניתוח הממצאים עולות נקודות דמיון ושוני בין הקבוצות. תרומתן של נקודות אלה מכרעת

בעיצוב חוויית המשתתפים בתוכנית. שתי הקבוצות, הגרמנית והישראלית, השתתפו באותה תוכנית חילופין, אך נראה כי מסעה של המשלחת המשותפת והתוכנית כולה נחוו בקבוצה הישראלית באופן שונה, ואפילו מנוגד, מאשר בקבוצה הגרמנית. בהקשר זה, התבררה אי-סימטריה באופי הייעוד של המשלחות, כפי שיוצג להלן:

**1. אי-סימטריה בתהליך ההכנה למסע המשלחת**

כבר בתהליך ההכנה של הקבוצות למפגש ניכר הבדל, והדגשים הושמו על תכנים שונים. בני הנוער הגרמנים הוזנו בתכנים הקשורים לזהות אישית, ערכו היכרות קצרה עם התרבות הישראלית ודנו בשאלות, כגון מהי אשמה ומהי אחריות בהקשר ההיסטורי. לעומתם, בני הנוער הישראלים למדו על גרמניה בתקופת המלחמה לעומת גרמניה כיום, השתתפו בסדנה של משרד החוץ על הסברה ישראלית בחו"ל, ותודרכו בנוגע לבטיחות. הפער בתכנים של תהליך ההכנה למשלחת הוביל להבדלים באופן ההתקשרות בין הצעירים משני צדי המתרס ובמניעים ליצירת הקשר.

**2. אי-סימטריה בציפיות**

בני הנוער משני הצדדים נשאלו בנקודות זמן שונות ביחס לציפיותיהם מהמשלחת. מתוך תשובותיהם, ניכר הפער בתפיסת מטרות המשלחת בין שתי הקבוצות. בשעה שהקבוצה הגרמנית התעניינה ביצירת קשרים בין-תרבותיים, הקבוצה הישראלית התעניינה יותר בפעילות צרכנית ותיירותית. לעתים אף הסתגרו בני הקבוצה הישראלית בתוך עצמם, והדבר יצר קושי מצד הגרמנים ביצירת קשר. ציפיות המשלחת הגרמנית התבדו, בתקופת המסע המשותף, ויתרה מזאת, נראה כי אף חוו אכזבה מהפער בין ציפיותיהם מלכתחילה לבין המפגש בפועל. הקבוצה הגרמנית ציפתה כי בני הנוער הישראלים יהיו דומים להם, ושיחד יוכלו למצוא הרבה מן המשותף, אך עם הזמן גילו שחברי הקבוצה הישראלית שונים מהם עד מאוד בתחומי העניין ובמוטיבציה ליצירת קשר.

לעומתם, בני הנוער הישראלים הגיעו טעונים בחשש מגילויי אנטישמיות ובאסוציאציה המזהה את הגרמנים עם האפיונים "קשוחים" ו"קרים". עם סיום התוכנית, ניכר כי בני הנוער הישראלים מרגישים שהגרמנים דומים להם. המהפך הביא לידי מצב של אי-סימטריה, עד כדי היפוך יוצרות: תחילה התאפיינו התפיסות באי-סימטריה על רקע ציפייה לדמות אחר מסוימת שהתבדתה, ובסיום התוכנית ניכר היפוך בדימוי, כשכל קבוצה תפסה את הקבוצה שמנגד, כפי שהקבוצה שמנגד תפסה אותה מלכתחילה.

**3. אי-סימטריה בבחירת הצוות המוביל**

מלוות המשלחת הגרמנית הגיעו מרקע החינוך הבלתי פורמלי. לעומתן, מלוות הקבוצה הישראלית הן מורות בבתי הספר שהתלמידים חברי המשלחת לומדים בהם. עצם הגעתן של מלוות המשלחת משתי מסגרות שונות יצרה בהכרח סוג של אי-סימטריה בהנחיה: הנחיית הקבוצה הישראלית תאמה את מסגרת החינוך הפורמלית, יחסי מורה-תלמיד אשר נכחו בקשר בין חברי המשלחת הישראלית והמורות המלוות ואילו הנחיית המשתתפים הגרמנים תאמה מסגרת חינוך בלתי פורמלית בה השיח בין המלוות למשתתפים התנהל באופן פתוח, ב"גובה העיניים". מעבר לזה, מלוות המשלחת הגרמנית הן משתתפות הפעילות בעקביות בתוכניות מסוג זה, ואילו מלוות המשלחת הישראלית הגיעו אל המשלחת באופן אקראי למדי.

**4. אי-סימטריה בייצוג**

לאורך כל התוכנית ניכר כי בני הנוער הגרמנים והישראלים נושאים עמם תחושות ייצוג נבדלות אלו מאלו. בקרב הקבוצה הישראלית, ייצוג המדינה היה גורם חוויל ומניע שהגביל את בני הנוער מלהיות אותנטיים באופן מלא. יכולת ההבעה האישית שלהם הוגבלה ונשלטה מכורח הייצוגיות עבור מדינת ישראל, דבר

שהמורות המלוות דאגו להזכיר, וכך "לדרבן" את בני הנוער לזכור את מעמדם. לעומתם, בני הנוער הגרמנים לא נתבקשו אלא להביא את עצמם באופן אותנטי ולנסות לנהל דיאלוג בין-תרבותי עמוק ומעניין עם הישראלים. אי-הסימטריה בתחום זה השתקפה בכך שבני הנוער הישראלים נותרו טעונים באחריות על כתפיהם, דבר שהגביל את התפתחותם של קשר אותנטי ומפגש אמיתי בין תלמידים משתי הקבוצות.

### מסקנות והמלצות

מסקנות המחקר מעלות כמה המלצות שיישומן יאפשר מפגשי חילופין בין-תרבותיים סימטריים יותר. נראה כי חשוב לשים דגש על הנקודות האלה:

### 1. מלווי הקבוצה

כדי לאפשר הנחיה סימטרית ככל האפשר בשתי הקבוצות יחד, חשוב לגייס מלווים בעלי השקפת עולם דומה, המגיעים מתחומי חינוך דומים, פורמליים או בלתי פורמליים. כמו-כן מן הראוי שהצוות המלווה שמשתתף בתוכנית יתמיד ויצבור ניסיון בהובלת תוכניות גם בעתיד. כך תיהנה הקבוצה ממלווה עתיר ניסיון בהיכרותו עם תחום המשלחות והדיאלוג הבין-תרבותי בין גרמניה-ישראל. מעבר לכך, העקביות של המלווים תאפשר עבודת צוות בילטרלית עשירה יותר של שני הצוותים – הישראלי והגרמני.

### 2. הקמת משרד תיאום ישראלי

יש להקים את משרד התיאום הישראלי למשלחות נוער וצעירים גרמניה-ישראל, מתוקף ההחלטה שהתקבלה על פי חוק, להקמת רשות ציבורית לחילופי נוער ומשלחות (התשס"ח 2008). הרשות המיועדת עדיין אינה פעילה, והמועצה לחילופי נוער וצעירים הקיימת במקומה עוסקת בחילופי נוער אלו בין שאר עיסוקיה בהובלת משלחות נוער לכל מדינות העולם. מסקנות המחקר מצביעות על חשיבות גדולה לתפקיד של משרד תיאום

מומחה ומקצועי בתחום מיוחד זה, כפי שקיים בגרמניה, אשר באפשרותו לספק את המסגרת, הכלים וההכשרה הכרוכים בהובלת משלחות איכותיות ובעלות מודעות עמוקה למשמעות הייחודית ולתרומה הסגולית הגלומה בייעודו של מפעל המשלחות המשותפות לגרמניה ולישראל.

### מיכל מרוז

ילידת רמת גן (1980). בשנים 1999-2001 עשתה את שירותה הצבאי בעבודה חינוכית עם ילדים. בשנת 2006 סיימה את לימודי התואר הראשון בסוציולוגיה ואנתרופולוגיה ובגיאוגרפיה ומדעי הסביבה באוניברסיטת חיפה. ב-2006--2007 פעלה כמתנדבת במועדון הנוער "דון בוסקו" בקלן-מולהיים, גרמניה. בין 2009 ל-2012 שימשה ראש אגודות הנוער הציוני בגרמניה. ב-2012 סיימה את לימודי התואר השני שלה במדעי החינוך באוניברסיטת חיפה. עבודת המאסטר של מרוז היתה בנושא חילופי נוער בין גרמניה לישראל בשיתוף בית הספר הגבוה ללימודי יהדות היידלברג, גרמניה. בשנים 2012-2013 שימשה מנהלת תוכן חינוכי במרכז המפגשים הבין-לאומי בית בן יהודה, ירושלים.

## ביבליוגרפיה

- הקסל, ר' (2009). סקר דעת קהל: עמדות הישראלים כלפי גרמניה. הרצליה: משרד קרן פרידריך אברט בישראל.

- יעלון, ב' מ' (2009). על הלאומיות. אם תרצו, מרץ, 9-8.

- שפירא, א' (1996). השואה: זיכרון פרטי וזיכרון ציבורי. זמנים, 57, 13-4.

- שקדי, א' (2003). מילים המנסות לגעת: מחקר איכותני – תאוריה ויישום. תל-אביב: רמות.

- Mähler, C. (2005). Past, Present and Future. In O. R. Romberg (Ed.), Forty years of Diplomatic relations between the federal republic of Germany and Israel (pp. 114-124). Frankfurt am Main: Tribüne.

- Olick, J. (1992). Review on: Maier, S. C. (1988). The Unmasterable Past: History, Holocaust, and German National Identity. Cambridge: Harvard University Press. Theory and Society, 21, 2, pp. 290-298.

- Olick, J. & Levy, D. (1995). Collective Memory and Cultural Constraint: Holocaust Myth and Rationality in German Politics. American Sociological Review, 62, 6 (Dec., 1997), pp. 921-936.

- Pallade, Y. (2004). Germany and Israel in the 1990s and Beyond: Still a 'Special Relationship'?. Frankfurt am Main: Peter Lang, Europäischer Verlag der Wissenschaften.

- Renn, F. W. in Braham, L. R. (Ed.) (1987). The Treatment of The Holocaust In Textbooks – The Federal Republic of Germany, Israel, The United States of America. New York: Columbia University Press.

## מקורות אינטרנטיים

- ההנחיות המשותפות לביצועם ולקידומם של חילופי נוער וצעירים ישראל גרמניה, 2010, קונאקט: http://www.conact-org.de/downloads/foerderung/Gem.Best.ab_01.01.11-h.pdf

- חוק הרשות הישראלית לחילופי נוער וצעירים, התשס"ח 2008

- www.knesset.gov.il/privatelaw/data/17/3/246_3_2.rtf

# חיים ולימוד במסגרת החילופים – מבט שני

## יוליאנה ניקלאס

עבודת הנוער הבין-לאומית מתקשה לעתים להצדיק את פעילותה במונחי עלות-תועלת. מחקרים אקדמיים נועדו לסייע בהקשר זה בהוכחת ההנחה בדבר ההשלכות החיוביות של המפגשים הבין-לאומיים. המחקרים אלה אכן מאשרים כי ההשפעות של החילופים הן חיוביות ללא עוררין במבחר מישורים.

לאורך השנים 2005–2008 ערכה מועצת הנוער הבווארית (BJR) את המחקר "חיים ולימוד במסגרת החילופים. חילופי הנוער והתלמידים בין בוואריה לישראל. תוצאות של הערכה מדעית". גם במחקר הזה מתוארות השפעות חיוביות: הבדיקה הראתה בין השאר כי חילופי הנוער והתלמידים בין בוואריה לישראל הם "מרכיב חשוב בביוגרפיה של הצעירים, בהתפתחותם החברתית והלימודית/מקצועית" (Sailer/Schulz 2012, עמ' 111).

עם זאת, אף אחד מהמחקרים שנערכו בנושא עד כה לא התמקד בארץ מסוימת. ייחודו של המחקר שיזמה מועצת הנוער הבווארית הוא בסקירת החילופים עם ישראל באופן מבודד. ולכך יש סיבות. "יחסים נורמליים בין גרמניה ובין ישראל," כתב הסופר הישראלי הנודע עמוס עוז (Oz 2006), במאמר על שתי הארצות, "אינם אפשריים ואינם ראויים". "יחסים נורמליים", ממשיך עוז, "יכולים להתקיים בין נורבגיה ובין ניו-זילנד או בין אורוגוואי ובין סרי לנקה" (שם, עמ' 7). לעומת זאת, היחסים בין גרמניה לישראל הם בעלי אופי מיוחד: שאלת היחסים בין שתי המדינות יכולה להישאל רק על רקע השואה. בהמשך נבקש להוכיח היכן יש ביטוי למחשבה הזאת במסורת החילופים, והיכן עדיין דרוש לשלבה.

## אנטישמיות

המחקר מטעם מועצת הנוער הבווארית מתמקד גם בהיבטים שלא נכללו בחקר החילופים עד אז: סוגיית הזיכרון וההנצחה וסוגיית האנטישמיות.[1] עובדת קיומו של שאלון מיוחד על אנטישמיות במסגרת המחקר הנדון היא יוצאת דופן בחקר החילופים בגרמניה עד כה. על פי רוב, אין נערכות עבודות מחקר על אנטישמיות בקרב צעירים.[2] לכן ביקשה מועצת הנוער הבווארית לחקור במסגרת זו את השפעת החילופים על השקפותיהם של הצעירים. שני שאלונים – לפי ארץ המוצא של הנשאלים – שולבו במחקר הכללי. המשתתפים מבוואריה נשאלו על רגשות טינה אנטישמיים אפשריים,[3] ואילו הצעירים הישראלים נשאלו לגבי עמדתם כלפי גרמניה. התוצאות הועלו על הכתב, אך ניתוח מעמיק לא בוצע. באופן כללי, אפשר לקבוע על סמך התוצאות כי הצעירים שהשתתפו במחקר נטו הרבה פחות להסכים עם אמירות אנטישמיות, בהשוואה למשתתפי המחקר של הייטמאייר (Heitmeyer), שכלל את כל קבוצות הגיל. ממצא זה אינו מפתיע, שכן הצעירים שהחליטו במודע להשתתף בחילופים עם ישראל כבר דנו בישראל ובאנטישמיות לפני כן. להשתתפות בכמה מפגשים לא הייתה אפוא כמעט שום השפעה על השקפותיהם של הצעירים. ההבדלים בין שלושת השאלונים (בסוף ההכנות לקראת מפגש החילופים הראשון, בסוף הסיכום של המפגש הראשון ובסוף הסיכום של המפגש השני) הם מזעריים.

הקושי במחקרי השקפות כאלה הוא שאין אפשרות לדעת על סמך התוצאות אם הן אכן משקפות דעות והלוך רוח או שהן מצביעות רק על נכונותם של הנשאלים להסכים לאמירות מסוימות כשלעצמן. הסכמה של נשאלים בשאלון כתוב מתפרשת כביטוי של עמדות בסיסיות ושל נכונות עקרונית להסכים (Schäuble 2012, עמ' 20). תוצאה חשובה במחקר של שוֹיבְּלֶה, הרלוונטית בלי ספק גם לכל הפעילים בחילופים, היא שמרבית הצעירים לא רצו להיות אנטישמיים, לטענתם.

בלי שהדבר נחקר, אפשר להניח כי קביעה זו נכונה גם לגבי צעירים המשתתפים בחילופים עם ישראל.

## הנצחה

לדברי פוֹן דֶר דוּנק (von der Dunk), לנשאלים יש צורך לזכור ולהנציח: "הנצחה היא תוצאה טבעית כמעט של עניין גנֵאָלוגי. בני אדם נושאים על כתפיהם את מורשת אבותיהם. קיומם שלהם אינו יכול לעלות על הדעת בלי הישגיהם של אלה, לא מבחינה חומרית וטכנית ולא מבחינה רוחנית. ההנצחה היא מעין פריעת חוב. אי-ההכחשה של האמונות והאידיאלים שהיו נר לרגליהם של המונצחים ושבאו לידי ביטוי במעשיהם היא בגדר חובה מוסרית" (von der Dunk 1992, עמ' 133, מצוטט לפי Heyl 1997, עמ' 40). ההנצחה נמנית אפוא עם הצורות הקולקטיביות של אימוץ היסטוריה וכינון זהות (על כך נרחיב בהמשך).

עם זאת, הייל מצביע על הקושי "להעלות על הדעת דרך הולמת שבה גרמנים לא-יהודים יוכלו להנציח את זכר הקורבנות היהודים של השואה" (Heyl 1997, עמ' 43). על רקע זה דומה שההנצחה המשותפת במסגרת מפגש נוער או חילופי תלמידים עם ישראל היא דרך הולמת. ואכן, ביקור משותף באתר הנצחה וטקס זיכרון הם בבחינת מרכיב קבוע במפגשי הנוער והתלמידים בין בוואריה לישראל (/Sailer Schulz 2012, עמ' 71 ו-75). אך נדרשת הכנה מתאימה לביקור באתר זיכרון. רוב מוחלט (81.5%) של הצעירים שנשאלו ציינו כי ההכנה הייתה חשובה בעבורם. גם הביקור באתר זיכרון וטקס הזיכרון צוינו כחשובים. תכניהם של טקסי הזיכרון היו על פי רוב שירה בצוותא או הקראת שירים, תפילות ועדויות מן התקופה (שם, עמ' 82).

בהקשר זה מזכיר בּוֹדוֹ פוֹן בּוֹריס (von Borries): "עלינו להביא בחשבון גם את המְבַצעים (later), ולא משום שרק אז נוכל להבין את אשר אירע, אלא מפני שסכנת ההישנות קיימת אצל המבצעים ולא אצל הקורבנות, בכך כבר הכיר

אדורנו" (von Borries מצוטט לפי /Schreier Heyl 1995, עמ' 369). לפיכך דומה שבמסגרת ההנצחה יש טעם להסב את מבטם של המשתתפים שבצד המבֻצעים אל המבַצעים. ההיזכרות במבצעים מנקודת מבט היסטורית אינה חייבת להתחרות בהנצחת הקורבנות, כך הייל (Heyl 1997, עמ' 43), אלא שהיא מחדדת דווקא את האשמה הקולקטיבית של הדורות הבאים. נראה כי המחשבה הזאת אינה ממלאת תפקיד מרכזי במפגשי הנוער בין גרמניה לישראל. בהקשר זה מוסיף הייל עוד שתי הערות על ההנצחה בחברות הגירה, אך אלה מוזכרות כאן רק לשם שלמות התמונה, ולא נרחיב בהן.

## סוגיית "היכולת הבין-תרבותית"

מחקר החילופים עד כה עולה כי הנושאים ודרכי ההשפעה הרצויות של עבודת הנוער הבין-לאומית כפופים לרוח הזמן ובמידה רבה אף לאופנות חולפות. בשנים הראשונות שלאחר מלחמת העולם השנייה ניתנה עדיפות ל"הבנה בין העמים" ולחינוך לשלום, ואילו בימינו מושם דגש על ידיעת שפות זרות ועל רכישת יכולות מפתח "שאותן מעודדים אנשי מקצוע ובכירים בתחומי הכלכלה, הפוליטיקה, המדע ותחומים חברתיים אחרים בעולם של גלובליזציה" (Thomas et al. 2007, עמ' 7). מאז שנות ה-70 לכל המאוחר, "יכולת בין-תרבותית" נחשבת רכיב מכריע במפגשים בין-לאומיים, וסוגיית "היכולת הבין-תרבותית" היא בהתאם בעלת חשיבות רבה גם במחקר שערכה מועצת הנוער הבווארית. על כך יש להצר, מפני שבעבודת הנוער הבין-לאומית רווחת מגמה מסוימת של ה"בין-תרבותי", הנוטה להבנה מהותנית של "תרבות" כשלם הסגור בתוך עצמו ("מעגל תרבות") ומשווה אותה עם קהילת מוצא משותפת ("עם", "קבוצה אתנית") (להשוואה: Höhne/Niklas 2012, עמ' 242).

גם המחקר המוערך משנת 2007, "חוויות שמשנות. השלכות ארוכות-טווח של ההשתתפות במפגשי נוער בינלאומיים",

שהיה דוגמה למחקר בוואריי, הוכיח - בעקבות השמת הדגש על סוגיה זו - השפעה ארוכת טווח של אמצעי החילופים על התפתחות הצעירים, בייחוד בתחום "היכולות הבין-תרבותיות". 62.3% מהנשאלים ציינו כי בזכות החילופים רכשו יכולות בתחום הלימוד הבין-תרבותי. "הן רכישת הידע על תרבויות זרות והן חידוד ההבנה ויכולת הפירוש של ההתנהגות התרבותית-הזרה התפתחו בזכות החילופים" (Thomas et al. 2007, עמ' 119). אלא שרעיונות של לימוד בין-תרבותי הנשענים על מושגים כגון "התנהגות תרבותית-זרה" הם בעייתיים משני טעמים לפחות:

ראשית, מפני שידיעות משוערות על "התרבות הזרה" מוצגות כיכולות מספיקה בתקשורת עם אחרים. שנית, בעזרת מושגים כמו "זר" מסווגים בני אדם כשונים. המנגנון הפסיכולוגי-חברתי הזה, המתואר כ-"Othering", הוא אחד הגורמים לאפליית מיעוטים או קבוצות אחרות באופן כללי. בתהליך ה-"Othering" מתרחשות הבחנה והתבדלות מן "האחרים", אם בשל מינים, אם בשל דתם, או אם - כפי שקורה לעתים קרובות בחילופים דו-לאומיים - בשל לאומם.

וההנחה הזאת מקבלת משנה תוקף דווקא בחילופים הבין-לאומיים. סוגיות כגון: "תרבות בני הארץ השותפה", "מאפיינים תרבותיים ייחודיים של הארץ השותפה", "הבדלי מנטליות בין הצעירים הבוואריים לישראלים" כלולים על פי רוב בהכנתם של הצעירים לקראת החילופים (Sailer/Schulz 2012, עמ' 40, 44).

אלא ש"מנטליות" ו"לימוד בין-תרבותי" כמושגים אינם מוגדרים בתוך כך. על בסיס הניסוח הזה אפשר להניח כי "סטנדרטים תרבותיים" לפי אלכסנדר תומס, שהוזכר לעיל, הם העקרונות המשותפים על "תרבות לאומית", על ערכים, על מוסכמות ועל דפוסי התנהגות שחברת הרוב חולקת בהגדרתה. אלא שתהליכים מורכבים של חברות ושל הבניית אישיות מתבטלים בתוך כך. "מנטליות", לפי לואיזה שְׁטַיינוָאקס (Steinwachs 2012, עמ' 14), אינה הסבר תקף, מפני שבכך נעשה ניסיון להסביר דבר- מה שאין עבורו כל דפוס הסבר. מנטליות היא במקרה הזה מה שאפשר להסביר באמצעות מנטליות.

לא פעם משמשים המושגים "תרבות" ו"מנטליות" לטשטוש חוסר הבנה עצמי או מצבי סכסוך - וכך מאפשרים ביאור באמצעות דפוסי הסברה פשטניים. כביכול, ה"תרבות" של האחרים (ה"זרים") היא שגורמת להתנהגות בצורה כזו או אחרת במצבים מסוימים. תהליכי חברות הופכים כך למחויבי המציאות, תרבות מובנית כסימן היכר הקובע התנהגות באופן ייחודי שאינו בר-שינוי, וסכסוכים מגומדים כהרף עין לכדי סכסוכים תרבותיים שאפשר היה להימנע מהם בעזרת ידע רב יותר על "תרבות" האחר.

במקום להבחין בין הדברים ולזהות הגיונות-פעולה תלויי הקשר, משמשים דפוסי הסבר פשטניים כגון "מנטליות" דווקא בהקשר הבין-לאומי - וגם, כאמור, במחקר מטעם מועצת הנוער הבוואריית. המושג "מנטליות" נועד לעזור בסיווגן של סיטואציות בלתי מובנות. בראש ובראשונה זהו ניסיון להביע הבנה וסובלנות כלפי האחר: ההנחה היא שיש סיבות מסוימות ש"בני תרבות אחת" מתנהגים בצורה מסוימת. ואולם לאמיתו של דבר נסללת כאן דרך מהירה לסטריאוטיפים ולאתניזציה.

חוקרת החינוך אַסטריד מֶסֶרשׁמידט (Messerschmidt 2008) כותבת על כך: "הטענה על אודות שונויות תרבותיות שאין אפשרות לגשר על פניהן בין קבוצות אוכלוסייה [או גם בין קבוצות נוער בחילופים בין-לאומיים] מאפשרת להפוך גזענות לבלתי נראית, ואפילו לחשוב שמוגרה, ובתוך כך להשתמש בכל זאת בתפיסות הנובעות מהמשיח הגזעני על זהותם של אחרים. תרבות הפכה לזירת החיצוי (דיכוטומיזציה), ניגודים אקטואליים ממוקמים לאורך ציר התרבות."

גם שאלון המחקר של מועצת הנוער הבוואריית

– ברוח התקופה במידת־מה – רימז בשאלות רבות שנוגעו ל"תרבות" על סכסוכים המתגלעים כששתי "תרבויות" נתקלות זו בזו. למעשה, הוכח שסכסוכים בקבוצה נובעים מסיבות אחרות, ואין דרך לרדת לפשרם בעזרת קו ההפרדה של הלאום. ניתוח הנתונים לא הרחיב על כך, למרבה הצער.

עוד במפגש החילופים הראשון, ולמרבה ההפתעה בצורה בולטת אף יותר במפגש השני, ניכר כי מרבית הבעיות הנוצרות במהלך המפגש נובעות מחילוקי דעות בין משתתפים יחידים (Sailer/Schulz 2012, עמ' 57). נראה כי ממצא זה לא נצפה מראש. מכל מקום, האפשרויות לתשובות הנתונים מראש נוסחו על בסיס ההנחה שהסכסוכים ייווצרו בין הקבוצות. האפשרות שבני הנוער הוכנו טוב כל כך ל"תרבות" הקבוצה האחרת, עד כי לא יוכלו להיווצר ביניהם סכסוכים כקבוצה – לא הובאה בחשבון. יתרה מזו, אפשר לשער שהסכסוכים בין שתי קבוצות הלאום – כפי שכותבי השאלות הניחו מראש – מתעוררים עוד פחות בשגרת היום־יום של מפגשי החילופים. ייחוס בעיות או סכסוכים ל"הבדלים תרבותיים" אינו מספק הסבר הולם. דווקא במפגשים בין־לאומיים יש להתחשב הרבה יותר בעובדה שאישיותם של המשתתפים מורכבת מתהליכי חיברות ומבניית זהות מגוונים, שכן המשתתפים, כך אפשר לפרש את תוצאות המחקר, מבינים היטב שסכסוכים המתגלעים באופן טבעי במהלך מפגש נובעים מהבדלים אישיותיים בעיקר, ולאו דווקא מהבדלים "תרבותיים" (שם, עמ' 60).

### זיכרון קולקטיבי בחילופים בין גרמניה לישראל

עם זאת, אין לשכוח או להכחיש שאכן יש הבדלים בין בני אדם וכן בין קבוצות. יש קבוצות או קולקטיבים החולקים סימני היכר מסוימים, כגון שפה או השכלה בית־ספריח משותפת, שבמסגרתה הונחלה, בין השאר, גם תמונת עולם היסטורית מסוימת. כמו־כן, יש קבוצות החולקות זיכרון משותף או המאוחדות באמצעות חוויית אפליה משותפת. השאלה המכריעה אפוא, לפי ניסוחו של פאול מֶצְ׳רִיל (Mecheril), אינה אם יש הבדלים תרבותיים. "השאלה הראויה יותר להישאל היא דווקא: מי משתמש ב'תרבות', באילו תנאים, ומהן ההשלכות?" (Mecheril 2010, עמ' 26). נוסף על כך הוא מציע לפרש תרבות כפרקטיקה מעשית ודמיונית של ייצור, שימור ושינוי של הבדלים סימבוליים ושל יחסי כוח או יחסי אי־שוויון חברתיים. הגדרה זו הייתה מן הסתם עשויה להועיל בעבודת חילופי הנוער הבין־לאומיים הרבה יותר מאשר ההבנה המהותנית הנפוצה של "תרבות".

אלא שבחילופי הנוער והתלמידים בין גרמניה לישראל ניצבים בני הנוער זה מול זה לאו דווקא כנציגים של "תרבות לאומית" אלא בעיקר כנציגים של קולקטיב־קורבן לעומת קולקטיב־מבצע.[4] כדי להמחיש את השוני הזה, נמליץ כאן על המושג "זיכרון קולקטיבי", לפי מוריס הַלְבּוַואכְּס (Halbwachs), כמונח־גג לכל ההליכים הממלאים תפקיד בהשפעה ההדדית של העבר ושל ההווה בהקשרים סוציו־תרבותיים. כאמור לעיל, מחשבות כאלה היה מן הראוי לשלב בתשתית הרעיונית של טקסי הזיכרון המשותפים.

הזיכרון הקולקטיבי פועל עם זאת גם כהכחשה קולקטיבית, כפי שהראה באורח מרשים המחקר "סבא לא היה נאצי. נאציזם ושואה בזיכרון המשפחתי", מאת וֶלְצֶר (Welzer), מולר (Moller) וטשוּגְנָל (Tschuggnall et al. 2002). ולצר ושותפיו שאלו במחקרם "מה 'גרמנים רגילים לגמרי' זוכרים מן העבר הנאצי, כיצד הם מדברים על כך, ומה מכל זה מועבר לדור הילדים והנכדים בדרך של הנחלה קומוניקטיבית" (שם, עמ' 11).

לשאלות על מבצעים ועל קורבנות, על אשמה (והכחשת אשמה) ועל חפות, שוב אין כיום תפקיד מרכזי במתווה החינוכי של החילופים עם ישראל.

## הפוטנציאל החינוכי של החילופים עם ישראל

עבודת הנוער הבין-לאומית מגיעה למבוי סתום כשעולה השאלה אילו חוויות לימודיות ניתנות לתיאור. מאחר שידע בשפות זרות, ידע כללי ונתונים סטטיסטיים של מַעֲבר לחיי העבודה לאחר הלימודים הם נתונים מדידים בדרכים פשוטות יחסית – הרי שעבודת הנוער הבין-לאומית עלולה להחמיץ את הייעוד המקורי שלה: הרחבת דעת. בהקשר זה חשובים דבריו של חוקר החינוך וולפגנג קְלַפְקִי (Klafki), ולפיהם חינוך הוא היכולת להגדרה עצמית, לשותפות בקבלת החלטות ולסולידריות. קלפקי רואה בחינוך אומדן קריטי לחברה – אומדן שאין לכמת. כיצד אפשר למדוד יכולות כאלה במספרים?

מפגשים בין-לאומיים מציעים חוויות למידה שאין אפשרות לחוות בדרך אחרת. רכישת ידע, מנגד, מתפקדת גם בהקשרים אחרים. אלא שכיצד אפשר לקדם השתתפות נטולת דעות קדומות ככל האפשר במפגשים בין-לאומיים, אם עבודת הנוער הבין-לאומית עדיין מתקשה שלא להדגיש את ההזדהות עם הלאום? ייתכן שהממד ה"לאומי" הזה, ההנחה שיש "מנטליות" או "תרבות" לאומית אופיינית, אף מתחזק באמצעות קורסי הכשרה בין-תרבותיים שהמארגנים כוללים לעתים קרובות בהכנות לקראת הנסיעה לחוץ לארץ. בתוך כך הם שוכחים שהחילופים מיועדים להקניית ערכים ויעדים אחרים לגמרי: במסגרת החילופים אפשר ורצוי לבחון בביקורתיות, בצוותא עם האחרים, דפוסי חשיבה ופרשנות מקובלים ולמצוא דרכים יצירתיות להתמודדות עם גישות והבנות שונות. למשך הזמן (המוגבל) של השהות בצוותא אפשר למצוא בעזרת דיון משותף דרכי פעולה או כללים המוסכמים על כולם. כך יהפוך דו-קיום דמוקרטי וסולידרי שניתן לקבוע את תנאיו באופן עצמאי לעניין מובן מאליו בעיני בני הנוער. דווקא לאגודות נוער – שהן לא פעם גם המארגנות של פעילויות בין-לאומיות – יש פוטנציאל גדול להגשים הלכה למעשה תהליכי חינוך אמנציפטוריים,

וזאת בשל אי-תלותן במדינה (להשוואה: Riekmann 2011, עמ' 95). עליהן להרהיב עוז ולממש פוטנציאל זה.

השאלה אם אנטישמיות אינה נדונה די הצורך בחילופים עם ישראל או שמא פשוט לא נשאלו שאלות בנוגע לכך במחקרים השונים נותרת פתוחה. מכל מקום, במפגשים העתידיים כדאי להשקיע יתר מחשבה בסוגיה זו, וכן בהנצחה מנקודת מבטם של המבצעים.

---

1. קיימת עבודת דיפלומה שפורסמה כספר בשנת 2007: Braß, Christina: Neue Wege im deutsch-is-raelischen Jugendaustausch. Unter Berück-sichtigung zentraler Elemente internationaler Jugendarbeit, Saarbrücken 2007 (דרכים חדשות בחילופי הנוער בין גרמניה לישראל על בסיס מרכיבים מרכזיים של עבודה בין-לאומית עם נוער ) עבודה זו אינה מרחיבה את הדיון בהנצחת השואה, אף שהסוגיה ממלאת מקום חשוב במפגשים הגרמניים-ישראליים, ואף אינה מזכירה אנטישמיות.

2. דוגמה יוצאת דופן היא המחקר (האיכותני!) הראוי לשבח ולקריאה "שונים מאתנו. הבנייות שוני ואנטישמיות יומיומיות בקרב בני נוער. הצעות לחינוך פוליטי", מאת ברברה שׁוֹיבְּלָה (Schäuble).

3. ארבע-עשרה השאלות תואמות את השאלות שנשאלו במסגרת המחקר ארוך-הטווח "מצבים גרמניים" (Deutsche Zustände) בידי קבוצת המחקר של וילהלם הַיטמָיְיר (Heitmeyer).

4. אפשר לטעון זאת מאחר שהצעירים המשתתפים בחילופים בין גרמניה לישראל נמנים בעיקר עם חברת הרוב במדינתם.

### ביבליוגרפיה

- Braß, Christina (2007): Neue Wege im deutsch-is-raelischen Jugendaustausch. Unter Berück-sichtigung zentraler Elemente internationaler Jugendarbeit (דרכים חדשות בחילופי הנוער בין גרמניה לישראל על בסיס מרכיבים מרכזיים של עבודה בין-לאומית עם נוער), Saarbrücken.

- Heyl, Matthias (1997): Erziehung nach Auschwitz. Eine Bestandsaufnahme. Deutschland, Nieder-lande, Israel, USA (חינוך לאחר אושוויץ בגרמניה, בהולנד, בישראל ובארה"ב. ספירת מלאי). Hamburg.

- Höhne, Thomas/Niklas, Juliane (2012): Grenzüber-schreitender Rechtsextremismus und interna-tionale Jugendarbeit (ימין קיצוני חוצה גבולות ועבודה בין-לאומית עם נוער.) In: Bundschuh, schaftentwickeln/steinwachs_2012_zitat_arm_aber_gluecklich_schuelerbegegnungen.pdf (20.10.2014).

Thomas, Alexander/Chang, Celine/Abt, Heike (2007): Erlebnisse, die verändern. Langzeitwirkungen der Teilnahme an internationalen Jugendbegegnungen (חוויות משמעות. השפעות ארוכות טווח של ההשתתפות במפגשי נוער בין-לאומיים). Göttingen

Welzer, Harald/Moller, Sabine/Tschuggnall, Karoline (2002): Opa war kein Nazi. Nationalsozialismus und Holocaust im Familiengedächtnis (סבא לא היה נאצי. הנאציזם והשואה בזיכרון המשפחתי). Frankfurt a.M.

Stephan/Drücker, Ansgar/Scholle, Thilo (Hrsg.): Wegweiser. Jugendarbeit gegen Rechtsextremismus. Motive, Praxisbeispiele und Handlungsperspektiven (מורה דרך. עבודה עם נוער נגד דעות ימין קיצוניות. מניעים, דוגמאות מעשיות ואפשרויות פעולה עתידיות). Schwalbach/Ts., 233-246.

Mecheril, Paul (2010): „Kompetenzlosigkeitskompetenz". Pädagogisches Handeln unter Einwanderungsbedingungen ("סמכות מתוך חוסר אונים". פעולה חינוכית בתנאים של הגירה.). In: Auernheimer, Georg (Hrsg.): Interkulturelle Kompetenz und pädagogische Professionalität (סמכות בין-תרבותית ומקצועיות חינוכית). Wiesbaden, 3. ed., 15-34.

Messerschmidt, Astrid (2008): Postkoloniale Erinnerungsprozesse in einer postnationalsozialistischen Gesellschaft – vom Umgang mit Rassismus und Antisemitismus (תהליכי זיכרון פוסט-קולוניאליים בחברה פוסט-נאצית). Online. verfügbar unter http://www.zeitschrift-peripherie.de/109-110_Messerschmidt_Er.pdf (20.10.2014)

Oz, Amos (2005): Israel und Deutschland. Vierzig Jahre nach Aufnahme diplomatischer Beziehungen (ישראל וגרמניה. ארבעים שנה לאחר כינון יחסים דיפלומטיים). Frankfurt.

Riekmann, Wiebke (2011): Demokratie und Verein. Potenziale demokratische Bildung in der Jugendarbeit (דמוקרטיה ואיגודים. הפוטנציאל לחינוך לדמוקרטיה בעבודה עם נוער). Wiesbaden.

Sailer, Monika/Schulz, Rebekka (2012): Leben und Lernen im Austausch. Der Jugend- und Schüleraustausch Bayern-Israel. Ergebnisse einer wissenschaftlichen Evaluation (לחיות וללמוד במפגש. חילופי התלמידים בין בווארית לישראל. תוצאותיה של הערכה מדעית). München.

Schäuble, Barbara (2012): Anders als wir. Differenzkonstruktionen und Alltagsantisemitismus unter Jugendlichen. Anregungen für die politische Bildung (שונים מאתנו. קונסטרוקציות של שונות ואנטישמיות יומיומית בקרב בני נוער. רעיונות לחינוך פוליטי). Berlin.

Schreier, Helmut/Heyl, Matthias (Hrsg.) (1995): „Dass Auschwitz nicht noch einmal sei...". Zur Erziehung nach Auschwitz ("כדי שאושוויץ לא יחזור..", על החינוך לאחר אושוויץ). Hamburg.

Steinwachs, Luise (2012): „Arm aber glücklich." Persönliche Begegnungen in Schulpartnerschaften ("עניים אך מאושרים". מפגשים בין-אישיים בשותפויות בין בתי ספר). www.berlin-postkolonial.de/cms/images/dokumente/partner-

## יוליאנה ניקלאס

בעלת תואר מוסמך בחינוך, בלימודים סלאביים ובמדעי המדינה מאוניברסיטת מיינץ, מוסקבה וברנאול. מ-2012 ממונה על עבודת נוער בין-לאומית ועל חילופי תלמידים עם מרכז אירופה, מזרח אירופה וישראל במועצת הנוער הבווארית. לפני כן, יועצת חינוכית במרכז התיאום "טנדם – חילופי נוער בין גרמניה לצ'כיה". עבדה ב"תכנית לקידום פעולה דמוקרטית". פרסמה בין השאר מאמרים על ביקורת הבנת התרבות המהותנית, על חקר ההיסטוריה והתהווה של צ'כיה ועל עבודת הנוער הגרמנית-צ'כית נגד הימין.

# דימוי ומציאות –
## מפגשים לימודיים של נוער גרמני בישראל
### ד"ר יוני איילון, פרופסור יצחק שנל

## הקדמה

המאמר בוחן את החוויה של הביקור של נוער גרמני בישראל כחלקה מסיור חינוכי. במסגרת המאמר אנו בוחנים את חווייית הביקור כתורמת לעיצוב מחדש של זהותם של בני הנוער וכמעצבת מחדש את הדימוי שלהם על מדינת ישראל.

הנוער נפגש בארץ עם צעירים ומשפחותיהם, מבקר במגוון של מקומות רווי משמעויות סימבוליות, בהן: ארץ הקודש לדתות שונות, ציבור ניצולי שואה וחברה שקמה מתוך עפר השואה. יחד עם כך הנוער פוגש חברה צעירה, דינאמית ופתוחה לצד עבר עתיק ומיוחד, חברה הנמצאת בסכסוך קיומי ועוד. הסיור בארץ מרגש מאד וללא ספק מותיר חותם עמוק על בני הנוער הגרמני. יחד עם כך, הנוער הגרמני המגיע לארץ מציין חששות מפני המפגש עם העם שהיה הקורבן של השואה. השאלות המרכזיות עמן מבקש מאמר זה להתמודד הן כיצד משפיע מפגש זה על האופן בו מזדהים בני הנוער עם השיוך הלאומי שלהם כגרמנים? באיזו מידה הם מעצבים לעצמם דימוי חדש של מדינת ישראל? עד כמה משתלבות השפעות הביקור עם המטרות של מארגני התיירות החינוכית הזאת?

## ההקשר החברתי תרבותי, חילופי נוער ישראל גרמניה

כיום מגיעות לישראל למעלה משלוש מאות משלחות של נוער גרמני בשנה. המשלחות הן במסגרת החינוך הפורמאלי, העוסקות בחילופי נוער מול בתי ספר ישראליים, ומשלחות של חינוך בלתי פורמאלי העוסקות בחילופים מול עיריות, ארגונים, מתנ"סים ותנועות נוער (Con-Act, 2014, Heil, 2011). יוהנס ראו, נשיאה לשעבר של גרמניה עמד על חשיבות החילופין בנאום בכנסת: "גרמניה וישראל נמצאות כיום בתהליך של חילופי דורות: ניצולי שואה עדיין חיים בינינו. אך במהרה יקבעו נכדיהם את הלכי המחשבה והאירועים הפוליטיים. משום כך העברת הידע על העבר מדור לדור הינה כה חשובה. לשם כך, חשוב בראש ובראשונה שהדורות הצעירים בשתי המדינות ידעו להתמודד בצוותא עם העבר וייחתרו לעתיד משותף" (Deutche Botschaft, 2014).

הנוער הגרמני בוחן במהלך המסע החינוכי לישראל את אישיותו ואת מקומו המשפחתי והקולקטיבי, כחלק מהעם הגרמני. חלק נכבד מהסיור בישראל הינו מסע אמוציונאלי כמפגש עם אתרי זיכרון, סמינרים בנושא שואה ומפגש עם ניצולים מהשואה. גם במפגשים אישיים ובאירוח אצל משפחות בישראל, מועלות שאלות על מקום המשפחות משני העמים ותפקידם במהלך המלחמה, מהות הזיכרון והלקח לעתיד. הביקור בישראל נועד בין היתר לבחון את משמעות השיוך של הנוער הגרמני עם המורשת האחראית לשואה. בסיור מושם דגש על היכולת של הנוער הגרמני להישיר מבט אל העבר מתוך מפגש עם קורבנותיו ועם תהליך השיקום שהם עוברים בארץ חדשה (איילון, 2012 ;Haberland, 2003; Heil, 2011; Pahnke, 2001)

## תיאוריה: דימוי, מציאות וחוויית התיירות

הגדרה נפוצה לדימוי מקום היא מכלול האמונות, מדומיינים ואסוציאטיביים שיש לאנשים על מקום. דימוי מייצג הפשטה (של) ריבוי מידעים ואסוציאציות הקשורים למקום) (Kotler & Gertner, 2002. דימוי של מדינה הינו סך מאפייני המקום אשר עולים בעיבוד המידע עליו; לרבות מיקום, תושבים, הנהגה, אופי

המשטר, כלכלה ועוד. המושג הינו רב מימדי ומשלב הערכה של הפרט על היבטים שונים של המקום. הדימוי משלב חלק קוגניטיבי ואפקטיבי. משמעות החלק הקוגניטיבי היא מכלול האמונות והדעות שיש לאדם; מאידך, החלק האפקטיבי כולל תחושות ורגשות, אשר השילוב שלהם יוצר דימוי המהווה תנאי מקדים לעיצוב התנהגותו של האדם כלפי מקום מסוים (Maher & Carter, 2011).

יש לומר כי בדרך כלל אנשים מעריכים מצב עתידי מראש או יוצרים לעצמם דימוי סטריאוטיפי של האחר על סמך מידע חלקי ומקוטע. מצב זה יוצר מדי פעם תמונה מעוותת או שלילית של האדם או על הקבוצה השנייה. מערכת קוגניטיבית זו של אמונות, רצונות וסטריאוטיפים היא בעלת כוח רב ומשמשת כבסיס לאבחון המידע המתקבל מהצד הנגדי. תופעה אתנוצנטרית זו - כלומר, הנטייה להסתכל על העולם בעיקר מהזווית של הזהות האתנית אליה משתייך המתבונן, מחזקת את הלגיטימיות של הקבוצה הפנימית; אולם יוצרת התנגדות כנגד הקבוצה החיצונית. בסיור תיירותי משתמע מכך שהתייר מגיע עם סטריאוטיפ מסוים למקום. האופן בו הוא חווה את המקום יקבע אם דימוי זה יתקבע או ישתנה. תיירות שתייצר חוויה חיובית תבטל את הדימוי הסטריאוטיפי עמה הגיעה הקבוצה התיירותי כלשהוא (Amir& Ben Ari, 1988). חוקרי תיירות טוענים כי סיור תיירותי שיכלול מפגש פנים אל פנים ודיאלוג ישיר בין אנשים וקבוצות עשויים למנוע את הסטריאוטיפ השלילי ויביאו לאינטראקציה חיובית
(איילון, Pettigrew & Tropp, 2006; Trauer 2012
& Ryan, 2005;).

נראה כי החוויה התיירותית של הנוער הגרמני בישראל יכולה לתרום לכך בהציעה אינטראקציה בין אנשים ומגע ישיר של התייר הצעיר עם מקום פיזי ואנושי חדש. גילם הצעיר של המשתתפים במשלחות הנוער

עשוי להקל על שינוי התמונה הסטריאוטיפית של המקום. גיל ההתבגרות, גיל הנוער המבקר בארץ, הינו חלק מתקופה בה מתרחש תהליך אינטנסיבי של עיצוב הזהות האישית וגיבושה. סולברג (1997), וטיאנו (2001), טוענים שבגיל זה שינוי עמדה אפשרי בדרך של חיקוי והזדהות עם קבוצת השווים, כלומר, היחיד מחפש מאפיינים הזהים לו ולחברי הקבוצה האחרים. ניתן לראות במסע קבוצתי אינטנסיבי של הנוער הגרמני המגיע לישראל אפשרות לשיח ושיג ייחודי בין חברי קבוצה בני אותו גיל עם אותן שאלות, בעיות וסטריאוטיפים. במקביל, עידוד קשרים בינאישיים קרובים עם נוער ישראלי עשויים לחזק עוד יותר את תהליך ההבנייה מחדש של הזהות. המודעות לחשיבות של התיירות לעיצוב מחדש של זהות עולה במקביל להכרה כי זהות אינה מתקבעת בגיל צעיר אלא היא נתונה לתמורות במהלך כל החיים של בני אדם (Sarup, 1996).

כותבי המאמר התמקדו בניתוח איכותני שנערך לצורך קידום הבנת חווית התייר במקומות הסיור ואת הבנת ההשפעה של מקומות אלה ודפוסי החשיפה אליהם על שינוי עמדות התייר כלפי ארץ היעד. לצורך כך החוקר הראשון ליווה וערך ראיונות קבוצתיים עם 8 קבוצות של נוער גרמני במהלך השנים 2008-2010. יחד עם כך הוא ערך ראיונות עומק מיד לאחר כל סיור עם מספר משתתפים בכל קבוצה ובסך הכול נערכו 72 ראיונות עומק. הממצאים של הראיונות האלה נבחנו תוך בחינת התובנות, התחושות והפרשנויות האישיות של כל ראיון. בהמשך החוקרים ערכו ניתוח נרטיבי של סיפורי האנשים והשפעתם על ערכים ורגשות ובחינת משמעותם המחקרית (שקדי, 2006 ;Flowerdew & Martin, 2005).

הראיונות נערכו בשפה הגרמנית, היא שפת האם של משתתפי הסיורים הלימודיים. במאמר מופיעים ציטוטים נבחרים מן הראיונות. החוקר הראשון תרגם את הציטוטים לעברית ועל מנת לתקף את החומר נתן למספר מומחים לשפה ולתיירות לבחון את הציטוטים. על מנת לשמור

הירוק והפסטורלי באזור הכנרת כשונה לחלוטין מהדימוי של ארץ שוממה עמה הגיעו לישראל.

ס. אומר: "הכנרת בצבע כחול עמוק פרושה למרגלותינו ומאחוריה נישאים הרי גולן המאירים את האזור בצבע זהוב, מחש נוף עוצר נשימה". בהקשר לתיאור פסטורלי הזה מ' מציינת שחשבה על שני דברים: חוסר הידע על המקום והדימוי עמו באה על נופי הארץ היפה בה נסעו, ובמקביל היא חושבת הגיאופוליטיקה האזורית " כל כך יפה ושקט בכנרת ואילו אנו בגרמניה שומעים רק על בעיות ומלחמות בישראל". ל. מצטרפת לתיאורי הנוף הבלתי רגיל ומתארת את החוויה בים המלח: "אמרו לי שאפשר לצוף וכאילו לשבת בתוך ים המלח ולא האמנתי. לכן ירדנו בעצמנו לנסות. היה ממש מצחיק וההרגשה הייתה ממש מיוחדת".

הנוף הייחודי מעורר התפעלות רבה. התיאורים כוללים התייחסות למראה, צבע, תנועה, ואפילו לשקט המדברי. מקבץ תיאורים זה ממחיש שהתייר מתרשם בכל חושיו מהמקום החדש ומטמיע את הנופים הנחרתים בזיכרון הרחוקים מרחק רב מהדימוי המוקדם עמו הגיע.

**משמעות הביקור במקומות ההיסטוריים וקדושים**: התוכנית כוללת ביקורים במקומות המעידים על החשיבות ההיסטורית, הדתית והתרבותית של ישראל. כהן (1979), טוען כי התייר מחפש מקומות רוחניים בביקור. התייר מאתר מרחב אקסיסטנציאלי, כלומר מקום דתי בעל מאפיינים ייחודיים, הנותנים לו הרגשה ותחושה של משהו שהוא מעבר לקיים. ס. מתאר את הביקור בכפר נחום, שהייתה עיירת דייגים לשפת הכנרת בימי ישו: "מגרש חנייה מחש על הים, עצים ושיחים, בית גדול שחור מוקף שיחים עם פרחים אדומים וצהובים, מחש אידיליה... זהו כפר נחום של היום"

ירושלים מהווה את מרכז הביקור הדתי-רוחני. י. אומרת: "עלינו במדרגות מהשוק לרחבה גבוהה. השקפנו מעל גגות העיר לעבר הכותל המערבי. זה היה מראה מדהים שאף תמונה לא יכולה לתאר. הבחנתי שם בקהל רב של יהודים

**פרופ' יצחק שנל**

מרצה לגיאוגרפיה ולחקר הסביבה האנושית. מומחה לגיאוגרפיה חברתית ותרבותית ולחקר איכות הסביבה; כ-150 פרסומים אקדמיים בכתבי עת מובילים ומשרות בכירות במוסדות גיאוגרפיים שונים.

על אנונימיות הצעירים הם יופיעו במאמר בציון האות הראשונה של שמם הפרטי.

### חוויית התיירות בישראל

**דימוי מול מציאות**: במהלך התוכנית נוסעת הקבוצה ברחבי הארץ ומבקרת במקומות מרכזיים בישראל כירושלים, ים המלח, הכנרת, חיפה ותל אביב. הנוער הגרמני מגיע עם דימוי מסוים של הארץ, נפגש עם המציאות ומתאר בהרחבה את הביקורים השונים, חלקן מתאימים לדימוי עמו בא וחלקם שונים ממנו. ש. מספרת: "חברים שהיו במשלחת לפני שנה אמרו לי שכדאי להשתתף. ביומיום מדברים בתקשורת בגרמניה על ישראל, על המלחמות ויש גם כל מיני שמועות. חשבתי איזה מן מקום זה, בטח מדינה ענקית... טוב שהגעתי ואני רואה כאן מדינה קטנה שהכול יפה, נחמד ושקט".

המבקרים בקבוצות אחרות מתייחסים לנוף

דתיים, מתפללים, רוקדים וחלק שמים פתק בין אבני הכותל". ש. אומרת: אתה מהלך ברחובות העיר העתיקה כאילו את נמצא בתפאורה של סרט. זה מקום עם משא היסטורי כבד ותחושה שהזמן עצר מלכת". החוויה המיוחדת  והזיכרון שנחרת מן הביקור במקומות הקדושים מסכמת ק. מלווה מגרמניה: "המקום שהרשים אותי הוא ירושלים. כל דבר מתחבר היסטורית למשנהו. אציין במיוחד את הביקור בעיר העתיקה, הכותל ועיר דוד. לתלמידים הכותל הוא הכי חשוב כי הוא הסמל שלהם לירושלים וישראל".

ההיבט הסימבולי והחברתי של הסיור יעסוק בימי סיור וסמינרים בנושא שואה. ל. אומרת: "לדעתי הביקור ביד ושם  חשוב ביותר. למדנו בבית הספר  על התקופה הנאצית ועל השואה, ערכנו סמינר בנושא לפני הנסיעה,  אולם כאן ביד ושם קיבלתי מידע נוסף על עומק הטרגדיה של העם היהודי ועל מעטים שהצילו יהודים, חסידי אומות העולם".  היא מוסיפה לגבי ההדרכה במקום: " המורה להיסטוריה בגרמניה,  סיפרה על ההיסטוריה והתקופה הקשה, אך כאן הייתה אישה יהודיה שעברה את השואה ולכן דיברה עם המון רגש ומתוך הלב, מה שגרם לאמפתיה לה ולמקום ולהתרגשות רבה בקבוצה".

ע. אומר: " פעם ראשונה שהייתי ביד ושם שאלתי שאלות ודיברתי באנגלית. פחדתי, מה יגידו עלי כגרמני? ", הוא מוסיף: " במהלך הביקור אתה חושב כל הזמן על האשמה. אנחנו כל הזמן חיים עם זה, למרות שאנחנו דור שלישי. עם זאת אצל המשפחות האירוח הוא כה לבבי וחם עד שאנו מרגישים כבני בית ומצליחים יחד לקבל, להבין ואף לנסות להתגבר על העבר". א. מוסיפה: " הייתי מרוצה מדעותיהם של הישראלים על גרמניה. הם מאמינים שבגרמניה יש דור חדש, אין במה להאשים אותו על מה שגרמו אבותיו. אם כי הם אומרים שהשואה לא תישכח".

אם כן, הביקור מעורר תחושה של גורל משותף לשני העמים ומחשבה והבנה לצורך ללמוד עוד ועוד על תקופת השואה למען הבנה משותפת שתמנע משני הצדדים גורל דומה בעתיד. מימד

ד"ר יוני איילון

כתב עבודת דוקטורט באוניברסיטת תל אביב ב-2013 בנושא: השפעת האתרים התיירותיים על שינוי השקפות ובניית זהות בקרב בני נוער גרמנים המבקרים בישראל. תחומי מחקר: תיירות חינוכית, חינוך נוער, גיאוגרפיה אנושית. ניסיון עבודה: מרצה, יועץ מכירות לתיירות נוער, מנהל מכירות לאתרים תיירותיים ובתי הארחה בישראל.

קוגניטיבי ורגשי זה, מעורר שאלות זהות מחד ועמדה כלפי ישראל מאידך. מפגש זה מלמד את הנוער הגרמני שמקבלים אותם ללא כעס או שנאה אלה כבני אדם כהיבט שאולי מאפשר להם לזקוף קומה כבני העם הגרמני

(איילון ושנל, 2013).

מדינה בסכסוך ואווירה ביטחונית רגישה:  מ. מתארת את המצב הקשה באזור: " ניגשנו בסיור את מושל יריחו שאמר שלדעתו הסכסוך רק יתעצם וימשך... בהמשך פגשנו ונדהמנו מדבריו של יהודי משיחי בטבריה שטען כי הסכסוך באזור

הוא בין היהודים הטהורים לערבים בני השטן ... רק לאה, שהיא סופרת, ראתה את הסכסוך באופן ליברלי והדגישה את חשיבות המפגשים בין אנשים". ס. מצטרפת לדבריה ורואה את הקשיים: " המפגש במהלך הסיור בירושלים עם שכבות כה רבות של החברה בישראל , עם אנשים בעלי אמונה דתית ודעה פוליטית שונה הראה לי כמה קשה לעשות כל צעד לפיתרון של הבנה ושלום במזרח התיכון".

נראה כי בזמן הביקור, נחשפת לעיני המבקר הצעיר המציאות הקשה בין העמים ישראל המעבירה חוויה ייחודית בעוצמתה לבני הנוער, כך שמראות אלה עשויים להיחרת בזיכרון בני הנוער כחוויה חדשה ומשמעותית מן המקום. לאווירה הביטחונית היבט אחר ומנוגד: . א. אומר: "פגשנו חיילים ברחוב. הם היו נחמדים, הראו לנו את הנשק שלהם, עמדנו, דיברנו וצחקנו יחד" . נראה כי נוצר קשר מיידי בין הנערים לחיילים בעלי גיל דומה. הובעה התפעלות מכך שהאווירה חופשית ופתוחה ואנשי הביטחון חופשיים לדבר ולשוחח , מימד היוצר הנגדה לדימוי החייל המדכא . אווירה זו של פתיחות נמצא גם במפגש של הקבוצות עם העיר תל אביב. ש. מספרת: "אני חווה את הים עם החום, האווירה המיוחדת והאטמוספרה השונה."ס. מתאר: "בשפת הים חם ונעים, הרוח נושבת, המקום פתוח ואני רואה את מרחבי הים... צבעו כחול, המים עמוקים והכל נקי ". ב. מוסיף: "הנוף שונה מאשר בגרמניה. כאן החול זהוב, הנוף פתוח ולידו ראיתי את הבתים הגבוהים בטיילת של תל אביב". בחוף הים הם מבטאים תחושה של חופש וחשים את האווירה החברתית והפתוחה בישראל לעומת זו בביתם בגרמניה, מקום בו לדבריהם "החברה שמרנית וסגורה.".

חוויה והתנסות זו משמעותית לנוער הגרמני. נוצרה אווירה ורגש חיוביים כלפי המקום ומתואר חיבור עם קהילת המקום. נראה כי המשמעות למפגש בחוף הים היא הכרת מקום אחר, פתוח, שונה וחדש, החוזר ומשליך על הרגשתם של בני הנוער כמתבגרים. הנער יצא לטיול בנפרד מחיק משפחתו ובסיור הוא

בוחן באופן חיובי את הרגשתו ותחושותיו כיחיד מתבגר, את דימויו העצמי ואת יחסיו עם המקום ועם חברי הקבוצה (איילון ושנל, 2013). כך גם המפגש המשמעותי היחודי לקבוצות נוער, אירוח ולינה בבתי המארחים. ב. מוסיף: "הכול קרוב. בבית אנחנו יחד, נותנים לנו כל הזמן לאכול. אחר כך אנו הולכים יחד, מסתובבים וצוחקים". ע. מוסיף: "אני אגיע שוב לישראל. תמיד אפשר לדבר, להצטרף לכל פעילות ולכל ארוחה, ללכת יחד ולשוחח על הכול". שהות במרחב הביתי, האישי של המארח מייחדת את תיירות הנוער ומקרבת את הנוער למקום. השהות בבתים היא פתח להעמקת הקשר הבינאישי בין הצדדים שזוכה להערכות חיוביות של כל המעורבים בחילופי הנוער. מ. מנהל חילופי נוער המלווה שנים רבות קבוצות לישראל מסכם: "האירוח בבתים הוא המפתח להצלחת המפגש כולו. השינוי שעשינו בשנים האחרונות שעברנו מלינה באכסניות לבתים לינה ואירוח בבתים, תורמת המון לבני הנוער, מקרבת אותם ומביאה להבנה ההדדית וחברות אישית ביננו לשנים רבות".

סיכום

מאמר זה בחן את משמעות התופעה היחודית של סיורים תיירותיים חינוכיים של נועד גרמני בישראל. הניתוח והפרשנות של הראיונות שנערכו עם קבוצות הנוער מצביעים על נוער המגיע עם דימוי אישי וקבוצתי מוקדם השונה מן המציאות אותה הוא פוגש בישראל. החוויה ותהליך החיבור עם המקום נעשה בשלבים ומתפתח לאורך מסלול הביקור. תנועת המבקרים הצעירים בין המקומות, מעורבותם האקטיבית בביקור והמפגשים במקום עם ישראלים ובכלל זה עם מארחיהם במרחב הביתי מעוררים חוויה משמעותית שנחרתת בזיכרון לשנים רבות. חוויה זאת משפיעה על זהותם של הצעירים הגרמנים בכך שהיא משחררת אותם מתחושת האחריות לשואה ומבליטה את התקבלותם על ידי ניצולי השואה וצאצאיהם כגרמנים. האווירה הפתוחה והחופשית שבאה לידי ביטוי גם בנופים הפיסיים מעוררת

התפעלות ושוברת סטריאוטיפים של חברה קשוחה ואכזרית. בד בבד הביקור ממחיש את המורכבות של הסכסוך ואת הקושי לפתרו בדרכי שלום. ההיסטוריה הארוכה והמשמעות הדתית של המקומות בהם מתרחשת הדרמה של חידוש הריבונות הישראלית כמו גם הטיול מוסיפים עומק חווייתי לטיול ולמשמעויות הנלמדות ממנו.

גם המחקר המעורך משנת 2007, "חוויות שמשנות. השלכות ארוכות-טווח של ההשתתפות במפגשי נוער בינלאומיים",

### ביבליוגרפיה

- איילון, י. (2012) המקום התיירותי כמוקד של שינוי עמדות והבניית זהות: ביקורי נוער גרמני בישראל, דיסרטציה לדוקטורט, אוניברסיטת תל אביב.

- איילון י., שנל, י. (2013) המקום התיירותי כמוקד של הבניית זהות: ביקורי נוער גרמני בישראל

- אופקים לגיאוגרפיה 84 , עמ. 41-55, אוניברסיטת חיפה, ישראל.

- טיאנו,ש' (2001) פסיכיאטריה של הילד והמתבגר. תל אביב: דיונון ואוניברסיטת תל אביב.

- סולברג, ש' (1997) פסיכולוגיה של הילד והמתבגר. ירושלים: מאגנס והאוניברסיטה העברית בירושלים.

- שקדי, ח. (2006) מילים שמנסות לגעת, מחקר איכותני תיאוריה ויישום, דיונון ואוניברסיטת תל אביב.

- Amir, Y. & Ben-Ari, R. (1985) International Tourism, Ethnic Contact and Attitude Change, Journal of Social Issues, 41(3), 105-115.

- Cohen, E. (1979) A Phenomenology of Tourist Experiences, Sociology, 13(2), 179-201.

- Con Act (2014) Koordinierungszentrum- Deutsch- Israelischer Jugendaustausch retrieved in 9.10.14 from: www.Conact-Org.de.

- Deutsche Botschaft (2014) retrieved in 9.10.14 from: www.tel-aviv.diplo.de

- Flowerdew, R. & Martin, D. (2005) Methods in Human Geography, Harlow, UK: Pearson.

- Haberland, I. (2002) Eshed Mordechai, Ein Leben Zur Verstandigung. Deutchland: Junq gbmh Blieskastel.

- Heil, S. (2011) Young Ambassadors. Youth Exchange and the Special Relationship between Germany and the State of Israel. Baden-Baden, Nomos Verlag.

- Kotler, P. Gertner, D. (2002) Country as brand, product, and beyond: A place marketing and brand management perspective, Journal of Brand Management, 9, (4, 1). 249-261.

- Maher, A.A., Carter, L.L. (2011) The affective and cognitive components of country image Perceptions of American products in Kuwait, International Marketing Review, 28(6).559 – 580.

- Pahnke, R. K. (ed.) (2001) Together Across the Abbeys to the Future 2. Berlin: Krauna Verlag.

- Pettigrew, T.F., Tropp, L.R. (2006) A Meta-Analytic Test of Intergroup Contact Theory, Journal of Personality and Social Psychology, 90 (5), 751–783.

- Sarup, M. (1996) Identity, Culture and the Post Modern World, Athens, Ga, University of Georgia Press.

- Trauer, B., Ryan, C. (2005) Destination image, romance and place experience—an application of intimacy theory in tourism, Tourism Management, 26, 481-491.

- Braß, Christina (2007): Neue Wege im deutsch-israelischen Jugendaustausch. Unter Berücksichtigung zentraler Elemente internationaler Jugendarbeit (דרכים חדשות בחילופי הנוער בין גרמניה לישראל על בסיס מרכיבים מרכזיים של עבודה בין-לאומית עם נוער ), Saar- brücken.

# שישים שנה של חילופי נוער בין גרמניה לישראל: מחילופים אליטיסטיים לחילופים מגוונים

## ד"ר סימונה אולין הייל

עבודת הדוקטורט "Youth Exchange and the Special Relationship between Germany and the State of Israel – Interdependency of Structure and Agency" (חילופי נוער והיחסים המיוחדים בין גרמניה למדינת ישראל - תלות הדדית של מבנה ופעילות)[1] היא הבחינה האמפירית היסודית הראשונה של חילופי הנוער בין גרמניה לישראל לאורך כמה עשורים. במאמר שלהלן אתאר ראשית את מטרת המחקר, אפרט את שיטות המחקר שבהן נעזרתי ולבסוף אציג את המסקנות - מתוך התמקדות בקריטריוני הבחירה של המשתתפים בחילופי הנוער בין גרמניה לישראל (סלקטיביות) - ואדון בהן.

מטרת העבודה שנוצרה מפרויקט המחקר היא לנתח את התלות ההדדית ביחסים המיוחדים בין גרמניה ובין ישראל מחד גיסא ואת עיצובם של חילופי הנוער על ידי שתי המדינות מאידך גיסא. המחקר האמפירי מסתמך על היבטי ההבניה החברתית שיחסי הגומלין בין מבנים ומשתתפים מדגישים. עבודה זאת מבקשת להוכיח שיש תלות הדדית בין מישור ה"מקרו" הפוליטי ובין מישור ה"מיקרו" החברתי.

טענה ראשונה שיש לנסחה עבור המחקר היא שההתרחשויות הפוליטיות הן בעלות השפעה על המבנה של תכניות חילופי הנוער ועל משתתפיהם (מבנה >> משתתף). הטענה השנייה גורסת שחילופי הנוער שבים ומשפיעים בתורם על היחסים בין גרמניה לישראל. הטענה הזאת יוצאת אפוא מן ההנחה שהמשתתפים בחילופי הנוער בין גרמניה לישראל הם בעלי השפעה על יחסי גרמניה-ישראל (משתתף >> מבנה) באמצעות עמדותיהם ופעילויותיהם הנוגעות לארץ האחרת גם זמן רב לאחר השתתפותם בחילופים.

במסגרת הקונסטרוקטיביסטית הכללית הזאת של המחקר האמפירי נעשה שימוש קונקרטי באסטרטגיית מטה-מעלה (Bottom-up). שיטות מחקר איכותניות אינדוקטיביות נחשבות כמתאימות במיוחד לבדיקה האמפירית הזאת מאחר שיש מחקרים מדעיים מעטים בלבד בנושא זה. לבחירת המקרים הנדונים נעשה שימוש באסטרטגיות של מדגמים מכוונים. במישור חברתי-היסטורי מתמקד ניתוח המדגם בהתרחשויות פוליטיות מסוימות שהיו בעלות השפעה על יחסי גרמניה-ישראל (תחילת היחסים הרשמיים ב-1965, מלחמת ששת הימים ב-1967, הרג הספורטאים הישראלים באולימפיאדת מינכן בשנת 1972, ביקורו של וילי ברנדט בישראל ב-1973, איחוד גרמניה ב-1990, מלחמת המפרץ הראשונה ב-1991, ביקורו של יוהאנֶס ראוּ בישראל והאינתיפאדה השנייה בשנת 2000).

המוקד האמפירי של ניתוח התוצאות במישור המיקרו הוא חילופי התלמידים הגרמניים-ישראליים בין הערים קלן ותל אביב ובין הערים בֶּרמֶן וחיפה. קבוצות בעלי העניין המפורטות להלן שימשו מקורות המידע העיקריים עבור ניתוח התלות ההדדית בין מישור המקרו של יחסי גרמניה-ישראל ובין מישור המיקרו של חילופי הנוער: פוליטיקאים, כגון שגרירים לשעבר; עובדי עיריות, שהיו מעורבים בחילופי הנוער בין גרמניה לישראל; מורים מלווים בתכניות החילופים בין בתי ספר; משתתפים לשעבר בחילופי נוער בתקופות הנידונות; מומחים מארגונים שתמכו באופן פעיל בחילופי

הנוער בין גרמניה לישראל; וחוקרים שעסקו ביחסי גרמניה-ישראל. לשם ניתוחי הנתונים להוכחת הטענה השנייה נערכו ראיונות עם משתתפים לשעבר בחילופי נוער ועם מתנדבים לשעבר בקיבוצים, שהיו לימים לפעילים פוליטיים. בסך הכול נערכו 130 ראיונות. בצד הישראלי מכיל המדגם 86 אנשים, בצד הגרמני 44 נשאלים. הראיונות תומללו אחרי ביצועם. הערכתם נעשתה באמצעות ניתוח תוכני איכותני.

הראיונות עסקו בנושאים הבאים:

לבחינת הטענה הראשונה נשאלו המרואיינים כדלהלן - **1)** על הסלקטיביות, **2)** על הכנתם של משתתפי החילופים, **3)** על הבדלים שהורגשו בין חילופי הנוער בין גרמניה לישראל ובין תכניות חילופים אחרות, **4)** על מניעיהם של המשתתפים בחילופים, **5)** על התמיכה הכלכלית, **6)** על התגובה הכללית בגרמניה ובישראל לחילופי הנוער, **7)** על חילופי הנוער כשליחות פוליטית, **8)** על המשמעות הפוליטית של חילופי הנוער, **9)** על מקומה של השואה בזמן חילופי הנוער, **10)** על מקומו של הסכסוך במזרח התיכון בזמן חילופי הנוער, **11)** על ההשפעה של ההתרחשויות הפוליטיות של 1965–1967, 1972–1973, 1990–1991, 2000, על היחסים הדו-צדדיים ועל חילופי הנוער בין גרמניה לישראל, **12)** על היחסים בין גרמניה ובין ישראלים בזמן תכנית החילופים.

נושאי הראיונות עבור הטענה השנייה היו:
**1)** הדעה על הארץ האחרת, **2)** התלמידים המשתתפים בחילופים כמעצבי דעת קהל אחרי שהוחתם בחו"ל, **3)** השפעתן ארוכות הטווח של חוויות החילופים על הביוגרפיות האינדיבידואליות של כל אחד מהמשתתפים, **4)** השפעתם של חילופי הנוער על היחסים בין גרמניה לישראל לדעת המרואיין/נת, ו-**5)** תרומתם של משתתפי החילופים ליחסים בין גרמניה לישראל.

מסקנת העבודה היא שהתוצאות האמפיריות מאמתות את שתי הטענות שלעיל. התוצאות מראות בבהירות שמצב היחסים בין גרמניה לישראל משפיע על חילופי הנוער בכל תקופות הזמן שנבחרו. להלן מתוארות התוצאות ביחס לקריטריוני הבחירה:*

אף שרוב הנשאלים לא הביעו עניין בחילופי נוער אליטיסטיים בין גרמניה לישראל וטענו שהמשתתפים בחילופים צריכים לייצג את כל השכבות החברתיות, הראו התוצאות שהחילופים בין שתי הערים התאומות, בייחוד בתקופות המוקדמות, היו חילופי אליטות. המארגנים עשו מאמצים לשלוח לארץ האחרת רק את "הטובים שבטובים" מתלמידיהם, מאחר שנתפסו כ"שגרירים הלכה למעשה". בייחוד המרואיינים הגרמנים הדגישו את האופי האליטיסטי של חילופי הנוער בין גרמניה לישראל בהשוואה לתכניות חילופים עם ארצות אחרות. מן התלמידים המשתתפים בחילופים נדרשו תכונות מסוימות, כגון: פתיחות, נימוסים טובים, כישורי מנהיגות, ידיעת שפות זרות והכרה עמוקה של נושא השואה. בייחוד בדור החלוצים של המגשרים בין הארצות נודעה חשיבות למעורבות חברתית, למודעות פוליטית וליכולות הצגה טובות אצל המשתתפים. בשנות ה-90 ובשנת 2000, מנגד, אפשר היה לערוך חילופים של נוער עברייני בין קלן ובין תל אביב, ועובדה זו מוכיחה שעם השנים נעשו תכניות החילופים בין גרמניה לישראל אליטיסטיות פחות אך מגוונות יותר. המגמה הזאת ניכרת גם ביחס להיבטים אחרים, כגון: תהליך הבחירה, המעמד הסוציו-אקונומי, ההשכלה והמוצא האתני של המשתתפים בחילופים. ההיבטים האלה יתוארו בפרוטרוט להלן.

אחת מן הסיבות העיקריות שציינו המרואיינים בנוגע לאופי האליטיסטי של החילופים בין גרמניה לישראל הייתה תהליך הבחירה הדקדקני של המשתתפים. כל הנשאלים הגרמנים ורוב המרואיינים הישראלים

בתקופת הזמן שבין השנים 1965-1967 אישרו שהמשתתפים נבחרו בקפידה יתרה בשני הצדדים. בקלן היה אפילו הליך בחירה בעל כמה שלבים: ראשית חיפש בית הספר תלמיד או תלמידה ואחר כך נבחנו אלה מול ועדת בחירה של רשויות בית הספר בקלן.[2] בשנת 1965, למשל, ביקשו יותר מ-100 תלמידים ותלמידות להשתתף במשלחת לישראל. לכן היה תהליך הבחירה קפדני במיוחד[3]. גם בצד הישראלי נבחרו המשתתפים בשום לב. יהודה אראל, הממונה מטעם עיריית תל אביב על חילופי הנוער, הדגיש: *"The youngsters that were there were also picked very well. When I look today on the list of those younsters that went, six of them are professors and five or six are doctors. It's really the cream of Israeli people[4]."*

בהשוואה לתקופות הזמן המאוחרות יותר היה תהליך הבחירה בהתחלה קפדני הרבה יותר. אמנם גם בתקופות הזמן 1990-1991 ו-2000-1 היו מורים משני הצדדים שטענו כי בחרו בקפידה את המשתתפים בחילופים. אולם יותר ויותר מרואיינים דיווחו כי לא היה תהליך בחירה ממשי[5]. מורים שבשנות ה-90 ובשנות ה-2000 ביקשו לבחור תלמידים מצטיינים עבור החילופים נאלצו להנמיך את ציפיותיהם מאחר שלא היו די תלמידים מעוניינים. מורה שארגן את חילופי הנוער בין ברמן ובין חיפה בין השנים 1990-2000 אישר שלא השתמש בתהליך בחירה מיוחד. מאחר שלא היו מועמדים די הצורך, הוא היה אסיר תודה על כל אחד ואחת שהיה יכול לקחת עמו לישראל. בשיחות לא-רשמיות ניסה למנוע רק את ההשתתפות בחילופים של תלמידים שהיו בעיניו בלתי מתאימים בעליל[6]. המגמה הזאת של תהליך בחירה ברני פחות ופחות קיבלה סימוכין גם בצד הישראלי. תלמידה לשעבר מתל אביב, שהשתתפה בחילופים עם קלן בשנת 2000, אמרה למשל: *"I don´t remember one person who wanted to go and didn´t have the chance to apply, I don´t remember*

*that happening." "So you don´t think it was an elite exchange?" "It wasn´t elite, no[7]."*

מבחינת הרקע הסוציו-אקונומי של המשתתפים היו החילופים בכל תקופות הזמן אליטיסטיים. בייחוד בתקופת הזמן המוקדמת של 1965-1967 היה נהוג לשלוח לחו"ל תלמידים ממשפחות עשירות וידועות. שלמה ארצי, לימים אחד הזמרים המוכרים בישראל, היה לדוגמה חבר באחת ממשלחות התלמידים הישראליות הראשונות לקלן בשנת 1967. משתתפים בחילופים מתקופת הזמן הזו הדגישו כמה היתה מיוחדת עבורם הטיסה לחו"ל, שכן לא כל אחד היה יכול לשלם על הטיסה הזאת. המשתתפים הישראלים היו ממעמד הביניים ומן המעמד העליון[8]. גם בצד הגרמני היתה מורה שהנסיעה לישראל בעיקר עבור תלמידים מן השכבות העליונות, כשם שמשתתף לשעבר, שנסע לישראל ב-1965, נזכר: "אכן כן [אלה היו חילופי אליטות]. כלומר, אני חושב שהיו אנשים מסוימים שנועד להם מקום מראש. היה שם בנו של נשיא לשכת המלאכה. [...] חלקם באמת היו מהחברה הגבוהה של קלן. לא כולם היו מהחברה הזאת. גם אני לא, אבל כמה מהם בהחלט."[9] גם בתקופות מאוחרות יותר סברו מרואיינים גרמנים וישראלים שהמשתתפים היו בעיקר מאליטות סוציו-אקונומיות. הנשאלים ציינו לא פעם שדמי ההשתתפות היו גבוהים ורק מי שיכלו לשלם השתתפו בחילופים.[10] סימוכין לממצא הזה נמצאו גם בעובדה שרוב הוריהם של המרואיינים שהשתתפו בחילופים היו בעלי תואר אקדמי ועסקו במקצועות האופייניים לשכבת הביניים ולשכבה העליונה. אולם בשנות ה-90 וב-2000 נעשו מאמצים להגיש סיוע כלכלי לתלמידים משכבות חלשות. אילנה מינקין, המנהלת לשעבר של בית הספר עירוני א' בתל אביב, אמרה למשל: *"The students were of course not the richest. It was a really very mixed group. Not elite, not elite group… And we tried to help the students who could not afford this."*[11]

בהשוואה לתקופת השנים 1965-1967 אין מדובר אפוא ב"חילופי אליטות" בלבד ביחס למעמד הסוציו-אקונומי של המשתתפים.

תבנית דומה ניכרת גם בממצאים הנוגעים להשכלת המשתתפים. ככלל אפשר לדבר על אליטת השכלה מסוימת שהשתתפה בחילופי התלמידים בין גרמניה לישראל. בתל אביב למדו התלמידים בתיכון עירוני מצוין. למעשה יכלו רק עשרה אחוזים מן התלמידים שלמדו בתיכון העירוני הזה בתל אביב להשתתף בחילופי הנוער עם גרמניה בשנות ה-60 וה-70. בשתי הארצות היו בני הנוער מבתי ספר מצוינים וציוניהם היו קריטריון חשוב בבחירה, כפי שמלווה לשעבר של החילופים בקלן בשנים 1965-1967 הסביר: "אלה היו תלמידי תיכון עיוני, כן, לא סוגי בתי ספר אחרים. ואפשר לומר שהם היו תלמידות ותלמידים אינטליגנטים ומוכשרים, אחרת לא היו נבחרים כלל על ידי בית הספר."[12] הנשאלים מתקופת הזמן של 1990-1991 ו-2000, בניגוד לתקופות הזמן המוקדמות יותר, אמרו שתכנית החילופים לא הייתה מיועדת רק לתלמידים המצטיינים. בשנות ה-90, למשל, התקיימה תכנית חילופי נוער מיוחדת בין קלן ובין תל אביב עבור עברייני נוער משכבות מקופחות שגדלו במשפחות אומנות. בני הנוער האלה היו כולם תלמידים שנשרו מבית הספר, הגיעו ממשפחות עניות ולא-מתפקדות, סבלו מבעיות סמים ועל פי רוב היו מרקע הגירתי.[13] במובן הזה היו החילופים האלה ההפך מ"חילופי אליטות", כמובן. בצד הגרמני נפתחה תכנית החילופים גם לתלמידים מסוגים אחרים של בתי ספר, כפי שברטולד בוכוולד, מורה לשעבר בברמן, מספר: "בחילופים עם ישראל היו לנו גם קבוצות שוליים, כמו למשל תלמידים מבתי ספר מקצועיים, אף על פי שגם אז חשנו בחסרונותיהם. הם אמנם היו בעלי ידיעות מספיקות באנגלית, אבל תלמיד אחד, למשל, היה מכור לניקוטין והיה מוכרח תמיד להתרחק מהקבוצה לזמן מה."[14] עם הזמן איבדו ההישגים הלימודיים מחשיבותם כקריטריון לבחירת המשתתפים.

מדד נוסף לחילופים אליטיסטיים בצד הישראלי היה שבעיקר אשכנזים השתתפו בחילופי הנוער בין גרמניה לישראל. מרבית הנשאלים שהשתתפו בעבר בחילופים היו יהודים אשכנזים שאבותיהם היו בעיקר מפולין ומרוסיה. תמר גיא, אחת המשתתפות בקבוצת החילופים בשנת 1967, אמרה למשל: *"We were Ashkenazi mostly, that was Tel Aviv at the time. So it wasn't unusual. You could go to our school here Irony Aleph, most of us were the typical upper/middle class Ashkenazi."*[15]

אולם בשנים 1990-1991 הדגישו כמה וכמה נשאלים ישראלים שנעשו מאמצים לכלול גם ספרדים ומזרחים בחילופי הנוער בין גרמניה לישראל. ראש העיר לשעבר של תל אביב, שלמה להט, אמר שהקפיד במיוחד שגם תלמידים ממוצא מזרחי יוכלו להשתתף בחילופים עם גרמניה.[16] סימוכין לדבריו נמצאו בעדותה של מורה לשעבר בתל אביב: *"But I know there was one pupil in our group, I don't remember her name, she was an oriental [...]. She was a very nice student, a good one. She wanted very much to, but she had no means. School and municipality financed all."*[17]

גם במובן הזה נעשו חילופי התלמידים בין גרמניה לישראל פתוחים יותר במהלך הזמן. המגמה הזאת התאשרה גם בראיונות רק: בעוד שבחילופים עם גרמניה השתתפו בעיקר אשכנזים השתדלו הקומונות הישראליות משנת 1990 עד 2000 לשלוח לגרמניה גם יותר ויותר ישראלים ערבים ובני נוער מרקע אתיופי.[18] בני נוער טורקים מקלן נכללו גם הם בחילופים עם ישראל בתקופות הזמן האלה.[19]

לסיכום אפשר לומר שקריטריוני הבחירה של המשתתפים מאשרים את ההנחה הראשונה – בדבר כך שהיחסים המיוחדים בין גרמניה ובין ישראל השפיעו על החילופים בין הנוער. בתחילת היחסים הדיפלומטיים בין שתי הארצות השתדלו המארגנים הגרמנים והישראלים לשלוח לארץ האחרת רק את

המצוינים שבתלמידיהם. בשל היחסים הפוליטיים המיוחדים נתלו ציפיות גבוהות מאוד במשתתפים. רק תלמידים שמילאו קריטריונים מסוימים יכלו והורשו להשתתף בחילופי הנוער בין גרמניה לישראל. עם הזמן, עקב תהליך הנורמליזציה בין גרמניה ובין ישראל, הלכה ופחתה התביעה האליטיסטית. כלילתם של תלמידים מרקע הגירתי ושל יהודים ספרדים, מזרחים ואפריקנים בחילופים מצביעה גם על השינויים בחברות הגרמנית והישראלית. חילופי התלמידים בין גרמניה לישראל, שהיו בעבר אליטיסטים, הפכו עם הזמן למגוונים יותר ויותר. את ההתפתחות החיובית הזאת יש לעודד בעתיד. אם תפקידם של חילופי הנוער בין גרמניה לישראל הוא לפתוח צוהר לחיים המגוונים האמיתיים בארץ האחרת, חשוב שהחילופים לא יוגבלו לתלמידי תיכונים עיוניים מגרמניה מצד אחד ולתלמידים טובים ממוצא אשכנזי בצד האחר. הניתוח ההיסטורי של חילופי התלמידים הגרמנים-ישראלים בין קלן לתל אביב ובין ברמן לחיפה הוכיח שהמוקד של מפגשי הנוער השתנה עם הזמן. בעוד שבשנות ה-60 הייתה המשימה העיקרית לגשר מעל תהום השואה, היום שתי החברות מתמודדות עם אתגרים אחרים. כדי להישאר רלוונטיים על חילופי הנוער בין גרמניה לישראל לעסוק בנושאים אקטואליים, כגון: אינטגרציה של זרים, אי שוויון סוציאלי ואבטלת צעירים. גם מסיבה זו חשוב לשלב בחילופים בני נוער וצעירים הסובלים באופן ישיר מן הבעיות האלה.

## ד"ר סימונה הייל

נולדה בשנת 1979 בקיל ולמדה מדע המדינה והיסטוריה של המזרח התיכון באוניברסיטת דורהם (בריטניה) ובאוניברסיטה העברית בירושלים. בשנת 2005 השלימה את תואר המוסמך בלימודי המזרח התיכון. לאחר מכן עבדה כעוזרת מחקר באוניברסיטת יאקובס ברמן, ב-International Graduate School of Social Sciences וכן בקרן פרידריך אברט. את עבודת הדוקטור כתבה בנושא חילופי הנוער בין גרמניה לישראל כמלגאית של משרד החוץ הישראלי. משנת 2014 היא ממונה על מחלקת המזרח התיכון ואפריקה בקרן אלכסנדר פון הומבולדט בבון.

---

1 סימונה הייל (Simone Heil), העבודה התפרסמה בשם: Young Ambassadors – Youth Exchange and the Special Relationship between Germany and the State of Israel, באדן-באדן 2011.
2 ראיון עם הריברט שולר 12.9.2006, (Schüller), קלן.
3 ראיון עם ברונו אייקהולט 10.8.2007 (Eickholt), קלן.
4 ראיון עם יהודה אראל, 11.12.2006, תל אביב.
5 למשל: ראיון עם הילמר אנקרשטיין (Ankerstein)

6 ‏12.9.2006, קלן.
7 ראיון עם ברטולד בוכוולד, (Buchwald) 22.5.2006 ברמן.
8 ראיון עם משתתפת בחילופים, 4.3.2007, תל אביב.
9 ראיון עם תמר גיא, 23.1.2007, תל אביב.
10 ראיון עם ברונו אייקהולט, 10.8.2007, קלן.
11 למשל ראיון עם רלי פריצקר, 6.2.2007, תל אביב.
12 ראיון עם אילנה מינקין, 11.12.2006, תל אביב.
13 ראיון עם נורברט בורגר (Burger), 16.8.2007, קלן.
14 ראיון עם אבי זר, 14.12.2006, תל אביב.
15 ראיון עם ברטולד בוכוולד, 22.5.2006, ברמן.
16 ראיון עם תמר גיא, 23.1.2007, תל אביב.
17 ראיון עם שלמה להט, 4.2.2007, תל אביב.
18 ראיון עם זיוה סודאה, 26.3.2007, תל אביב.
19 למשל ראיון עם פרנסואז כפרי, 20.3.2007, ירושלים.
20 ראיון עם אבי זר, 14.12.2006, תל אביב.

# מפגש זהויות:
## חילופי הנוער כאמצעי לפיתוח מודעות חברתית-פוליטית בחברה רב-תרבותית

**ד"ר יוחאי נדן** [1]

מפעל חילופי הנוער בין ישראל לגרמניה, המציין כעת שישים שנה להיווסדו, מתקיים במסגרת היחסים הדיפלומטיים בין שתי המדינות, שכוננו בשנת 1965. יחסים אלה מתוארים "יחסים מיוחדים", במובן זה שהעבר בין יהודים לגרמנים ניצב ברקע דרך קבע.[2] חילופי הנוער מתקיימים אמנם מתחילת שנות ה-50, אך רק בשנת 1969 החלו חילופי נוער רשמיים בין שתי המדינות - מערב גרמניה וישראל. בשנת 1973 נחתם המסמך הרשמי - "ההנחיות המשותפות לביצועם וקידומם של חילופי-נוער גרמני וישראלי" - שעודכן לא מכבר, בשנת 2011. בפתיח של ההנחיות המשותפות מצוין:

"ממשלות ישראל וגרמניה מעוניינות, באמצעות התמיכה במפעל זה [חילופי הנוער], לתרום לכך שהדור הצעיר יכיר את הארץ, החברה, ההיסטוריה והתרבות. וכן לאפשר היכרות מקרוב של חייהם ועולמם של הצעירים בשתי המדינות.[3] מעניין להיווכח כי בגרסה זו, האחרונה של ההנחיות, משנת 2011, חלו תמורות המבטאות את רוח התקופה בשתי המדינות. בפרט, ניכר הדגש על חשיפת המשתתפים לסוגיות העולות מהיות שתי המדינות מגוונות ומרובות תרבויות, ועל חתירה לעיסוק ישיר בתכנים הנגזרים מכך. לדוגמה, ההנחיות מפרטות שבתכנית המפגש בישראל יתקיימו מפגשים ודיונים עם נציגים

יהודים וערבים. ניתן לטעון כי בהשוואה למפגשי העבר, שהתמקדו בהיכרות בין שני העמים וביצירת קשרים בין יהודים לגרמנים, מתוך זיקה לשואה ולעבר המשותף, נראה כי כיום התרחבה היריעה, והמפגשים מכוונים לעיסוק במגוון רחב יותר של סוגיות חברתיות הקשורות למפגש של צעירים החיים בשתי מדינות בעלות מגוון וריבוי של תרבויות.

בשנים הראשונות למפעל החילופים השתתפו בו בעיקר גרמנים ממוצא גרמני וישראלים יהודים ממוצא אשכנזי, שבשל סיפוריהם המשפחתיים היו קשורים אישית לשואה ולקורותיהם של יהודי אירופה. ואולם כיום תכניות החילופים שואפות לכלול משתתפים צעירים ממגוון רקעים תרבותיים, בעלי סיפורים משפחתיים מגוונים.

אחת הטענות המרכזיות במאמר זה היא, כי מפעל חילופי הנוער ישראל-גרמניה טומן בחובו הזדמנות להגיע אל מעבר להיכרות ולהתקרבות אל ה"אחר", יצירת חברויות וקשרים, הפחתת דעות קדומות וקרבה בין העמים. בתוך כך, ייטען במאמר כי המפגש הישראלי-גרמני מאפשר גם הפניה של המבט אל תוך החברה שאנו חיים בה - ישראלים לישראל; גרמנים לגרמניה. כלומר, באמצעות המפגש עם ה"אחר" מתאפשרת התבוננות של המשתתפים בעצמם, כאינדיבידואלים וכחברה, התבוננות העשויה לתרום לפיתוח מודעות חברתית-פוליטית ביקורתית עצמית ביחס לחברה שהמשתתפים חיים בה. מודעות חברתית-פוליטית זו עשויה לשמש בעתיד בסיס לנקיטת עמדה שתוביל לאזרחות פעילה בקרב המשתתפים, בארצם. פוטנציאל חינוכי זה מתעצם עוד יותר כשהקבוצות המשתתפות בחילופין הן מגוונות מבחינה תרבותית, אתנית, לאומית דתית ועוד - דבר המעורר עיסוק בגיוון ובשונות, וכן בסוגיות הקשורות לדמוקרטיה ולצדק חברתי. הדבר עולה בקנה אחד עם המטרות המפורטות בגרסה העדכנית של "ההנחיות המשותפות": "הפעילות הבין-

לאומית מאפשרת לנוער ולצעירים להכיר ארצות אחרות, תרבויות, אנשים ורקע בין-לאומי, להתמודד עמם, וכך להיטיב ולהבין את אופן חייהם. פעילות זו אמורה, מעבר לכך, להבהיר לנוער ולצעירים כי גם הם נקראים להבטחת יישום ועיצוב דמוקרטי של חיים משותפים ושלום וכי גם הם נושאים באחריות לחירות ולצדק חברתי בעולם".

המאמר מורכב משלושה חלקים: בחלקו הראשון יתוארו פרויקט "חיפה פוגשת את ברלין" והמחקר שערכו המחברים ביחס לחוויותיהם של המשתתפים הישראלים בפרויקט זה. בחלקו השני יוצגו הממצאים המרכזיים שעלו מהמחקר, ובסיום המאמר יידונו ממצאים אלה והשלכותיהם על חילופי הנוער ישראל-גרמניה.

### הפרויקט "חיפה פוגשת את ברלין"

"חיפה פוגשת את ברלין" הוא פרויקט של שיתוף פעולה אקדמי בין בית הספר לעבודה סוציאלית באוניברסיטת חיפה ובין בית הספר לעבודה סוציאלית ע"ש אליס סלומון בברלין. מדובר בפרויקט חילופין שהחל בשנת 2006, ביוזמת ביאנקה אלי וקרן פרדו, ושהמשתתפים בו הם סטודנטים לעבודה סוציאלית בישראל ובגרמניה, בגילאי ה-20 המוקדמים. בכל שנה משתתפים בפרויקט כ-30 סטודנטים, מחציתם ישראלים ומחציתם גרמנים. מעבר לקורס אקדמי שכל אחת מהקבוצות מחויבת לו בנפרד, מתקיימים שני מפגשים של שבוע - האחד בישראל והשני בגרמניה - שבמסגרתם מתקיימות סדנאות - הן משותפות והן של כל אחת מהקבוצות בנפרד (in-group) - וכן נערכים ביקורים באתרי זיכרון והנצחה לצד ביקורים בסוכנויות ובשירותים הקשורים למקצוע העבודה הסוציאלית. חשוב לציין כי חלק מהתוכנית נקבע בידי משתתפי הקבוצה המארחת עצמם, כלומר הסטודנטים הגרמנים מתכננים לאילו אתרים ותכנים ירצו לחשוף את עמיתיהם הישראלים כשיבקרו בגרמניה, ולהפך. השאיפה היא לקבוצות מגוונות ככל

האפשר, אתנית, דתית, לאומית, מגדרית ועוד. לאורך השנים נטתה הקבוצה הישראלית להיות מורכבת מערבים ויהודים, מעולים וותיקים, מבני עדות שונות, וכן מגברים ונשים, כך שגיוון תרבותי מתקיים למעשה גם בתוך כל אחת מהקבוצות כשהיא לעצמה. הפרויקט עוסק בסוגיות של זיכרון, זהות ורב-תרבותיות, כפי שהן נבחנות בממדים אישיים, קבוצתיים, חברתיים ומקצועיים. בשנים 2007-2011 שימשתי כמרכזת הפרויקט מטעם אוניברסיטת חיפה, יחד עם ד"ר גליה קורניק ופרופ' עדיטל בן-ארי, ולצד עמיתינו הגרמנים מאוניברסיטת אליס סלומון בברלין. ערכנו מחקר גישוש איכותני שבמסגרתו ראיינו 15 משתתפים ישראלים, שנה או שנתיים לאחר השתתפותם בפרויקט. במתודולוגיה איכותנית מתמקדים החוקרים במספר מצומצם יחסית של משתתפים, הנחקרים לעומק. ברוח זו התקיים עם כל אחד מהמשתתפים ריאיון עומק במשך כ-90 דקות, ובמהלכו נעשה ניסיון להבין את החוויות הסובייקטיביות של השתתפות בפרויקט זה, תחנות משמעויות ועוד. הראיונות תומללו ונותחו על פי גישת הניתוח התמטי.[4]

### ממצאי המחקר

מתוך הנושאים שעלו בניתוח הראיונות עם המשתתפים הישראלים, יפורטו להלן שלושה הרלוונטיים לדיון בתרומתו של המפגש הישראלי-גרמני לפיתוח מודעות חברתית-פוליטית בחברה רב-תרבותית.

### 1. ריבוי נקודות מבט

השתתפות במפגשים בין-קבוצתיים עשויה לפתח מודעות עצמית ולאפשר מעין התפכחות בכל הנוגע לטבעו של האדם ולנטייתו לחוות את העולם שסביבו ולתפוס אותו מנקודת מבט אתנוצנטרית. תמונת עולם מורכבת יותר נחווית מתוך מאמץ אקטיבי ומודע לתור אחר נקודות מבט נוספות. כשחברי הקבוצה הישראלית מצויים בעמדת ה"אורח", בגרמניה, הם מבקשים להגדיר את עצמם אל מול הגרמנים כקבוצה בעלת לאומיות "ישראלית" ברורה,

אחידה וחזקה – "משלחת" – מתוך הדגשת רכיבים בעלי זיקה לזהותם היהודית. לחלופין, הימצאותם בעמדת ה"מארח", בישראל, מאפשרת להם התבוננות חדשה על המציאות שהם חיים בה, מתוך נקודות מבט נוספות. ניכר כי הצורך להסביר לחברי הקבוצה הגרמנית את מציאות החיים בישראל – תרבותית, חברתית, מדינית, פוליטית ועוד – מזמן חוויה ייחודית וחדשה. שרון, משתתפת יהודייה, מתארת את החוויה:

"במפגש בארץ, בניגוד למפגש בברלין, הרגשתי חזקה ובטוחה. הנוכחות של חברי הקבוצה הגרמנית גרמה לי להתבונן על הכל בצורה חדשה, כאילו גם אני רואה את הדברים לראשונה". (שרון)[5]

אירוח הקבוצה האחרת מזמן אפוא הרחבה של נקודת המבט המוכרת והידועה על המציאות שהמשתתפים חיים בה. הדבר מתעצם עוד יותר משמדובר בקבוצה מגוונת בהיבט תרבותי, אתני או לאומי. בקבוצות מגוונות נחשפים גם חברי הקבוצה המארחת, לעתים בפעם הראשונה, להסברים ולנקודת המבט שמספקים חבריהם לקבוצה, לקבוצה האורחת. זאת לנוכח הדיון התוך-קבוצתי בנוגע לאופן שחברי הקבוצה המארחת מעוניינים להציג את המציאות, ובתגובה לשאלות העולות מחברי הקבוצה האורחת. חנין, משתתפת ערבייה מהקבוצה הישראלית, מתארת את תרומת המפגש עם הקבוצה הגרמנית לפיתוח דיאלוג תוך-קבוצתי:

"עצם זה שהגרמנים קיימים, גרם לנו, לערבים וליהודים, לראות יותר שאנחנו צריכים לדבר על הקונפליקט. הגרמנים באו, ודווקא כ'דף חלק' שאלו שאלות תמימות, שהכריחו אותנו להתמודד איתן. ובגלל שהתמודדנו איתן, אז מזה למדנו." (חנין)

מבטם של חברי הקבוצה הגרמנית על היחסים בין יהודים לערבים מאפשר למשתתפים להתבונן על מערכת היחסים שביניהם באופנים מורכבים יותר. לרוב, יהיו אלה חברי תרבות

הרוב שיגלו לראשונה את נקודת מבטם של חברי קבוצת המיעוט. בציטוט שלהלן מתארת רונית, כיצד הגיוון בתוך הקבוצה הישראלית תורם להיחשפותה לנקודות מבט שונות, ומפתח בקרבה רפלקטיביות לאופן נטייתה להתבונן במציאות חייה ולפרשה:

"זה גרם לי להבין שאני חייבת לחפש את כל נקודות המבט. אני חושבת שעד לפרויקט הייתי באיזושהי אמונה שאני משתדלת לקבל את הסיפור בצורה כמה שיותר מלאה ולהבין את הסיפור מכמה שיותר צדדים... הבנתי שזה לא ככה, שעד היום לא חיפשתי צדדים שאין לי גישה אליהם... אני חושבת שזה משהו מאוד כוללני לכל תחומי החיים... זה בכל סיפור. גם בהקשרים המקצועיים שלי." (רונית)

## עיסוק במורכבותן של זהויות אישיות וקולקטיביות

מפגשים בין-לאומיים בכלל, והמפגש הישראלי-גרמני בפרט, נוטה לזמן עיסוק בזהויות האישיות והקולקטיביות של המשתתפים. במישור האישי, המפגש הבין-אישי עם "אחר", המגיע ממדינה אחרת, שלעתים קרובות מגדיר את עצמי בשונה מהאופן שאני מגדיר את עצמי, מזמן אפשרות להתבוננות רפלקטיבית על האופן שאני כאדם פרטי מגדיר את עצמי ואת מגוון הזהויות המתקיימות בי. במישור הקולקטיבי, המפגש מזמן בחינה של האופנים שאנו כחברה מגדירים את עצמנו ומתייחסים למגוון הזהויות הקיימות בקרבנו.

מטבע הדברים, נוטים אנשים החיים בחברה נתונה להתייחס לזהויות המתקיימות בחברה זו ולאופני השיח המתקיימים ביחס אליהם כמובנים מאליהם, בלי להתבונן רפלקטיבית על האופן ועל התהליכים החברתיים המעורבים בכך שקטגוריות מסוימות, כגון דת, לאום, קהילה, מיקום גיאוגרפי, מגדר ועוד, זכו לבולטות על חשבון קטגוריות אחרות. המפגש עם אינדיבידואלים ועם קבוצות המשתמשים במערך קטגוריות חלופי, או שאצלם קטגוריות אחרות זוכות לבולטות – עשוי לזמן בחינה

עצמית רפלקטיבית. עמית, משתתף יהודי, מתאר את ההכרה שלו בתפיסה השונה של סוגיית הזהות הלאומית בין הקבוצה הישראלית לגרמנית:

"אני כן מאמין בזה שנכון שלבנאדם תהיה זהות, אני לא מתבייש נגיד בזה שאני, אני אומר שאני ישראלי, ואני לא יודע אם אני גאה בזה, אבל אני חי את הזהות הישראלית שלי, והם (הגרמנים) הגישה שלהם היא שהם חסרי זהות, כלומר הם אנשי כל העולם. מבחינתם, אין משמעות לזה שהם גרים בגרמניה, כאילו הם חיים את החיים שלהם... ראיתי אצלם משהו שלא קיים אצלי, באמת הגישה הזאת של, "אזרחי כל העולם", לא משנה הזהות שלנו, ואנחנו יכולים לחיות בגרמניה, בהונגריה או, לא יודע, בצ'כיה או משהו כזה, וזה חסר משמעות. זה משהו חדש, כאילו זה לא משהו שאני... זה לא דרך שבה אני חי, וזה לא דרך שיצא לי להיתקל בה לפני זה, כי בארץ כל אחד מגובש בזהות שלו ונלחם על הזהות שלו וזה, זה גישה שונה לגמרי, כאילו זה משהו חדש." (עמית)

מהתיאור ניתן להיווכח כיצד המפגש עם "משהו חדש" מפתח מודעות למשהו שקיים בחברה אחת, על רקע היעדרו בחברה האחרת. לתפיסתו של המשתתף הישראלי, העובדה שקטגוריית הזהות הלאומית מרכזית פחות בחברה הגרמנית בהשוואה לחברה הישראלית מעלה תהיות ומחשבות לגבי עצם מרכזיותה של הזהות הלאומית בקרב החברה הישראלית.

במסגרת התהליך הקבוצתי, ניתן להיווכח כיצד בעקבות העיסוק בהבדלים בין הקבוצות מבחינת כובד המשקל המיוחס לזהות הלאומית ומבחינת המשמעויות המיוחסות לה, התאפשרה גם בחינה של סוגיה זו בתוך הקבוצה הישראלית, על רקע תפיסת האופנים והמשמעויות השונות שמייחסים פרטים שונים ותתי-קבוצות שונות לסוגיית הלאום, ובפרט יהודים וערבים. הדבר הוביל לדיון מרתק בקרוצה הישראלית בנוגע לסיבות הגורמות לזהות הלאומית להיות כה מרכזית בחברה הישראלית ולהשלכות של מרכזיותה על החברה, וכן על יחסי יהודים-ערבים.

### 2. היסטוריה כנרטיב

מפגשים בין ישראלים לגרמנים מזמנים פיתוח מודעות ליחסיותם ולאופיים המובנה-חברתית של נרטיבים היסטוריים, וכן לשיח על תרבות הזיכרון. אף על פי כן, ניכר כי מרבית המפגשים אינם מתמקדים במטרה זו. במחקר קודם, שהתבסס על ראיונות עם בני נוער ישראלים וגרמנים שהשתתפו בחילופי נוער, עלה כי במפגשים זוכה נרטיב השואה הישראלי-יהודי לקדימות ביחס לזה הגרמני.[6] לחלופין, עיסוק משותף בזיכרון השואה, המעובד בדרך סדנאית ומזמן מבחר נקודות מבט, הן על זכרון השואה והן על מגוון תרבויות הזיכרון בכל אחת מהמדינות, עשוי לתרום לפיתוח ההבנה שזיכרון היסטורי הוא למעשה נרטיב, והוא דרך אחת, ייחודית, לספר את אירועי העבר. כך שנרטיב הוא תמיד תלוי נקודת מבט, תלוי תרבות ותלוי הֶקשר חברתי. כתלוי בחברה, הוא קשור גם למנגנונים חברתיים, פוליטיים וכאלה הקשורים ליחסי כוחות (Power relations). עיסוק משותף שכזה מקדם את ההבנה שהזיכרון הפרטי כרוך וטבוע בזיכרון הקולקטיבי. אם ההתייחסות הרחבה לנרטיב מתקיימת בהקשר של המפגש הבין-לאומי, היא עשויה להיות מיושמת גם בהקשר תוך-לאומי, כלומר בין קבוצות אתניות, כגון מזרחים ואשכנזים, ותיקים ועולים או יהודים וערבים.

בקבוצה הכוללת יהודים וערבים, כמו בפרויקט "חיפה בר/לין", העיסוק בזכרון השואה ובנרטיבים הישראליים והגרמנים השונים הן ביחס לשואה ולמלחמת העולם השנייה והן ביחס לתרבות הזיכרון בכל אחת מהחברות, פתח צוהר לדיון במגוון הנרטיבים המתקיימים בתוך כל אחת מהמדינות, ואיפשר חשיפה ופיתוח מודעות לקיומם של נרטיבים נוספים, חלופיים לאלה ההגמוניים. המודעות לקיומם של מגוון נרטיבים עשויה לתרום גם ליכולת לתפוס את המציאות ולהבינה דרך עיניו של ה"אחר", דרך הנרטיב שלו, גם אם לא תמיד

להסכים עמו.[7]

"הדבר שכן השתנה אצלי זה כן באמת עוד יותר איזשהי אמפתיה והבנה לחבר'ה הערבים, וחזק. אני חושב שזה היה קיים גם לפני, אבל זה הרבה יותר התחדד, הרבה יותר הבנתי את זה במהלך המפגש, וזה גם משהו שנטבע בי... נגיד, דברים כאלה שהם מאוד ישראלים, נגיד... לא יודע, שרים את 'התקווה' או משהו כזה, אז יחד עם זה שאני שר אותה, ואין לי בעיה לשיר אותה ואני עושה את זה בלב שלם, תמיד גם יחד עם זה מתגנבת אצלי המחשבה שנגיד לחבר'ה הערבים, אין להם את ההמנון הזה, או שהוא לא מדבר אליהם. בעצם, שלקחנו איזשהו המנון, שזה המנון מאוד יהודי, אבל השארנו בחוץ עם שלם שחי במדינה, אז זה נראה לי נגיד משהו שככה התחדד, ככה איזה הבנה עמוקה שהייתה לי בעקבות כל הפרויקט הזה." (אלון)

### מסקנות והמלצות

כפי שעולה ממצאי המחקר, המפגש הישראלי-גרמני טומן בחובו הזדמנות נדירה לפתח מודעות חברתית-פוליטית בקרב המשתתפים. זו מתקיימת באמצעות פיתוח רפלקטיביות ביקורתית ביחס לשני מושגים מרכזיים: הֶקשר ויחסי כוח.

הֶקשר (Contextuality) הוא מונח המתייחס להקשרים תרבותיים, חברתיים-פוליטיים וגלובאליים שבהם פועל היחיד. הקשרים אלו מעצבים את המשמעויות והפרשנויות שמייחס היחיד להתנסויותיו. ניתוח הממצאים מעלה כי מפגש בין-קבוצתי מטבעו, ובפרט זה המתקיים במסגרת בין-לאומית, מזמין את המשתתפים לדלג בין מגוון נקודות מבט, וכך מתאפשרת התבוננות ביקורתית על מקומו של ההקשר בהבנייתן של התנסויות אנושיות ושל יחסים בין-אישיים ובין-קבוצתיים. יחסי כוח (Power relations) הוא מונח המתייחס להכרה בקיומם של פערים בכוח ובהשלכותיהם על קבוצות מוחלשות (אפליה, שוליות, דיכוי, השתקה) ועל הקבוצות החזקות יותר, כגון מועדפות המתבטאת בנגישות למשאבים, בדומיננטיות

וביכולת להשתיק קולות אחרים בשיח. במסגרת המפגש, יכלו המשתתפים לפתח רפלקטיביות ביקורתית ביחס לשאלה: "נקודת המבט של מי נחשבת?", וביחס לדינמיקה הקבוצתית והחברתית המעצבת תהליכים אלה, דוגמת יחסי רוב-מיעוט.

התייחסות למושגים "הֶקשר" ו"יחסי כוח" בהבניית תכניות החילופין ובביצוען עשויה לאפשר לתכניות אלה לצעוד צעד נוסף קדימה, אל מעבר למטרה המוצהרת הראשונית של היכרות בין העמים והתקרבות אל ה"אחר", המתבטאת ביצירת חברויות וקשרים והפחתת דעות קדומות. נוסף על מטרה חשובה זו, גלום בתכניות הפוטנציאל לפיתוח מודעות רפלקטיבית ביקורתית ביחס לחברה שאנו חיים בה – ישראלים ביחס לישראל; גרמנים ביחסם לגרמניה. כך, מתוך המפגש עם ה"אחר", מתאפשרת התבוננות אל עצמנו – כאינדיבידואלים וכחברה – כפי שעולה מממצאי המחקר שהוצגו. עשייה חינוכית שכזו דורשת הכשרה מתאימה למדריכי המפגשים, והקניית כלים חינוכיים רלוונטיים המעוררים מודעות לאופני תפיסת ה"אחר", וכן גם ה"עצמי", ולאופני הבנייתו נרטיבים קולקטיביים ותרבות זיכרון.

עשייה חינוכית שכזו עשויה לתרום לפיתוח מודעות חברתית-פוליטית ביקורתית בקרב המשתתפים, וזו בתורה עתידה לשמש בסיס לנקיטת עמדה המובילה לאזרחות פעילה בקרב המשתתפים, בארצם. עשייה חינוכית שכזו יש בה כדי לקדם הלכה למעשה את מטרותיו המוצהרות של מפעל חילופי הנוער: "[לאפשר] לנוער ולצעירים להכיר ארצות אחרות, תרבויות, אנשים, ורקע בין-לאומי – ולהתמודד עמם. באמצעות כך, להבין את אופן חייהם בצורה טובה יותר. פעילות זו אמורה, מעבר לכך, להבהיר לנוער ולצעירים כי גם הם נקראים להבטחת יישום ועיצוב דמוקרטי של חיים משותפים ושלום וכי גם הם נושאים באחריות לחירות ולצדק חברתי בעולם".

## יוחאי נדן

חוקר ומרצה בבית הספר לעבודה סוציאלית באוניברסיטה העברית בירושלים. את לימודי המוסמך שלו השלים בבית הספר לעבודה סוציאלית ע"ש אליס סלומון בברלין, ועבודת התיזה שלו התמקדה בחקר מפעל חילופי הנוער ישראל-גרמניה. את לימודי הדוקטורט השלים באוניברסיטת חיפה, במהלכם ריכז פרויקט של למידה משותפת של סטודנטים מישראל ומגרמניה. כיום עוסק ד"ר נדן בהוראה ובמחקר המתמקד בסוגיות של רב-תרבותיות בעבודה סוציאלית – במחקר, בפרקטיקה ישירה ובהכשרת אנשי מקצוע.

1  ד"ר יוחאי נדן, בית הספר לעבודה סוציאלית ולרווחה חברתית ע"ש ברוואלד, האוניברסיטה העברית, ירושלים. yochay.nadan@mail.huji.ac.il

2  Gardner-Feldman, L. (1984) The Special Relationship between West Germany and Israel. Boston: George Allen & Unwin.

3  ההנחיות המשותפות לביצועם ולקידומם של חילופי נוער וצעירים ישראל-גרמניה (2011). לפירוט נוסף של המתודולוגיה, וכן לדיון בממצאים נוספים, ראו:

4  Nadan, Y., Weinberg-Kurnik, G. & Ben-Ari, A. (2013). Bringing context and power relations to the fore: Intergroup dialogue as a tool in social work education. British Journal of Social Work. Advance online publication, doi: 10.1093/bjsw/bct116. Kurnik, G., Nadan, Y. & Ben-Ari, A. (in press). It takes three for dialogue: Considering a triadic structure of intergroup encounter. International Journal of Conflict Management.

5  שמות המרואיינים בדויים, ופרטיהם המזהים שונו כדי לשמור על אנונימיותם.

6  Nadan, Y. (2006). German-Israeli youth exchange as a tool for long-term peacebuilding (master's thesis). Alice Salomon University of Applied Sciences, Berlin.

7  Salomon, G. (2004). A narrative-based view of coexistence education. Journal of Social Issues, 60(2), 273-287.

משתתפים גרמנים וישראלים במפגש הנוער "Spotlight on... 50 Years Israel & Germany" במשלחת קולנועית שבה נוצרו סרטים קצרים על העבר, ההווה והעתיד של תולדות היחסים רבי הפנים בין גרמניה לישראל, 2015. | **קונאקט**

Teilnehmende der deutsch-israelischen Jugendbegegnung „Spotlight on… 50 Years Israel & Germany", auf einer filmischen Expedition entstehen Kurzfilme zu Vergangenheit, Gegenwart und Zukunft der vielfältigen Beziehungsgeschichte zwischen Deutschland und Israel, 2015. | *ConAct*

משתתפים גרמנים וישראלים במפגש הנוער „Spotlight on… 50 Years Israel & Germany". | קונאקט

Deutsche und israelische Teilnehmende an der Jugendbegegnung „Spotlight on… 50 Years Israel & Germany", auf einer filmischen Expedition entstehen Kurzfilme zu Vergangenheit, Gegenwart und Zukunft der vielfältigen Beziehungsgeschichte zwischen Deutschland und Israel, 2015. | *ConAct*

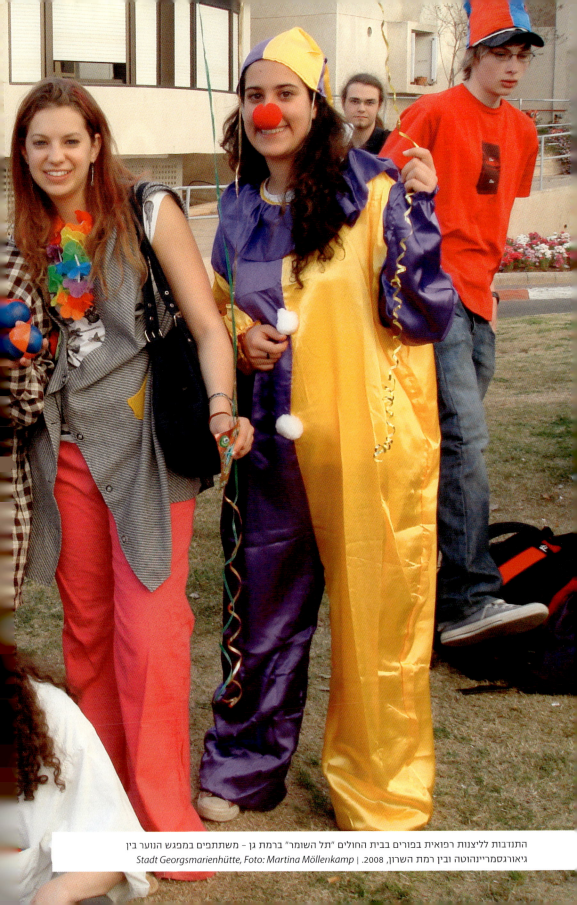

התנדבות לליצנות רפואית בפורים בבית החולים "תל השומר" ברמת גן – משתתפים במפגש הנוער בין גיאורגסמריינהוטה ובין רמת השרון, 2008. | Stadt Georgsmarienhütte, Foto: Martina Möllenkamp

„Medical-Clown-Volunteering" zu Purim im Krankenhaus Tel Hashomer in Ramat Gan -Teilnehmende der Jugendbegegnung zwischen Georgsmarienhütte und Ramat Hasharon, 2008. | *Stadt Georgsmarienhütte, Foto: Martina Möllenkamp*

בני נוער גרמנים וישראלים באולם המליאה של הבונדסטג הגרמני – במסגרת ביקורם של 600 בני נוער בברלין לרגל 40 שנה לכינון היחסים הדיפלומטיים בין גרמניה לישראל, 2015. | קונאקט

Deutsche und israelische Jugendliche in einem Fraktionsaal des Bundestages – Teil des Berlin-Besuchs von 600 Jugendlichen zum 40-jährigen Jubiläum der deutsch-israelischen diplomatischen Beziehungen. | *ConAct*

ראיון עם בני נוער בבונדסטג הגרמני, מסיבת גן מטעם נשיא גרמניה לציון 40 שנה לכינון היחסים הדיפלומטיים בין גרמניה לישראל, 2005. | קונאקט

Interview mit Jugendlichen im Deutschen Bundestag, Gartenfest des Bundespräsidenten zum 40-jährigen Jubiläum der deutsch-israelischen diplomatischen Beziehungen, 2005. | *ConAct*

משתתפים במפגש הנוער הגרמני-ישראלי בין גיאורגסמריינהוטה ובין רמת השרון בקורס תיפוף בירושלים, 2014. | מרטינה מולנקאמפ

Teilnehmende an der deutsch-israelischen Jugendbegegnung zwischen Georgsmarienhütte und Ramat Hasharon bei einem Trommelkurs in Jerusalem, 2014. | Stadt Georgsmarienhütte, Foto: Martina Möllenkamp

משתתפים גרמנים וישראלים במפגש הנוער „Spotlight on… 50 Years Israel & Germany" מתכננים במשלחת קולנועית סרט קצר על העבר, ההווה והעתיד של תולדות היחסים רבי הפנים בין גרמניה לישראל 2015. | קונאקט

Deutsche und israelische Teilnehmende an der Jugendbegegnung „Spotlight on… 50 Years Israel & Germany" planen auf der filmischen Expedition einen Kurzfilm zu Vergangenheit, Gegenwart und Zukunft der vielfältigen Beziehungsgeschichte zwischen Deutschland und Israel, 2015. | *ConAct*

אירוע הפתיחה של ערבי ההקראה לרגל פרסום הספר "ישראל - מזרח תיכון קרוב" בבית הנציגות של מדינת סכסוניה-אנהלט בברלין, 2011. לציון עשור לקונאקט נערך האירוע בעשרה מקומות בגרמניה יחד עם משתתפי החילופים הצעירים שכתבו את הספר. | קונאקט

Auftaktveranstaltung der Lesereise zur Publikation „Israel – Nah im Osten", in der Landesvertretung Sachsen-Anhalt in Berlin, 2011. Anlässlich des 10-jährigen Bestehens von ConAct fand diese an 10 Orten in Deutschland statt, unter Mitwirkung der jungen Austausch-Teilnehmenden als Autor/innen des Buches. | *ConAct*

דיון עם משתתפים צעירים בקרקס קבוּצאזי בחילופי הנוער במהלך מסיבת הגן מטעם נשיא גרמניה לרגל 40 שנה לכינון היחסים הדיפלומטיים בין גרמניה לישראל בארמון שרלוטנבורג בברלין, 2005. | קונאקט

Diskussion mit jungen Teilnehmenden des Circus Cabuwazi während des Gartenfestes des Bundespräsidenten zum 40-jährigen Jubiläum der deutsch-israelischen diplomatischen Beziehungen im Schloss Charlottenburg in Berlin, Mai 2005. | *ConAct*

משתתפים ומשתתפות ב-'Get-together, מפגש של 600 בני נוער גרמנים וישראלים בברלין לרגל 40 שנה לכינון היחסים הדיפלומטיים בין גרמניה לישראל, 2005. | קונאקט

Teilnehmerinnen und Teilnehmer am ‚Get-together' mit 600 deutschen und israelischen Jugendlichen in Berlin anlässlich des Jubiläums zu 40 Jahre diplomatische Beziehungen zwischen Deutschland und Israel, Mai 2005. | *ConAct*

מפגש נוער ישראלי-גרמני בירושלים בין העיר ירושלים לבין "בית הספר הקתולי ליבפראון" בברלין-שרלוטנבורג, 2005. | קונואקט

Deutsch-israelische Jugendbegegnung in Jerusalem zwischen der Stadtverwaltung Jerusalem und der „Katholischen Schule Liebfrauen" in Berlin-Charlottenburg, 2005. | *ConAct*

מסיבת גן מטעם נשיא גרמניה הורסט קוהלר בארמון שרלוטנבורג בברלין ב-31 במאי 2005 לרגל 40 שנה לכינון היחסים הדיפלומטיים בין גרמניה לישראל. | וולפגנג הייצר

Impression vom Gartenfest des Bundespräsidenten Horst Köhler im Schloss Charlottenburg in Berlin am 31. Mai 2005, anlässlich 40 Jahre diplomatische Beziehungen Deutschland-Israel. | *Wolfgang Heitzer*

סמינר קישור עבור ישראלים צעירים השוהים בגרמניה במסגרת תכנית ההתנדבות "קום מתנדב" וגרמנים צעירים שסיימו את השירות ההתנדבותי שלהם בישראל זמן קצר לפני כן, 2015. | קונאקט

Vernetzungsseminar von jungen Israelis, die mit dem Freiwilligenprogramm „Kom-Mit-Nadev" in Deutschland sind, und jungen Deutschen, die kurz zuvor ihren Freiwilligendienst in Israel beendet haben, Februar 2015. | *ConAct*

משתתפים בסמינר New Con-T-Acts Match-Making ליצירת שותפויות גרמניות-ישראליות חדשות במסגרת חילופי הנוער, 2014. | קונאקט

Teilnehmende an einem New Con-T-Acts Match-Making Seminar zum Aufbau neuer deutsch-israelischer Partnerschaften für den Jugendaustausch, 2014. | *ConAct*

בני נוער בתכנית חילופים בין המועצה האזורית וירצבורג והמועצה האזורית מטה יהודה בעת שיקום מצבות בבית הקברות היהודי באלרסהיים, 2003. | *Landratsamt Würzburg*

Jugendlicher eines Austauschprojektes zwischen dem Landratsamt Würzburg und der Region Mateh Yehuda bei der Grabsteinpflege auf dem Jüdischen Friedhof Allersheim, 2003. | *Landratsamt Würzburg*

Reflect & Plan. שותפים גרמנים וישראלים מתדיינים על אודות "חילופי הנוער בין גרמניה לישראל – כלי לחינוך אזרחי?", 6–10 למאי 2007. | קונאקט

Reflect & Plan. Deutsche und israelische Partner beraten sich zum Thema "Deutsch-Israelischer Jugendaustausch – ein Weg zivilgesellschaftlicher Bildung?", 6.-10. Mai 2007. | *ConAct*

משאלות – חזונות – פרספקטיבות. מעבדת העתיד 2025. כנס וסדנה על עתיד חילופי הנוער בין גרמניה לישראל בברלין, לרגל 40 שנה לכינון היחסים הדיפלומטיים בין גרמניה לישראל, ספטמבר 2005. | קונאקט

Wünsche – Visionen – Perspektiven. Future Lab 2025. Teilnehmende an der Fachtagung & Workshop zur Zukunft des Deutsch-Israelischen Jugendaustauschs in Berlin, anlässlich des 40-jährigen Bestehens deutsch-israelischer diplomatischer Beziehungen, September 2005. | *ConAct*

משאלות – חזונות – פרספקטיבות. מעבדת העתיד 2025. כנס וסדנה על עתיד חילופי הנוער בין גרמניה לישראל בברלין, לרגל 40 שנה לכינון היחסים הדיפלומטיים בין גרמניה לישראל, ספטמבר 2005. | קונאקט